RÉGION ET DÉVELOPPEMENT

n° 51-2020

Migrations et territoires

L'Harmattan

Revue semestrielle référencée dans ECONLIT et dans IDEAS (REPEC)

Site web : www.regionetdeveloppement.org
ISSN 2117-0843

5-7, rue de l'Ecole-Polytechnique, 75005 Paris
http://www.editions-harmattan.fr
ISBN : 978-2-343-21246-3
EAN : 9782343212463

Région et Développement

n° 51-2020

Migrations et territoires

Coordonné par Alexandra SCHAFFAR

Région et Développement

n° 51-2020

www.regionetdeveloppement.org

Introduction
Les questions soulevées en économie des migrations

Alexandra SCHAFFAR*

***Résumé* –** Nous proposons, sans chercher à être exhaustif, de visiter les approches principales qui ont marqué les travaux en économie sur les migrations à travers différentes questions fondamentales associées à la mobilité interrégionale ou internationale : qui migre et pourquoi ? Quels sont les choix de localisation d'un migrant ? Comment s'intègre-t-il ? Gagne-t-il autant qu'un natif à niveau de qualification égal ? Y a-t-il ségrégation sur le marché de l'emploi ou en matière d'habitat ? Ce numéro de *Région et Développement* sur les migrations comprend un ensemble d'articles qui apportent certaines réponses à ces questions, en mettant en lien les comportements des migrants avec les caractéristiques des territoires de départ et de destination.

Classification JEL

F22, F24, O15, R23

Mots-clés

Economie des migrations
Mobilité résidentielle
Immigration

* LEAD, Université de Toulon ; DIAL LEDa, Université Paris Dauphine ; schaffar@univ-tln.fr

Selon le Programme des Nations Unies pour le Développement (PNUD), il y a environ 272 millions de migrants internationaux dans le monde en 2019 : ils représentent 3,5% de la population mondiale. Depuis 2010, les flux des migrations internationales, choisies ou forcées, se sont accélérés : 51 millions de personnes ont franchi les frontières de leur pays en quête d'une nouvelle destination. En 2015, au pic de la crise migratoire en Europe, plus d'un million de personnes ont traversé la mer Méditerranée ou les Balkans pour essayer de s'installer dans l'espace Schengen. Cette crise a révélé à la fois le drame humain de la migration mais aussi l'incapacité de l'Union européenne à apporter une réponse concertée et efficace à l'accueil des migrants.

En Europe, depuis la fin de la Seconde Guerre mondiale, l'Allemagne apparaît comme le principal pays d'accueil des migrants. Durant les Trente Glorieuses, ce pays a accueilli les trois quarts des travailleurs immigrés du Vieux Continent, dont un tiers en provenance d'autres pays européens. Dans les années quatre-vingt-dix, l'Allemagne fut la destination principale des immigrés provenant de l'Europe de l'Est à l'issue de la chute des régimes communistes, puis elle a accueilli 90% de la grande vague des migrants non-européens de la dernière décennie. A l'inverse, en France, où l'immigration est un phénomène ancien de plus de cent cinquante ans, le nombre de résidents étrangers reste situé depuis la fin des années quatre-vingt autour de 3,5 millions de personnes[1].

Bien que les migrations internationales s'affichent souvent au cœur de l'actualité politique récente, elles ne représentent que la partie immergée de l'iceberg en matière de changement démographique lié aux déplacements : les migrations internes, qui recensent les mobilités résidentielles à l'intérieur des frontières nationales, concernent environ 740 millions de personnes, soit un volume trois fois supérieur à celui des migrations internationales (PNUD, 2019). Les migrants, internes ou internationaux, représentent ainsi un habitant sur sept dans le monde.

Par son ampleur, le phénomène de migration a conduit à de nombreux travaux théoriques et empiriques qui se focalisent, d'une part, sur les causes de la mobilité démographique et, d'autre part, sur ses conséquences sur les territoires de départ et d'arrivée. L'économie des migrations s'est construite à partir d'un ensemble d'approches hétérogènes, croisant plusieurs domaines d'analyse économique, et en interaction avec d'autres sciences sociales. Elle abrite des analyses microéconomiques qui s'interrogent sur les caractéristiques et les choix de destination des migrants, des approches macroéconomiques qui étudient les effets des migrations sur la croissance et sur les performances des marchés du travail nationaux et régionaux, des travaux empiriques qui ciblent l'attractivité des territoires et les effets positifs et négatifs des mobilités résidentielles sur le développement local.

Ranger ces différents travaux dans une revue de la littérature exhaustive sur les migrations est une tâche délicate et probablement impossible. Il semble beaucoup plus opportun de visiter les approches principales qui ont marqué l'économie des migrations via différentes séries de questions fondamentales auxquelles cette discipline prétend répondre : qui migre et pourquoi ? Quels sont les choix de localisation du migrant ? Comment un migrant s'intègre-t-il ? Gagne-t-il autant qu'un natif à niveau de qualification égal ? Observe-t-on des phénomènes de ségrégation sur le marché de l'emploi ou en matière d'habitat ?

Ce numéro de *Région et Développement* sur les migrations comprend un ensemble d'articles qui apportent certaines réponses à ces questions, en mettant en

---

[1] Il convient néanmoins de nuancer les termes immigrés et étranger. La politique de naturalisation reste très active en France, contrairement à l'Allemagne, permettant à de nombreux immigrés d'obtenir la nationalité française et de ce fait de disparaître des statistiques mesurant la population étrangère résidente.

lien les comportements des migrants avec les caractéristiques des territoires d'accueil et de destination[2].

1. L'ÉCONOMIE DE LA MIGRATION

1.1. Les modèles standards d'inspiration néoclassique

Bien que les origines des modèles théoriques sur les migrations remontent aux écrits d'Adam Smith (1776) sur la mobilité du facteur travail, ce sont les travaux de Ravenstein (1875) qui apparaissent comme la première tentative d'une analyse spécifique de l'économie des migrations. A partir d'un ensemble d'observations empiriques érigées en lois de migration, les travaux de Ravenstein épousent l'hypothèse néoclassique selon laquelle la migration répond aux choix rationnels des agents économiques en matière de localisation, afin de maximiser leur bien-être sous la contrainte du revenu. Les flux de migration apparaissent comme l'agrégation de décisions individuelles, permettant de corriger les disparités géographiques des marchés du travail.

Les travaux sur les déterminants de la mobilité résidentielle se trouvent au cœur des constructions théoriques qui fondent l'économie des migrations. Les approches traditionnelles sur les migrations admettent l'hypothèse que la décision de migrer ou pas d'un individu repose sur la comparaison du salaire et/ou du revenu entre le territoire de départ et le territoire de destination. Ces approches considèrent le gain individuel comme l'essence de la mobilité géographique, réduite à une finalité professionnelle, indépendamment de l'échelle spatiale considérée.

Sjaastad (1960) calibre un premier modèle explicatif de la décision de migrer en considérant non seulement les gains éventuels de salaire courant, mais aussi les différentiels des coûts de la vie et le coût de la migration. La dimension dynamique du modèle repose sur l'intégration de l'espérance des gains et des coûts futurs de la migration dans la décision des individus. Dans la continuité des travaux de Sjaastad, Harris et Todaro (1970) analysent le phénomène d'exode rural dans les pays en développement, en ajoutant, aux différences de rémunération entre les espaces ruraux et urbains, une dimension probabiliste qui intègre l'espérance (des ruraux) d'obtenir plus ou moins facilement un emploi mieux rémunéré en ville. Harris et Todaro montrent que la probabilité de migrer est d'autant plus grande que la croissance économique de la ville est élevée, le taux de chômage faible et la rotation sur le marché du travail local rapide.

Le modèle de Sjaastad est à l'origine d'un ensemble de travaux qui, sous l'hypothèse d'une mobilité parfaite du travail, prévoient une relation linéaire entre les flux de migration et les différentiels de salaires réels espérés entre les régions de départ et de destination (Gallaway, 1969 ; Krieg, 1997 ; Bauer et Zimmermann, 1999 ; Mansoor et Quillin, 2006 ; Krieger et Maître, 2006). Pissarides et McMaster (1990) appliquent ce modèle aux migrations internes en Grande-Bretagne et valident l'hypothèse d'une convergence des niveaux d'emploi et des salaires dans les marchés régionaux du travail, tout en admettant que ce processus s'inscrit dans la longue durée.

1.2. L'hétérogénéité individuelle

A côté de ces modèles qui se focalisent sur le gain monétaire de la migration, un ensemble de travaux théoriques ou empiriques cherchent à enrichir et à affiner

---

[2] Un numéro prochain de la revue, coordonné par Joël Oudinet, viendra explorer les liens entre les migrations et le développement économique.

l'analyse des déterminants de la décision migratoire, en admettant l'hypothèse d'une hétérogénéité individuelle des agents économiques.

Becker (1962) souligne que la propension à migrer des individus est négativement corrélée avec l'âge. Greenwood (1973) retient l'âge moyen de la population d'une zone comme variable explicative de l'émigration. Roger et Castro (1981) supposent que la courbe de la migration est modulée par les étapes de vie d'un individu (études, mariage, premier emploi, retraite) et les différents types de besoin qu'elles génèrent. Des travaux similaires (Courgeau, 1984 ; Rogers et Willekens, 1987 ; Warnes, 1992 ; Debrand et Taffin, 2005) cherchent à mettre en évidence le lien entre les séquences du cycle de vie d'un individu et sa probabilité de migrer. L'ensemble de ces travaux considèrent qu'avec l'âge, le coût de la mobilité devient plus élevé, car un changement résidentiel conduit à une perte nette du capital social établi par les individus dans le milieu où ils habitent. L'hypothèse que ce capital social fortement territorialisé, perdu en cas de migration, affecte les décisions des agents est largement admise aujourd'hui, mais la mesure de ce capital social reste problématique.

Plusieurs études proposent des critères complémentaires pour capturer l'hétérogénéité individuelle, tels que le niveau de capital humain d'un individu (souvent appréhendé par son niveau d'éducation), sa situation familiale, son positionnement social. Certains chercheurs insistent sur le rôle de la composition familiale dans la décision de migrer. De Jong et al. (2005) admettent l'hypothèse que la décision de migrer est prise au niveau du ménage et non pas de façon strictement individuelle. Batman et Munro (2005) explorent les différences dans les décisions individuelles de migrer selon la composition et le statut familial. Adamowicz et al. (2005), Marcucci et al. (2010) montrent que la probabilité de migrer augmente dans les familles dont les membres ont un niveau d'éducation et un statut social proches. Enfin, certains travaux envisagent l'influence d'autres caractéristiques individuelles sur la décision de migrer telles que le statut d'occupation du logement (Gobillon, 2001), l'intégration sociale dans le territoire d'origine (McKenzie et Rappoport, 2012), la force des réseaux culturels (Calvo-Armegnol et Jackson, 2007) et ethniques (Rosenbloom et Waldorf, 2001 ; Hernandez-Murillo et al., 2011).

1.3. Le rôle du capital humain

Un grand nombre d'études expliquent la sélectivité des migrants par le niveau de capital humain individuel. Roy (1951) calibre une série de modèles qui établissent une relation entre le niveau de capital humain et les choix de migration des agents. Selon Roy et les travaux qui ont suivi, le niveau de capital humain individuel affecte non seulement la décision de migrer, aux âges jeunes notamment, mais également le comportement des migrants par la suite (choix de localisation du ménage, retour au pays d'origine à la retraite...).

Borjas (1987) et Borjas et al. (1992) introduisent un ensemble de modèles minceriens, permettant d'étudier la décision migratoire des individus en fonction de leur capital humain. Antolin et Bover (1997), Chiswick (2000), McCormick et Wahba (2001), Waldorf (2009), Poot et al. (2009) montrent qu'un niveau supérieur de diplôme augmente la probabilité de migrer. Concernant la migration internationale, Docquier et Marfouk (2006) et Docquier et Rapoport (2012) soulignent que dans les régions d'émigration, la mobilité est supérieure pour la population bénéficiant d'un niveau d'éducation élevé. Whisler et al. (2008) développent un modèle explicatif de la décision de migration dans lequel l'augmentation du niveau d'éducation est associée au cycle de vie de l'individu. Grogger et Hanson (2011) arrivent au même résultat en calibrant un modèle alternatif sous l'hypothèse que le retour d'investissement en capital humain attendu par la mobilité est croissant : les personnes avec un niveau d'éducation élevé espèrent, suite à la migration, un gain en revenu proportionnellement supérieur que les personnes avec un niveau d'éducation faible.

En France, Gobillon (2001) rappelle que le niveau de formation exerce une double influence sur la propension à migrer, d'une part parce que les individus les plus éduqués disposent d'une plus grande capacité d'obtenir et d'analyser les informations envoyées par des marchés du travail plus ou moins spatialement segmentés et, d'autre part, parce qu'au fur et à mesure que le niveau de capital humain d'un individu augmente le nombre d'emplois auxquels il peut prétendre s'élargit. Vignale (2016) constate que l'Ile-de-France concentre une grande partie des diplômés du supérieur, car elle conserve la majorité des jeunes formés dans ses Ecoles et Universités, tout en attirant un nombre important de jeunes formés dans les autres régions. Cette polarisation des migrations s'atténue pour des niveaux de diplôme inférieurs.

1.4. Les choix de localisation résidentielle

Une autre série de travaux sur les choix migratoires se focalise sur les préférences résidentielles des individus. Ces dernières sont déterminées, outre l'emploi et le salaire, par la variété des aménités locales, la qualité des biens publics locaux, l'accès à une consommation diversifiée, le cadre environnemental et le cadre de vie ou l'offre culturelle (Rosen, 1979 ; Roback, 1982, Graves et Mueser, 1995 ; Brueckner et al., 1999). Aux Etats-Unis, ces travaux ont permis d'interpréter l'attractivité démographique du *West Coast way-of-life*, en modélisant les compensations salariales des migrants par des avantages non-monétaires, perçus sous la forme de consommation d'aménités locales (Glaeser et Tobio, 2008 ; Waltert et Schlapfer, 2010). Chen et Rosenthal (2008) émettent l'hypothèse que les individus migrent davantage pour changer de cadre de vie que pour un meilleur salaire.

A la suite des travaux de Cragg et Kahn (1997) et de Maddison (2003), de nombreuses études produisent des modèles où la décision de migrer repose également sur la prise en considération des aménités climatiques. Selon Rappaport (2007), l'augmentation durable du revenu par habitant aux Etats-Unis, combinée à l'accroissement de l'espérance de vie et au développement des technologies de l'air conditionné, sont les facteurs explicatifs du flux migratoire important entre les Etats aux climats froids et humides et les Etats aux températures clémentes et au climat sec. D'autres études montrent que les aménités climatiques influencent certaines catégories de migrants, tels que les retraités et/ou les cadres et les individus bénéficiant d'un niveau de capital humain élevé (Bayer et al., 2009 ; Glaeser et Gottlieb, 2009 ; Albouy et Stuart, 2015). En France, Cavailhès et al. (2009) estiment la demande immobilière par zone géographique en fonction d'un ensemble de *proxies* permettant de mesurer la qualité de vie locale, où se trouvent des variables climatiques et les températures annuelles moyennes. Dans leur comparaison des prix immobiliers des différentes régions françaises, Joly et al. (2010) montrent que l'augmentation de la température moyenne de 1°C, entre avril et octobre, correspond à un prix immobilier moyen supérieur de 5% (hors Ile-de-France).

Bien qu'une grande majorité des travaux sur la mobilité résidentielle semble intégrer le rôle des aménités dans la décision des individus de migrer, leur effet reste fortement controversé, d'autant plus qu'il semble difficile de prétendre à couvrir tous les cas possibles. Comme le souligne Jayet (1996), les stimulations professionnelles et résidentielles s'entremêlent, ce qui rend *in fine* le choix de localisation dépendant d'un éventail d'opportunités spécifiques qu'offre un territoire à un individu : un travailleur jeune, célibataire, avec un niveau d'éducation élevé a une probabilité plus grande de migrer durant sa vie active qu'un ouvrier spécialisé en fin de carrière et père de famille. Et même, en cas de migration pour les deux types d'individus, il est peu probable qu'ils choisissent des destinations semblables (Combes et al., 2008). Schaffar et al. (2018) montrent les différences, en matière de choix de localisation, des mobilités résidentielles des actifs et des retraités en France.

1.5. L'intégration dans le marché du travail

L'intégration des migrants dans les pays et régions d'accueil englobe une autre série de questions et génère de nombreux débats. A travers le travail initial de Becker (1962) et de Schelling (1969), l'économie des migrations intègre les approches sur la ségrégation, en pointant notamment les questions de la discrimination sur le marché du travail.

Selon Borjas (1992), aux Etats-Unis, l'écart salarial entre natifs et immigrés décroît lentement. Les revenus moyens des deux sous-groupes convergent dans une période de 20 ans (Isaacs et al., 2008). La durée de convergence salariale varie d'un pays à l'autre : entre 10 et 30 ans au Canada, environ 13 ans en Allemagne (Dustmann et Preston, 2007) et 25 ans en Suède (Edin et al., 2000), plus de 40 ans au Royaume-Uni (Platt, 2005; Algan et al., 2010). Aux Pays-Bas, la convergence salariale est rapide en début de carrière mais se ralentit fortement par la suite (Bratsberg et al., 2006) tandis qu'en Italie la durée de convergence semble s'allonger depuis 2000, du fait que ce pays accueille de nombreux immigrés clandestins destinés aux travaux manuels et agricoles les plus ingrats et les moins bien payés (Brücker et al., 2011). En France, plusieurs études montrent que l'intégration des immigrés dans le marché du travail reste problématique (Duguet et al., 2010; Bouvard et al., 2009). Selon Aeberhardt et Rathelot (2013), on constate une absence de convergence des revenus, y compris intergénérationnelle, le salaire des immigrés d'Afrique du Nord et de l'Afrique subsaharienne restant systématiquement inférieur à celui des natifs, à qualifications égales.

Les différences en capital humain des travailleurs immigrés définissent largement le degré et la rapidité de leur intégration dans le marché du travail du pays et/ou de la région d'accueil. Les travailleurs en provenance de l'OCDE ou des pays européens bénéficient d'un salaire nettement plus élevé indépendamment du pays d'accueil. A l'inverse, les travailleurs d'origine indienne au Royaume-Uni, les Mexicains ou autres Latino-Américains aux Etats-Unis et les immigrés de l'Afrique subsaharienne en Europe de l'Ouest s'intègrent plus difficilement aux marchés nationaux du travail, du fait d'une certaine attitude latente de ségrégation de la part des employeurs et aussi à cause de leur plus faible qualification.

Selon Borjas (1992), les primo-arrivants aux Etats-Unis sont caractérisés par un net désavantage en termes de qualification, ce qui explique, en partie, leur plus faible rémunération. De la même façon, dans la plupart des pays européens, les travailleurs immigrés affichent souvent un déficit conséquent de capital humain par comparaison aux natifs, ce qui les cantonne dans des tâches de production les moins valorisantes, y compris du point de vue salarial, tandis que leur carrière professionnelle se trouve ralentie (Meurs et al., 2006 ; Silberman et al., 2007; Algan et al., 2010 ; Rathelot, 2010).

1.6. Intégration sociale et ségrégation géographique

Une dernière série de questions porte sur la ségrégation géographique, avec l'apparition de zones urbaines marquées par le communautarisme et la discrimination sur le marché de l'habitat.

Plusieurs travaux mettent l'accent sur l'apparition d'un phénomène de ségrégation géographique dans les pays industrialisés, avec d'une part l'existence des habitats traditionnels de population native et d'autre part la formation de clusters, souvent périphériques aux grandes agglomérations, des ménages immigrés. Les effets rétrospectifs et de *lock in* géographique expliquent en partie le choix de localisation des immigrés primo-arrivants et la formation de communautés ethniques.

Selon Zavodny (1999), la dépendance aux filières de migration précédentes semble constituer le principal levier de localisation des ménages immigrés aux Etats-Unis. Les avantages sont multiples (Bauer et al., 2005) : bénéficier des externalités positives d'un réseau ethnique ou linguistique pour s'insérer dans les marchés locaux du travail ou trouver un logement, disposer d'un support financier communautaire informel et se soustraire de la pression d'intégration à une nouvelle culture et un environnement inconnu. Néanmoins, Dimou et al. (2020) montrent que cette dépendance au passé diminue par la suite, lorsque une fois installés dans le pays les ménages immigrés se destinent à une nouvelle mobilité résidentielle. Leur étude montre que les choix de localisation des ménages immigrés sont beaucoup plus sensibles aux caractéristiques du marché local du travail et à la probabilité d'obtenir un logement en habitat social qu'à la présence d'autres ménages immigrés de même origine ethnique.

Selon Chiswick et Miller (2005) et Boschman et Van Ham (2015) la séparation spatiale entre les populations natives et immigrées peut être le résultat d'un processus migratoire cumulatif qui conduit, dans les grandes agglomérations américaines, à l'apparition de quartiers ethniques spécifiques (Little India, Chinatown, Little Italy) qui s'émancipent en affichant une appartenance culturelle différente mais complémentaire à celle du pays d'accueil. Cependant, en Europe, sous cette forme de tels quartiers sont plus rares (Leary et McCarthy, 2013).

En France, plusieurs études montrent que la localisation des immigrés est un phénomène complexe et évolutif, expliqué par plusieurs facteurs parmi lesquels on trouve la discrimination sur le marché immobilier mais aussi les choix ethnocentriques de ces ménages (Bouvard et al., 2009 ; Aeberhardt et al., 2010 ; Pan Ké Shon, 2010 ; Duguet et al., 2010 ; Decreuse and Schmutz, 2012 ; Verdugo, 2014 ; Dimou et al., 2020 ; Ettouati et Schaffar, 2020).

2. MIGRATIONS ET TERRITOIRES

Ce numéro spécial de la revue *Région et Développement* sur les migrations, par les différentes contributions qui y figurent, aborde, sous certains angles, l'ensemble des questions soulevées précédemment.

Les deux premières contributions examinent la façon dont les risques climatiques influencent les décisions de migration et de mobilité des ménages, à des échelles spatiales très différentes.

Dans un travail original à partir d'une analyse cliométrique sur deux mille ans d'histoire de la Chine impériale, **Olivier Damette** explique le rôle des variations climatiques sur les mouvements migratoires des nomades dans ce pays. Les résultats économétriques permettent d'identifier à différentes périodes des sous-régimes climatiques à travers une analyse de séries temporelles non linéaire. Olivier Damette montre que lors des épisodes prolongés de sécheresse et/ou de pluviosité insuffisante, les migrations des nomades du Nord vers le sud de la Chine se sont accentuées. Il montre à ce propos qu'une augmentation de la température, aussi bien qu'une baisse de la pluviosité, a affecté les décisions migratoires des populations nomades.

Par cette analyse, Olivier Damette souligne non seulement la complexité de l'influence du changement climatique sur les flux migratoires en Chine, depuis deux mille ans, mais explique aussi un certain nombre de conflits et de tensions qui se sont historiquement produits entre les pasteurs nomades du Nord et les agriculteurs sédentaires du Sud. Il introduit, ainsi, une analyse originale sur les relations entre le changement climatique, les migrations et les conflits économiques et sociaux qui surviennent dans les pays en développement.

Dans un deuxième article qui concerne les effets du changement climatique et le rôle des variables environnementales sur la mobilité résidentielle des ménages, **Yong Jee Kim, Brigitte Waldorf et Juan Sesmero** étudient les décisions de localisation des habitants de la commune littorale d'Escambia, en Floride, suite à chaque épisode d'inondation. En travaillant sur une échelle spatiale très fine, les auteurs analysent la façon dont les risques naturels influencent la décision de mobilité des résidents. Ils montrent que l'aversion au risque décroît de façon exponentielle avec le temps : lorsque les épisodes d'inondation surviennent, les flux de départs augmentent ; au fur et à mesure que ces évènements sombrent dans un certain oubli collectif, les migrations entrantes prennent le pas... jusqu'au prochain épisode ? Yong Jee Kim, Brigitte Waldorf, Juan Sesmero montrent que depuis quelques années la fréquence de ces épisodes d'inondation avec la montée du niveau de la mer augmente du fait du réchauffement climatique.

Brice Barois, de son côté, étudie le rôle des activités de connaissance et des emplois créatifs sur les choix migratoires de la population des moins et des plus de 30 ans en France métropolitaine. Brice Barois tend à souligner le lien entre l'attractivité des jeunes actifs ou étudiants, la « connectivité numérique » et la créativité des territoires. En utilisant un ensemble de modèles Probit et Heckman sur des données mises à disposition par l'INSEE, Brice Barois montre que les moins de trente ans connaissent une plus grande mobilité résidentielle vers des territoires caractérisés par un poids important d'activités créatives, contrairement à leurs ainés dont la décision de migrer semble relativement insensible à ces variables.

L'article de **Florence Arestoff et El Mouhoub Mouhoud** s'interroge sur l'intégration des migrants et de leurs descendants dans leur territoire d'accueil en France. Depuis trois décennies, on observe la formation de certaines zones urbaines périphériques aux grandes agglomérations, dans lesquelles sont concentrées les populations les plus vulnérables, parmi lesquelles de nombreux immigrés et/ou des descendants d'immigrés. Florence Arestoff et El Mouhoub Mouhoud analysent les difficultés que rencontrent ces personnes pour sortir de ces quartiers. A caractéristiques égales en termes d'éducation, les immigrés n'ont pas les mêmes chances que la population non immigrée de choisir leur localisation géographique pour des raisons socioéconomiques et aux représentations des minorités ethniques tant par les individus qui composent la population majoritaire du pays d'accueil que par les immigrés ou leurs descendants eux-mêmes. Pour illustrer leurs arguments, Florence Arestoff et El Mouhoub Mouhoud s'appuient sur l'enquête Trajectoires et origines (TeO) de 2008 de l'INSEE qui permet de distinguer les immigrés, mais aussi les immigrés de deuxième génération. Leurs résultats montrent que les immigrés sont davantage mobiles géographiquement mais leur probabilité d'accéder à la propriété est inférieure à celle de la population majoritaire. Ce phénomène est particulièrement marqué pour les populations originaires d'Afrique subsaharienne ou d'Afrique du Nord. S'agissant des descendants d'immigrés, et a fortiori des descendants d'un seul parent immigré, leur localisation d'origine ne constitue pas un élément déterminant de leur mobilité résidentielle ou de leur accès potentiel à la propriété. Des facteurs tels que l'âge, la taille du ménage, le revenu ou le niveau d'éducation s'avèrent prépondérants.

Les contributions suivantes se focalisent sur les décisions des immigrés de rapatrier une partie de leur revenu dans leur pays d'origine et les effets de ces transferts monétaires sur l'économie des pays d'origine.

Nader Nefzi, Joël Oudinet et Mouez Soussi étudient l'impact des transferts de fonds des migrants sur le taux de change effectif réel (TCER) pour trois pays du

Maghreb, la Tunisie, le Maroc et l'Algérie, entre 1980 et 2015 à l'aide de la méthode des moindres carrés généralisés estimés réalisables. Ils montrent que dans ces pays, l'afflux des transferts de fonds entraîne, non pas une appréciation, mais une légère dépréciation du TCER à long terme. En période de surévaluation, les transferts de migrants ont tendance à réduire ce mésalignement avec le TCER observé. A l'inverse, lorsqu'il y a une sous-évaluation, les transferts ont tendance à accentuer légèrement cet effet dans le cas tunisien et, à un moindre degré, dans le cas algérien. En conséquence, les transferts par leur impact sur le taux de change n'ont pas d'incidence négative sur la compétitivité prix des trois pays du Maghreb. L'usage des transferts par les familles récipiendaires, les caractéristiques contra cycliques des transferts des migrants, le rôle du secteur financier et la politique de change menée réduisent le risque de surévaluation du change et le « syndrome hollandais » qui en découlerait.

Chrysost Bangaké et Jude Eggoh analysent, de leur côté, l'impact des transferts de fonds des migrants sur l'inclusion financière. En travaillant sur un large panel de 111 pays sur la période 2004-2017 et en utilisant un modèle à effets fixes, Chrysost Bangaké et Jude Eggoh montrent que les transferts de fonds des migrants améliorent l'inclusion financière des pays récipiendaires. L'impact de ces transferts sur l'inclusion financière est non linéaire, il est plus particulièrement marqué, associé au *mobile banking*, dans les pays où le système financier est sous-développé et peu performant. En conséquence, dans ces pays, les politiques visant une plus large inclusion financière doivent adopter un cadre réglementaire et institutionnel favorable aux transferts financiers monétaires.

Enfin, dans un travail plus descriptif, **Sandrine Mesplé Somps et Bjorn Nilsson** étudient, d'après les dernières enquêtes effectuées en 2011 et 2016, les caractéristiques des migrations internationales des Maliens et celles de la région de Kayes où les flux de migration sont les plus importants. Il apparaît notamment que les pays africains côtiers devancent désormais la France comme destination principale des immigrés et que les transferts financiers des immigrés maliens ont un impact ambigu sur les inégalités de revenu : ils bénéficient plus en volume aux ménages aisés qui ont pu financer au préalable le départ des migrants, mais ils demeurent même s'ils sont d'un poids limité un facteur non négligeable de réduction de la pauvreté pour les ménages bénéficiaires.

REFERENCES

Adamowicz W., Hanemann M., Swait J., Johnson R., Layton D., Regenwetter M., Reimer T., Sorkin R., 2005, Decision strategy and structure in households : a "groups" perspective, *Marketing Letters*, 16(3), 387-399.

Aeberhardt R., Rathelot R., 2013, Les différences liées à l'origine nationale sur le marché du travail français, *Revue française d'économie*, XXVIII, 43-71.

Aeberhardt R., Fougère D., Pouget J., Rathelot R., 2010, Wages and Employment of French Workers with African Origin, *Journal of Population Economics*, 23(3), 881-905.

Albouy D., Stuart B., 2015, *Urban population and amenities: The neoclassical model of location*, NBER Working paper 19919, National Bureau of Economic Research, Cambridge.

Algan Y., Dustmann C., Glitz A., Manning A., 2010, The Economic Situation of First and Second-Generation Immigrants in France, Germany and the United Kingdom, *Economic Journal*, 120(542), 4-30.

Antolin P., Bover O., 1997, Regional migration in Spain: the effect of personal characteristics and of unemployment, wage and house price differentials using pooled cross-sections. *Oxford Bulletin of Economics and Statistics*, 59(2), 215-235.

Bateman I., Munro A., 2005, An experiment of risky choices among households, *Economic Journal*, 115(502), 176-189.

Bauer T., Zimmermann K., 1999, Assessment of possible migration pressure and its labor market impact following EU enlargement to Central and Eastern Europe. A study for the Department of Education and Employment, UK, IZA Research Report.

Bauer T., Epstein G., Gang I., 2005, Enclaves, language, and the location choice of migrants, *Journal of Population Economics*, 18(4), 649-662.

Bayer P., Keohane N., Timmins C., 2009. Migration and Hedonic Valuation: The Case of Air Quality, *Journal of Environmental Economics and Management*, 58, 1-14.

Becker G., 1962, *Human capital*, Columbia University Press.

Borjas G., 1987, Self-selection and the earnings of immigrants, *American Economic Review*, 77(4), 531-553.

Borjas G., Bronars S., Trejo S., 1992, Self-Selection and Internal Migration in the United States, *Journal of Urban Economics*, 32(2), 159-85.

Boschman S., Van Ham M., 2015, Neighbourhood selection of non-Western ethnic minorities: Testing the own-group effects hypothesis using a conditional logit model, *Environment and Planning A*, 47, 1155-1174.

Bouvard L., Decreuse B., Combes P-P., Laouénan M., Schmutz B., Trannoy A., 2009, Géographie du chômage des personnes d'origine africaine : Une discrimination sur le marché du logement ?, *Revue Française d'Économie*, 23(3), 4-55.

Bratsberg B., Barth E., Raaum O., 2006, Local Unemployment and the Relative Wages of Immigrants: Evidence from the Current Population Surveys, *Review of Economics and Statistics*, 88 (2), 243-263.

Brücker H., Fachin S., Venturini A., 2011, Do foreigners replace native immigrants? A panel cointegration analysis of internal migration in Italy, *Economic Modelling*, 28(3), 1078-1089.

Brueckner J., Thisse J.F., Zenou Y., 1999, Why is central Paris rich and downtown Detroit poor? An amenity-based theory, *European Economic Review*, 43, 91-107.

Calvo-Armegnol A., Jackson M., 2007, Networks in labor markets: Wage and employment dynamics and inequality, *Journal of Economic Theory*, 132(1), 27-46

Cavailhès J., Joly D., Hilal M., Brossard T., Cardot H., Wavreski P., 2009, The price of climate: revealed preferences of French consumers, Acts of the World Bank 5Th Urban Research Symposium.

Chen Y., Rosenthal S., 2008, Local amenities and life-cycle migration: Do people move for jobs or fun?, *Journal of Urban Economics*, 64(3), 519-537.

Chiswick B, 2000, Are Immigrants Favorably Self-Selected? An Economic Analysis, IZA Discussion Paper, 131.

Chiswick B. R., Miller P., 2006, *Public Policy and Immigrant Settlement*, Edward Elgar Publishing.

Combes P. P., Duranton G., Gobillon L., 2008, Spatial wage disparities: Sorting matters, *Journal of Urban Economics*, 63(2), 723-742.

Courgeau D., 1984, Relations entre cycle de vie et migrations, *Population*, 39(3), 483-513.

Cragg M., Kahn M., 1997, New estimates of climate demand: Evidence from location choice, *Journal of Urban Economics*, 42(2), 261-84.

De Jong G., Roempke D., St. Pierre T., 2005, Welfare Reform and Interstate Migration of Poor Families, *Demography*, 42(3), 469-96.

Debrand T., Taffin C., 2005, Les facteurs structurels et conjoncturels de la mobilité résidentielle depuis 20 ans, *Économie et Statistique*, 381(1), 125-146.

Decreuse B. Schmutz B., 2012, Residential Mobility and Unemployment of African Immigrants in France: A Calibration Approach, *Annals of Economics and Statistics*, 107/108, 51-91.

Dimou M., Ettouati S., Schaffar A., 2020, From dusk till dawn: the residential mobility and location preferences of immigrants in France, *Annals of Regional Science*, DOI: 10.1007/s00168-020-00984-6.

Docquier F., Marfouk A., 2006, International migration by educational attainment (1990-2000), in Ozden, C., M. Schiff (eds), *International migration, remittances and the brain drain*, Palgrave-Macmillan.

Docquier F., Rapoport H., 2012, Globalization, Brain Drain and Development, *Journal of Economic Literature*, 50(3), 681-730.

Duguet E., Léandri N., L'Horty Y., Petit P., 2010, Are Young French Jobseekers of Ethnic Immigrant Origin Discriminated Against? A Controlled Experiment in the Paris Area, *Annales d'Economie et de Statistique*, 99-100, 187-215.

Dustmann C., Preston I., 2007, Racial and Economic Factors in Attitudes to Immigration, *The B.E. Journal of Economic Analysis & Policy*, 7(1), 1-41.

Edin P., Fredriksson P., Åslund O., 2003, Ethnic Enclaves and the Economic Success of Immigrants – Evidence from a Natural Experiment, *The Quarterly Journal of Economics*, 118, 329-357.

Ettouati S., Schaffar A., 2020, Localisation résidentielle des étrangers en France : mythes et réalités, *Revue d'Economie Régionale et Urbaine*, 3, sous presse.

Gallaway L.E., 1969, The effect of geographic labor mobility on income: A brief comment, *Journal of Human Resources*, 4(1), 103-109.

Glaeser E., Tobio K., 2008, The rise of the Sunbelt, *Southern Economic Journal*, 74(3), 610-643.

Glaeser E., Gottlieb J., 2009, The Wealth of Cities: Agglomeration Economies and Spatial Equilibrium in the United States, *Journal of Economic Literature*, 47(4), 983-1028.

Gobillon L., 2001, Emploi, logement, mobilité résidentielle, *Économie & Statistique*, 349-350.

Graves P., Mueser P., 1995, Examining the Role of Economic Opportunity and Amenities in Explaining Population Redistribution, *Journal of Urban Economics*, 37(2), 176-200.

Graves P., Knapp T., 1989, On the role of amenities in models of migration and regional development, *Journal of Regional Science*, 29, 71-87.

Greenwood M.J., 1973, Urban Economic Growth and Migration: Their Interaction, *Environment and Planning*, 5, 91-112.

Grogger J., Hanson G., 2011, Income maximization and the selection and sorting of international migrants, *Journal of Development Economics*, 95, 42-57.

Harris J.R., Todaro M.P., 1970, Migration, Unemployment and Development: A Two-Sector Analysis, *American Economic Review*, 60(1), 126-142,

Hernandez-Murillo R., Ott L., Owyang M., Whalen D., 2011, Patterns of Interstate Migration in the United States from the Survey of Income and Program Participation, *Federal reserve Bank of St Louis Review*, 93(3), 169-185.

Hum D., Simpson W., 2004, Economic Integration of Immigrants to Canada: A Short Survey, *Canadian Journal of Urban Research*, 13(1), 46-61.

Isaacs J., Sawhill I., Haskins R., 2008, *Economic mobility in America*, The Brookings Institution.

Jayet H., 1996, L'analyse économique des migrations, une synthèse critique, *Revue Économique*, 47(2), 193-226.

Joly D., Brossard T., Cardot H., Cavailhes, J. Hilal, M., Wavresky P., 2010, Les types de climat en France: une construction spatiale, *Cybergeo*, 23155.

Krieg, R.G., 1997, Occupational change, employer change, internal migration, and earnings. *Regional Science and Urban Economics* 27, 1-15.

Krieger H., Maître B., 2006, Migration Trends in an Enlarging European Union, *Turkish Studies*, 7(1), 45-66.

Leary M., McCarthy J., 2013, *The Routledge companion to urban regeneration*, Routledge, London.

Maddison D., 2003, The amenity value of the climate: The household production function approach, *Resource and Energy Economics*, 25(2), 155-175.

Mansoor A., Quillin B., 2006, *Migration and Remittances. Eastern Europe and the Former Soviet Union*, The World Bank.

Marcucci E., Rotaris L, Danielis R., 2010, Environmental quality and accessibility: trade-offs in household residential location choice, *Scienze Regionali*, 9(2), 25-45.

McCormick B., Wahba J., 2001, *Migration and the productivity of ldc mega-cities: Evidence from the Cairo Conurbation*, University of Southampton, UK.

McKenzie D. Rappoport H., 2012, Self-Selection Patterns in Mexico-U.S. Migration: The Role of Migration Networks, *Review of Economics and Statistics*, 92(4), 811-821.

Meurs D., Pailhé A., Simon P., 2006, The Persistence of Intergenerational Inequalities linked to Immigration: Labour Market Outcomes for Immigrants and their Descendants in France, *Population*, 61(5), 645-682.

Pan Ké Shon J-L., 2010, The ambivalent nature of ethnic segregation in France's disadvantaged neighbourhoods, *Urban Studies* 47(8), 1603-1623.

Pissarides C., McMaster I., 1990, Regional Migration, Wages and Unemployment: Empirical Evidence and Implications for Policy, *Oxford Economic Papers*, 42(4), 812-831.

Platt L, 2005, The Intergenerational Social Mobility of Minority Ethnic Groups, *Sociology*, 39(3), 445-461.

Poot J., Waldorf B., Wissen L., 2009, *Migration and Human Capital*, Edward Elgar publishing, London.

Rappaport J., 2007, Moving to nice weather, *Regional Science and Urban Economics* 37(3), 375-398.

Rathelot R., 2010, Origine et quartier. Expliquer le salaire et l'emploi des descendants d'immigrés, *Revue d'économie régionale et urbaine*, 1, 27-55.

Ravenstein E.G., 1875, The laws of migrations, *Journal of the Statistical Society of London*, 48(2), 167-235.

Roback J., 1982, Wages, rents and the quality of life, *Journal of Political Economy*, 90, 1257-1278.

Roger A., Castro L., 1981, *Model migration schedules*, International Institute of Applied Systems Analysis, Laxenburg, Austria.

Rogers A., Willekens F. (eds.), 1986, *Migration and Settlement: A Multiregional Comparative Study*, Reidel, Dordecht.

Rosen S., 1979, Wage-based indexes of urban quality of life, in Mieszkowski P., Straszheim M. (eds) *Current Issues in Urban Economics*, John Hopkins Press.

Rosenbloom J., Waldorf B., 2001, Older travelers: does place or race make a difference?, *Transportation research circular*, 103-120.

Roy A., 1951, Some Thoughts on the Distribution of Earnings, *Oxford economic paper*, 135-146.

Schaffar A. Dimou M., Mouhoud M., 2018, The determinants of elderly migration in France, *Papers in Regional Science*, 98(2), 951-974.

Silberman R., Alba R., Fournier I., 2007, Discrimination in the Labour Market against the Second Generation, *Ethnic and Racial Studies*, 30(1), 1-27.

Sjaastad L. A., 1962, The costs and returns of human migration, *Journal of Political Economy*, 70(5), 80-93.

Vignale M., 2016, Mobilités interrégionales de jeunes diplômés du supérieur : qui forme pour qui ?, *Céreq Bref*, 347.

Waldorf B., 2009, Is human capital accumulation a self-propelling process? Comparing educational attainment levels of movers and stayers, *Annals of Regional Science*, 43(2), 323-344.

Waltert A., Schläpfer M., 2010, Landscape amenities and local development: A review of migration, regional economic and hedonic pricing studies, *Ecological Economics*, 70(2), 141-152.

Warnes, A., 1992. Migration and the life course, in Champion, A.G., Fielding, A.J. (eds.), *Migration Processes and Patterns Volume 1: Research Progress and Prospects*, Belhaven, London.

Whisler R., Waldorf B., Mulligan G., Plane D., 2008, Quality of life and the migration of the college-educated: A life-course approach, *Growth and Change*, 39(1), 58-94.

Zavodny M., 1999, Determinants of Recent Immigrants' Locational Choices, *International Migration Review*, 33(4), 1014-1030.

An introduction to migration economics

Abstract - We propose, without trying to be exhaustive, to visit the main approaches in economics on migration through various fundamental questions related to interregional or international mobility: who is migrating and why? Where does he go? How integration takes place to his new destination? This special issue of *Région et Développement* gathers a series of contributions which aim to bring some responses to these questions.

Key-words

Migration economics

Residential mobility

Immigration

Région et Développement

n° 51-2020

www.regionetdeveloppement.org

Changement climatique et migrations : un nouveau regard à travers les migrations nomades dans la Chine historique

Olivier DAMETTE*

Résumé - Nous analysons l'impact des variations climatiques sur les mouvements migratoires des nomades à travers une étude cliométrique sur deux mille ans d'histoire de la Chine Impériale. Nos résultats économétriques permettent d'identifier des sous-régimes temporels et climatiques à travers une analyse de séries temporelles non linéaire. Lorsque les pluies se sont avérées insuffisantes, les migrations des nomades du Nord au sud de la Chine se sont intensifiées. Dans ces régimes, les températures, probablement trop élevées, ont accentué ce phénomène, ce qui n'avait pas été détecté dans la littérature. Si le rôle des précipitations a peut-être été quelque peu surévalué, le rôle des variations de températures, du moins l'interaction entre les variables climatiques, a peut-être été sous-estimé. Le changement climatique, en modifiant les rendements des terres des nomades « pastoralists » dans les régimes climatiques arides ou semi-arides, a été à l'origine de nombreux mouvements migratoires. Les populations nomades se sont adaptées au changement climatique en se dirigeant vers le sud où les cultures agricoles étaient plus propices à se développer. Cependant, ces mouvements ont probablement été à l'origine de nombreux conflits interpersonnels initiés par les nomades et auxquels les « agriculturalists » du Sud ont répondu. Ces résultats alertent sur les liens entre le changement climatique, les migrations et les conflits qui peuvent s'accroître dans les pays en développement dans les années à venir.

Classification JEL
C22, F22, Q54

Mots-clés
Climat
Migrations de nomades
Chine historique
Modèle non linéaire de séries temporelles

* BETA, Université de Lorraine ; olivier.damette@univ-lorraine.fr

INTRODUCTION

Depuis la synthèse de Dell et al. (2014) dans le *Journal of Economic Literature* et plus récemment l'article de Hisang et Kopp (2018) dans le *Journal of Economic Perspectives*, la communauté scientifique des économistes commence à alerter sur l'effet qu'exercerait le changement climatique et son accélération depuis le début des années 1980 (montée des températures, accroissement des épisodes de sécheresse et de fortes températures, etc.) sur les performances économiques à long terme. Que cela passe par les rendements agricoles, l'inflation du prix des matières premières, la décroissance de la productivité globale des facteurs ou plus généralement par une modification de la dynamique de croissance et des évolutions sociales (conflits interpersonnels, guerres, etc.), le changement climatique aurait déjà été à l'origine de nombreuses crises globales de nos sociétés (voir Parker, 2013).

Au-delà de son impact sur les outputs économiques et sociaux précités, le facteur climatique serait un déterminant majeur des mouvements migratoires par les pressions et les transformations qu'ils exercent sur le cadre de vie. Récemment, Missirian et Schlenker (2017) prédisent que, *ceteris paribus*, le nombre de demandeurs d'asile à la fin du siècle devrait augmenter, en moyenne, de 28% (98000 par an) à 188% (660000) selon que les scénarios plus ou moins pessimistes (RCP 4.5 ou 8.5) soient retenus pour les 21 modèles climatiques de la NASA (Earth Exchange Global Daily Downscaled Projections, NEX-GDDP) étudiés. L'intérêt des analyses exploratoires des effets du changement climatique sur les migrations à partir du simple prolongement des tendances que l'on obtiendrait à partir d'estimations de données contemporaines peut pourtant apparaître limité (Burzynski et al., 2019) alors que les prévisions des climatologues et plus largement de la communauté scientifique quant aux effets du changement climatique sont incertaines.

Aussi pourrait-il s'avérer intéressant de proposer une analyse cliométrique des dynamiques du passé, c'est-à-dire une analyse historique de très long terme, de manière à appréhender comment les évolutions climatiques ont pu modifier les différentes composantes de la vie économique et sociale (Damette et al., 2020) dans le passé et par ce biais expliquer l'évolution plus particulière des mouvements migratoires consécutifs à des chocs climatiques. Le canal du climat vers la production agricole était en effet particulièrement important dans les sociétés préindustrielles caractérisées par un faible niveau technologique et par là même un haut niveau de dépendance aux conditions climatiques.

Ici, nous focalisons notre travail sur le territoire de la Chine sur le très long terme, de -220 ans au début du 20e siècle dans une optique que l'on pourrait qualifier de cliométrique puisqu'elle mêle analyse historique et quantification économétrique. Comprendre les relations entre variables climatiques et sociétales, qu'il s'agisse de corrélations ou de liens causaux, peut s'avérer riche en enseignements pour mieux appréhender les évolutions à venir et inférer les effets du changement climatique sur les migrations dans les années futures. L'intérêt plus général de ce travail est d'étudier les relations entre la nature, le climat, et la société à une échelle temporelle et géographique large.

Dans les sociétés préindustrielles, les variations climatiques sont susceptibles d'avoir été à l'origine de crises humaines globales (voir le remarquable ouvrage de Parker, 2013, sur le 17e siècle notamment) et de variations importantes des niveaux de population comme l'ont mis en évidence de manière large pour l'Europe (Zhang et al., 2011, Pei et al., 2015 parmi d'autres) ou la Chine (Pei et al., 2016b). Les sociétés préindustrielles, agraires et pastorales, étaient plus facilement affectées par les variations climatiques du fait de l'absence ou de la faible présence de capacités et moyens d'adaptation, notamment technologiques. Hiérarchiquement, les sociétés pastorales étaient encore plus fragiles que les sociétés agricoles ou qui précèdent tout juste la révolution industrielle. Leur analyse à la fois en termes de réaction aux chocs et d'adaptation peut donc s'avérer précieuse pour mieux prévoir les effets du changement climatique en cours, notamment sur les pays en développement dont les caractéristiques de ces pays peuvent être assez proches des économies préindustrielles.

Dans ce qui suit, nous revisitons les effets du changement climatique, entendu ici principalement par les sécheresses et les refroidissements subis par les populations au cours du temps, sur les migrations et indirectement sur les probabilités de conflits interpersonnels. Notre analyse, de nature cliométrique, vise à appliquer des outils adéquats de l'économétrie des séries temporelles pour mieux identifier les relations entre les variations du climat et les migrations au cours de la Chine impériale. Bien évidemment, cela nécessite de disposer de données et *proxies* solides et d'une méthodologie adaptée à ces séries historiques.

1. LITTÉRATURE ET HYPOTHÈSE DE TRAVAIL

Les premiers travaux à avoir associé le changement climatique aux migrations des populations nomades en Chine remontent à Fang (1990) et Fang et Liu (1992). Selon Pei et Zhang (2014) lesquels s'appuient notamment sur Fang et Liu (1992) et Bai et Kung (2011), les populations nomades provenaient essentiellement de Haute-Asie et des steppes d'Asie Centrale, de Mongolie et d'Europe de l'Est. Ces populations nomades étaient considérées dans le passé comme ayant des comportements de type barbare et occupaient initialement principalement le nord de la Chine. Leurs mouvements et migrations vers le Sud notamment, s'accompagnaient de menaces et d'invasions que ce soit sous les Han ou d'autres minorités comme les Tangs ce qui énéra de nombreux conflits entre nomades et populations sédentaires dans la hine historique, on parle de conflits « nomads-agriculturalists » ou « pastoralists-griculturalists ».

Pour Pei et al. (2014, 2016a, 2019), les terres du Nord où se concentrent à l'orine les nomades « pastoralists » sont des terres arides ou semi-arides. La fertilité s terres y est limitée et la productivité des terres est principalement dépendante niveau de précipitations. Les terres permettant davantage la culture du blé ou du riz étaient situées dans la partie sud de la Chine, la plus au Sud pour le riz. Pour acquérir des ressources alimentaires pour leur survie lors de chocs climatiques notamment qui réduisent les productions agricoles et les conditions de subsistance, les tribus nomades du Nord ont été tentées de se déplacer vers le Sud. L'hypothèse défendue ici est donc que la migration des nomades du Nord vers le Sud a constitué une réponse et une adaptation au changement climatique pour leur permettre leur survie (ce point de vue a été défendu de manière plus générale par Marsella et Ring, 2003). Au contraire, les populations agraires et les exploitations agricoles – on parle même d'empires agraires – étaient localisées sur les territoires du Sud. La fertilité des terres y est moins limitée et se prête davantage à l'agriculture. Par ailleurs, Pei et Zhang (2014) et Pei et al. (2017) soulignent que les populations agraires perpétuaient une culture de la stabilité et de conservation des terres ancestrales (ils citent notamment Lee, 1978) et n'avaient pas d'intérêt à migrer au Nord. Des mouvements migratoires, notamment par le biais de conquêtes militaires, de la part des sédentaires agricoles du sud vers le nord du pays étaient donc peu probables. Les statistiques opérées sur les archives d'évènements migratoires vont en ce sens puisque plus de 72% des mouvements migratoires sont des mouvements Nord/Sud.

Un changement climatique est donc davantage susceptible de modifier les comportements et les déplacements des populations vers d'autres territoires et en particulier vers le sud de la Chine toutes choses égales par ailleurs en réduisant la bioproductivité des prairies et en accroissant la désertification de populations situées dans des territoires les rendant particulièrement vulnérables au climat par des modifications de leur écosystème. Ce sont probablement les chocs climatiques qui sont à l'origine des déplacements des nomades et probablement d'une part importante des conflits entre des nomades et des fermiers du Nord suite au déplacement des populations nomades. Su et al. (2016) par exemple établissent un lien entre le changement climatique et les guerres qui éclatèrent entre nomades et groupes fermiers sous la dynastie Han de l'Ouest au régime dynastique des Tangs. Il faut préciser par ailleurs que si des conflits entre nomades et fermiers avaient également lieu au Nord, on parle d'invasion nomade vers le Sud et plutôt de conflits de défense des fermiers vers le Nord. Cela implique que la latitude géographique des conflits a été utilisée comme information pour étudier les changements géopolitiques de la Chine.

Les rares études précédentes ont cherché à identifier l'impact du changement climatique, *via* les températures et les précipitations sur les migrations des nomades et leur éventuel lien avec l'émergence de conflits inter-personnels, principalement au sud de la Chine, sur une longue période historique de près de deux mille années (-220 avant J.-C. à 1910 pour Pei et Zhang, 2014) couvrant ainsi les principales périodes de la Chine impériale jusqu'à son achèvement en 1911. L'apport des travaux de Pei et Zhang (2014) et en corolaire de Pei et al. (2016, 2017) est d'avoir proposé pour la première fois un test économétrique et une analyse quantitative en se basant sur l'analyse de Fang et Liu (1992). Le point commun de ces analyses est de défendre l'idée que les relations complexes entre l'homme et la nature doivent être analysées à une large échelle temporelle et géographique et ce, en ayant recours à des analyses quantitatives mêlant corrélation, analyse de régression multiple ou encore causalité à la Granger, qu'ils qualifient parfois de « broad-brush approach ». Ce travail de type cliométrique, même s'il ne s'en réclame pas, se fonde sur des séries temporelles longues sur une échelle géographique large et sur la dynamique des comportements au cours du temps et défend l'idée que le travail à grande échelle permet d'éviter l'hétérogénéité des résultats qui résulteraient de la seule considération de différentes échelles géographiques dans l'analyse de l'interaction entre le climat et la société. Bien évidemment, des dynasties, des régimes politiques et des facteurs exogènes différents se sont succédé sur des périodes aussi longues.

Les résultats principaux de la littérature précédente (Pei et Zhang, 2014, essentiellement) montrent qu'il existe a priori une corrélation négative entre les mouvements migratoires des nomades et les facteurs climatiques (écarts de précipitations et de températures) et une corrélation positive entre ces mouvements migratoires induits par le changement climatique et le nombre de conflits entre populations d'éleveurs (« pastoralists » dans le terme originel utilisé) et les populations de fermiers (« agriculturalists »). Les analyses de régression et de causalité confirment pourtant que seules les précipitations, et donc ici les périodes de sécheresse essentiellement, ont été la cause des mouvements migratoires – à la fois vers le Nord et vers le sud de la Chine – lesquels semblent avoir causé, au sens de Granger, l'évolution de conflits interpersonnels au cours du temps.

Cependant, certaines limites semblent émerger de ces travaux. Tout d'abord, les méthodologies économétriques utilisées ne semblent pas complètement robustes, en particulier la prise en compte d'une importante autocorrélation générée par les caractéristiques des données reconstituées et ce, même si des trends déterministes ont été parfois considérés par les auteurs des études précédentes, probablement pour prendre en compte les tendances de facteurs inobservés au cours des deux mille ans d'histoire observés. En outre, le cadre empirique est contraint à des relations linéaires, et à des analyses de causalité à la Granger sur de très larges échantillons, ce qui semble peu adapté sur des périodes de temps aussi longues où l'on peut penser que des régimes climatiques et migratoires différents ont pu se succéder avec des liens plus ou moins ténus au cours du temps et par sous-périodes.

2. MÉTHODOLOGIE ET DONNÉES

Dans un premier temps, nous tentons de répliquer les régressions de la littérature précédente. Il s'agit de régressions linéaires en séries temporelles avec ajouts de tendances déterministes. Bien que les articles précédents n'explicitent pas toujours les motivations de ce choix de modélisation, leur ajout a probablement pour objet de prendre en compte les dynamiques communes de facteurs inobservables et de contrôler l'autocorrélation qui caractérise la dynamique de la série migratoire. Pour tester la robustesse et la stabilité des paramètres, nous recourons à une modélisation ARDL[1] (modèle auto-régressif à retards distribués) qui est une forme plus flexible que la précédente (voir Pesaran et al., 2001). L'avantage de la modélisation ARDL est d'être très flexible et de prendre en compte d'éventuels problèmes d'hétérogénéité dans l'ordre d'intégration des variables et de traiter explicitement l'autocorrélation sérielle par le biais de variables retardées et différenciées. Cette modélisation permet également de distinguer des effets de court terme des effets de long terme de manière à expliciter des relations de convergence à plus ou moins long terme vers des comportements d'équilibre.

$$y_t = \gamma + \sum_{i=1}^{p} \alpha_i y_{t-i} + \sum_{i=à}^{q} \beta'_i X_{t-i} + \varepsilon_t$$

avec y le nombre d'évènements migratoires, X une matrice incluant les variables climatiques (anomalies de précipitations et de températures) lesquelles peuvent être purement I(0) ou I(1), c'est-à-dire intégrées d'ordre zéro ou d'ordre un et epsilon un terme d'erreur iid. Autrement dit, la variable dépendante est régressée sur ses propres valeurs passées ainsi que sur les valeurs courantes et passées des variables exogènes.

Dans un second temps, nous décidons d'aller bien au-delà des travaux précédents en évaluant d'éventuelles relations non-linéaires entre les variables climatiques et les migrations des nomades. Le fait de considérer un échantillon homogène sur près de deux mille ans ne cache-t-il pas des régimes différents ? Surtout la linéarité supposée ne conduit-elle pas à surestimer l'impact du climat sur les mouvements migratoires ? Le modèle non linéaire utilisé ici est un modèle simple de changement de régime (voir par exemple Teräsvirta et al., 2010). Ce modèle est linéaire par morceaux et la variable s est généralement supposée être continue et stationnaire. Lorsque r=1, le modèle redevient linéaire sur l'échantillon total.

$$y_t = \sum_{j=1}^{r} (\beta_j' z_t + \varepsilon_{jt}) I(c_{j-1} < s_t < c_j)$$

où s_t est une variable de changement de régime observable

$c_0, c_1 ..., c_r$ sont des paramètres de seuil

$\beta_j = (\beta_{0j}, \beta_{1j}, ..., \beta_{mj})'$ est tel que

$\beta_i \neq \beta_j$ pour $i \neq j$ avec $m = p+k+1$

$\varepsilon_{jt} = \sigma_j \varepsilon_{jt}, \sigma_j > 0, j = 1, ..., r$

[1] Nous avons également estimé un modèle ARMA dont les résultats sont cohérents avec ceux présentés ici.

Les données que nous utilisons sont similaires à celles utilisées précédemment par Pei et al. (2018, Quarternary International), Pei, Lee and Zhang (2017, The Holocene) et Pei et Zhang (2014) et consistent en un jeu de séries temporelles de trois principales variables (flux migratoires, anomalies de précipitations, anomalies de températures) couvrent la période allant de -200 à 1919.

Notre jeu de données climatiques consiste en l'utilisation de deux variables : une variable d'anomalie des températures et une variable d'anomalie des précipitations. En effet, les reconstructions de données climatiques historiques ont l'avantage de couvrir l'entièreté de la Chine sur la période mais ne sont pas des enregistrements réels pour chaque année, dont la disponibilité apparaît quasiment impossible. Il s'agit en effet de séries d'anomalies de températures qui ont été calculées à partir des données produites par Yang et al. (2002) qui consistent en des températures reconstruites à partir de plusieurs origines et *proxies* : glaciers, sédimentation des lacs, cernes des arbres, documents historiques, etc. Comme l'expliquent notamment Pei et Zhang (2014), d'autres reconstructions de températures pour la Chine existent par ailleurs comme celles de Yi et al. (2012) et Tan et al. (2003) mais elles ne couvrent pas géographiquement l'entièreté du pays. Ces séries, déjà utilisées par ailleurs par Pei et Zhang (2014) et également par Lee et Zhang (2013) dans des revues internationales spécialisées et leur qualité est admise par la communauté scientifique internationale pour retracer les fluctuations climatiques au cours du temps.

Les données de précipitations utilisées sont celles produites par Pei et Zang (2014) et ont été reconstruites à partir d'une synthèse réalisée sur 21 siècles et soumises à des contrôles à partir d'autres sources, à fréquence très faible (un point par cent ans) par exemple pour attester de leur fiabilité. Des données documentaires ont été privilégiées aux données reconstruites à partir de *proxies* comme les cernes des arbres ou les spéléothèmes de grottes produites, notamment, par Mann et al. (2008) et Büntgen et al. (2011). Leur production de données s'appuie également sur des sources historiques complémentaires et notamment des enregistrements de sécheresse et d'inondations, des relevés sur la surface des lacs ou des tempêtes de sable dont on sait qu'ils sont fortement corrélés avec les niveaux de précipitation. Au final, ces séries permettent de capter de manière adéquate l'alternance de périodes de sécheresse et d'humidité sur la période étudiée.

Les données migratoires utilisées ont également été utilisées dans la littérature existante et notamment par Pei et Zhang (2014) et Pei, Lee et Zhang (2017). Ces données proviennent de tables chronologiques de Chinese Migration History qui est une source renommée sur l'histoire des migrations historiques en Chine (Ge et al., 1997). L'ouvrage en question se base sur des archives de mouvements migratoires de scientifiques et historiens (928 enregistrements de -2100 à 1950) et couvre à la fois les migrations nomades, pastorales et agricoles. Nous nous focalisons ici sur les séries d'évènements migratoires nomades du nord vers le sud de la Chine qui sont produites à une fréquence décanale.

3. RÉSULTATS DES ESTIMATIONS ET DISCUSSIONS

La rare littérature précédente en géographie a traité le problème de la corrélation sérielle en modélisant des trends déterministes (linéaire, quadratique et cubique) dans le jeu de variables explicatives. Lorsque nous appliquons cette méthodologie à notre base de données (tableau 1), nous retrouvons des résultats proches, qualitativement du moins, de ceux déjà mis en évidence par Pei et Zhang (2014). Les trends sont bien significatifs à 1% et sont capables de capter l'autocorrélation ainsi que la non-linéarité des mouvements migratoires au cours du temps. L'effet des anomalies de précipitations est significativement négatif au seuil de 1% : une augmentation des anomalies négatives et donc des périodes de sécheresse a conduit les populations nomades à migrer vers d'autres territoires. En revanche, à l'instar de la littérature, les températures n'ont pas d'effet sur les déplacements de population puisque le coefficient associé n'est pas significatif à 10%. De manière plus problématique, nos tests d'autocorrélation (le test du multiplicateur de Lagrange de Breush Godfrey notamment) montrent qu'une autocorrélation des résidus demeure importante et que cette spécification n'est pas robuste.

Tableau 1. Estimation par les MCO d'un modèle linéaire avec ajout de tendances déterministes

Variable	Coefficient	Ecart-type	t-stat
Températures	-0.1705	0.1078	-1.58
Précipitations	-2.3217***	0.2171	-10.69
Tendance linéaire	-0.0091***	0.0027	-3.34
Tendance quadratique	0.00001***	2.56e-06	4.74
Tendance cubique	-4.27e-09***	7.19e-10	-5.93
Constante	6.3098***	0.8350	7.56
Observations	1911		
Coefficient de détermination	0.11		

Tableau 2. Estimation d'un modèle ARDL (2,0,1) linéaire

Variable	Coefficient	Ecart-type	t-stat
Migration (t-1)	-0.1282***	0.0012	-10.28
Coefficients de long terme			
Températures	0.2819	0.4279	0.66
Précipitations	-3.5023***	0.9347	-3.75
Coefficients de court terme			
Migrations	0.8738***	0.1097	79.63
Températures	-0.1865	0.1181	-1.58
Constante	0.0584***	0.0078	7.48
Observations	1907		
Coefficient de détermination	0.78		

Nous décidons d'aller un peu plus loin en testant d'autres formes de prise en compte de la dynamique temporelle et de l'autocorrélation en recourant à une modélisation ARDL. Notre objectif est de vérifier tout d'abord si les résultats de Pei et Zhang (2014) sont robustes à des changements de spécification et notamment d'autres formes de prise en compte de l'autocorrélation dont on devine qu'elle peut être importante. Les critères de sélection usuels nous permettant de discriminer nos modèles quant au nombre de retards à retenir ne sont ici pas complètement convergents mais les différentes spécifications testées (nous en avons testé un certain nombre dont nous pouvons fournir les codes et résultats) et estimées montrent que les résultats de l'estimation ARDL ne divergent pas qualitativement des résultats précédents comme le montre l'exemple d'un ARDL parcimonieux de type ARDL (2,0,1) (tableau 2)[2]. C'est donc une nouvelle fois l'effet sécheresse qui semble le plus susceptible d'expliquer les migrations, ce qui confirme les travaux de Pei et Zhang sur l'importance des niveaux de précipitation, avant les températures, dans les flux de migration des nomades. Sur le plan économétrique, les résidus sont cette fois blanchis de l'autocorrélation (le test de Breush Godfrey a une nouvelle fois été utilisé).

[2] Compte tenu des résultats parfois contradictoires des critères de choix du nombre de décalages (critères d'information), nous avons procédé à des tests de robustesse (ARDL avec 12 lags) qui parviennent qualitativement aux mêmes conclusions.

Les résultats des estimations du modèle à seuil discret (tableau 3) apportent un éclairage nouveau à la relation entre climat et migrations des nomades dans la Chine impériale. Après avoir testé le nombre de seuils estimés pour notre modèle (tableau 4), lequel révèle trois seuils (donc 4 régimes distincts), nous avons estimé le modèle à seuil discret sur notre période d'étude en retenant la variable de précipitation comme variable de transition, c'est-à-dire celle pour laquelle la dynamique est susceptible de différentier des régimes où les variables explicatives ont des effets hétérogènes sur la variable dépendante.

Tableau 3. Estimation d'un modèle non linéaire à seuil discret

Régimes	Précipitations < -0.469 N=326 observations		Précipitations < 0.155721 N=948 observations	
Variables	*Coefficient*	*t-stat*	*Coefficient*	*t-stat*
Constante	-0.070401*	-1.788	0.034346***	2.756
Précipitations	-0.258385***	-4.703	-0.006468	-0.204
Températures	0.041096***	3.116	0.000684	0.095
Migration(-1)	1.856937***	84.795	1.931984***	104.329
Migration(-2)	-0.879420***	-38.761	-0.946794***	-48.879
Migration (-12)	0.011820***	4.000	0.009151***	3.301
Régimes	Précipitations < 0.410 N=337 observations		Précipitations > 0.410 N=300 observations	
Variables	*Coefficient*	*t-stat*	*Coefficient*	*t-stat*
Constante	0.049192**	1.942	0.054056	1.413
Précipitations	-0.014839	-0.220	-0.030787	-0.642
Températures	-0.019771	-1.621	0.009703	0.517
Migration(-1)	1.716194***	50.506	1.909292***	46.819
Migration(-2)	-0.749950***	-21.757	-0.919982***	-21.801
Migration (-12)	0.010909**	2.239	0.002238	0.415

Note : L'anomalie de précipitation (t-3) a été sélectionnée pour optimiser les résultats de l'estimation ; le seuil est estimé de manière séquentielle (Bai et Perron, 1998) et un paramètre de trimming de 0,15 a été adopté.

Lorsque les précipitations sont faibles et renforcent l'aridité des sols, notamment dans le nord de la Chine où vivent à l'origine principalement les nomades, le nombre d'évènements migratoires tend à augmenter. On constate que les précipitations n'impactent significativement les migrations que dans le premier régime (326 observations seulement pour un seuil estimé de précipitations négatif) et constituent alors le déterminant majeur des migrations[3].

Tableau 4. Nombre de seuils estimés (Bai-Perron, 2003)

Seuils	Scaled Critical Threshold Test	F-statistic	F-statistic Value
0 vs. 1	4.429136*	26.57482	20.08
1 vs. 2	5.990436*	35.94262	22.11
2 vs. 3	4.759571*	28.55743	23.04
3 vs. 4	2.181079	13.08647	23.77

Note : les seuils ont été ici déterminés de manière séquentielle (S+1 versus S), la variable d'anomalie de précipitation a été retenue (t-3 est optimale) avec une spécification similaire à celle régressée dans le tableau 3.

Lorsque le niveau des précipitations est relativement conforme à sa moyenne ou important (anomalies positives élevées à partir d'un seuil de 0,15 dans le deuxième régime), alors ce facteur climatique n'apparaît plus comme déterminant des migra-

[3] Sur le plan économétrique et compte tenu des variables à notre disposition, on peut penser, même si des variables structurelles additionnelles seraient éclairantes, que leur information soit contenue en partie du moins dans les termes retardés.

tions. En outre, lorsque les précipitations sont faibles et que les régimes de sécheresse sont susceptibles d'émerger, les anomalies de températures, qui n'étaient pas significatives dans les études précédentes, influent cette fois positivement sur les évènements migratoires. Cet effet pourrait s'expliquer par les périodes de chaleur concomitantes aux périodes de sécheresse qui dégradent les conditions de vie des populations nomades et poussent ces populations à l'exode.

Lorsque des méthodologies empiriques linéaires sont utilisées, il n'est pas possible d'identifier ce régime où les deux facteurs impactent conjointement les migrations. En revanche, le modèle à seuil discret adopté ici permet de mettre en évidence les régimes pour lesquels les facteurs climatiques pourraient être responsables des migrations et de ne pas en surestimer la portée comme facteur explicatif historique pour l'ensemble de la période, laquelle sur deux mille ans n'est bien évidemment pas uniforme.

Graphique 1 : Dynamique des anomalies de précipitations et seuils estimés

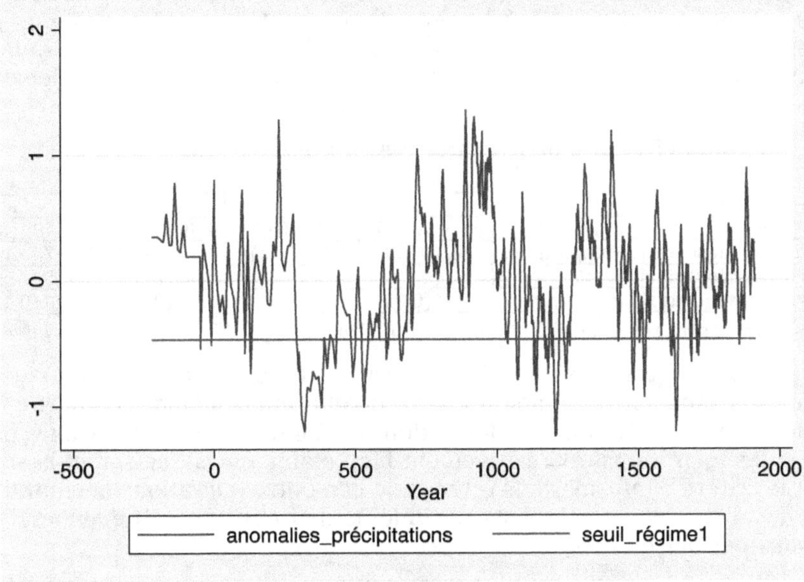

Note : la barre horizontale représente le seuil estimé du premier régime, toutes les valeurs contenues en dessous se trouvent donc dans le régime 1.

Le graphique 1 nous permet de mettre en perspective historiquement les valeurs des seuils correspondant aux différents régimes. Nous traçons un seuil T permettant d'identifier le premier régime, pour lequel les coefficients des variables climatiques sont significatifs, sur la série de précipitations historique (correspondant à notre variable de transition/seuil). Nous remarquons que les périodes 300 à 500, 1050 à 1300 et 1600 à 1700 à un degré moindre, correspondent aux périodes où le modèle se trouve dans le premier régime. C'est uniquement durant ces phases, couvrant environ 1/6ème de la période, que les facteurs climatiques conjugués impactent significativement les flux migratoires.

L'importance du facteur climatique (précipitations) a probablement été un peu surestimée dans les études précédentes qui concluaient à sa significativité pour la totalité de la période. Au contraire, le rôle des anomalies de températures, qu'il s'agisse de périodes de refroidissement ou plus probablement ici de périodes de réchauffement associées à des sécheresses, a été mésestimé. Au final, nous montrons que le rôle conjoint des anomalies climatiques a été un déterminant important de mouvements migratoires sur plusieurs périodes.

Cette réponse des nomades en termes d'adaptation au changement climatique n'est cependant pas sans conséquence. En effet, comme l'ont récemment montré Pei et al. (2019), ces mouvements ont probablement été à l'origine de nombreux conflits interpersonnels initiés par les nomades et auxquels les « agriculturalists » du Sud ont répondu par des stratégies de défense. Les migrations de masse vers des territoires déjà occupés sont en effet susceptibles de générer des tensions, des violences et des guerres.

A l'instar de Pei et al. (2019), nous appliquons un test de causalité de Granger mais cette fois-ci uniquement sur le régime 1 identifié par notre modèle à seuil pour lequel le climat est significativement lié aux migrations des nomades. Nous avons retenu les périodes 300-500 et 1050-1300 comme détectées par notre modèle à seuil (voir graphique 1). Dans un premier temps, nous avons mis en œuvre un test de causalité entre les précipitations et les mouvements migratoires puis dans un second temps nous avons analysé l'éventuelle causalité entre mouvements migratoires et conflits[4]. Les critères d'information usuels (AIC, SIC) étant contradictoires quant au nombre de lags optimaux à retenir, nous les retenons tous les deux et présentons de manière exhaustive tous les résultats.

Tableau 5. Tests de causalité de Granger sur sous-périodes

	Période 300-500		Période 1050-1300	
Hypothèse testée/critères	AIC	SIC	AIC	SIC
Précipitations ne causent pas *Migrations*	1.66* (0.07)	2.41* (0.09)	0.89 (0.55)	10.48* (0.00)
Migrations ne causent pas *Précipitations*	0.58 (0.87)	0.32 (0.72)	0.80 (0.65)	2.17 (0.14)
Migrations ne causent pas *Conflits*	0.13 (0.99)	0.71 (0.49)	3.38* (0.00)	0.45 (0.64)
Conflits ne causent pas *Migrations*	2.26* (0.01)	2.27 (0.11)	1.38 (0.17)	0.90 (0.41)

*Note : les valeurs sont représentées comme F-Stat (Probabilité) ; * lorsque H0 est rejetée à 10%.*

Il résulte de nos tests (tableau 5) que les liens de causalité sur les sous-périodes identifiées par notre modèle non linéaire corroborent seulement en partie l'hypothèse suivante : Précipitations → Migrations → Conflits. Si le lien entre les précipitations et les migrations est relativement bien établi, quels que soient la sous-période et le critère d'informations retenus, le lien entre migrations et conflits entre « agriculturalists » et « pastoralists » est moins clair et n'apparaît que lors de la seconde sous-période étudiée.

CONCLUSION

Dans cet article, nous nous sommes intéressés à l'impact potentiel du climat sur les mouvements migratoires en traitant du cas singulier de deux mille ans d'histoire de la Chine Impériale, pour laquelle existent de nombreux documents historiques. Nous proposons une analyse quantitative en séries temporelles. Cette analyse cliométrique menée sur une large échelle géographique et de temps permet de porter un regard différent sur l'impact que peut avoir le changement climatique sur les migrations comme moyen d'adaptation de certaines populations. Nos résultats économétriques qui prennent en compte, pour la première fois, l'existe de sous-régimes temporels et climatiques, confirment que sur certaines sous-périodes où les pluies se sont avérées insuffisantes, les migrations des nomades du Nord au sud de la Chine se sont accrues. Dans ces régimes, les températures, probablement trop élevées, ont

[4] Les données de conflits sont particulièrement représentatives des batailles ayant eu lieu entre les nomades « pastoralists » et les « agriculturalists » sédentaires du Sud. Voir le descriptif et sources de données dans Pei et Zhang (2014).

accentué ce phénomène, ce qui n'avait pas été détecté dans les études précédentes. Si le rôle des précipitations a peut-être été quelque peu surévalué, le rôle des variations de températures ou du moins l'interaction entre les variables climatiques, a lui été sous-estimé.

Le changement climatique en modifiant les rendements des terres des nomades « pastoralists » dans des terres aux régimes climatiques arides ou semi-arides a été à l'origine de nombreux mouvements migratoires du Nord au sud de la Chine. La réponse des mouvements migratoires comme adaptation au changement climatique a alors conduit les populations nomades à se diriger vers le sud où les cultures agricoles sont plus propices à se développer. Cependant, ces mouvements ont probablement été à l'origine de nombreux conflits interpersonnels initiés par les nomades et auxquels les « agriculturalists » du Sud ont répondu. D'autres analyses complémentaires aux analyses de régression et aux tests de causalité à la Granger dont la sensibilité aux spécifications et choix des décalages est forte, doivent cependant être menées pour confirmer ce lien.

L'analyse historique de la Chine apporte en tout état de cause une preuve supplémentaire que le changement climatique génère des migrations et potentiellement des conflits. Elle apporte des enseignements contemporains aux mouvements migratoires actuels et à venir et aux conflits qu'ils peuvent générer, notamment dans les pays en développement. Les migrations dites climatiques dans les pays en développement (voir par exemple Damette et Gittard, 2017) et plus largement dans les régions concernées par les catastrophes climatiques (le cas récent de l'Australie n'est-il pas éclairant…) risquent de s'accroître dans les années à venir. L'accentuation des conflits liés à l'usage des ressources qui en résulterait pourrait alors être dramatique et nécessite que les politiques publiques cherchent à traiter le problème en amont dès maintenant.

REFERENCES

Bai J., Perron P., 1998, Estimating and testing linear models with multiple structural changes. *Econometrica,* 66, 47-78.

Bai J., Perron P., 2003, Critical values for multiple structural change tests. *Econometrics Journal,* 6, 72-78.

Bai Y., Kung J.K., 2011, Climate shock and sino-nomadic conflict. *Review of Economics and Statistics*, 93, 3, 970-981.

Büntgen U., Tegel W., Nicolussi K., Mc Cormick M., Franck D., Trouet V., Kaplan J.O., Herzig F., Heussner K.-U., Wanner H., Luterbacher J., Esper J., 2011, 2500 years of European Climate variability and human susceptibility. *Science*, 331, 6017, 578-582.

Burzynski M., Docquier F., Scheewel H., 2019, The Geography of Climate Migration. *mimeo*, UCL.

Damette O., Gittard M., 2017, Changement climatique et migrations : les transferts de fonds des migrants comme amortisseurs ? *Mondes en Développement*, 179, 3, 85-102.

Damette O., Diebolt C., Goutte S., Triacca U., 2020, Cliometrics of Climate Change: A Natural Experiment on the Little Ice Age, Working Papers of BETA 2020-20, Bureau d'Economie Théorique et Appliquée, UDS, Strasbourg.

Dell, M., Jones B., Olken B., 2014, What Do We Learn from the Weather? The New Climate-Economy Literature. *Journal of Economic Literature*, 52, 3, 740-798.

Fang J.Q., 1990, The impact of climatic change on Chinese migration in historical times: a reappraisal. Pages 96-105 in Liu Z., Zhang L., Shi P. editors. *Global change and environmental evolution in China*. Inter Mongolian Printing House of Science and Technology, Hohhot, China.

Fang J.Q., Liu G., 1992, Relationship between climatic changes and the nomadic southward migrations in eastern Asia during historical times. *Climatic Change*, 22, 151-168.

Ge J., Wu S., Cao S., 1997, The History of Migration in China. Fujian People's Publishing House, Fujian.

Hisang S., Kopp R.E., 2018, An Economist's Guide to Climate Change Science. *Journal of Economic Perspectives*, 32, 4, 3-32.

Lee J., 1978, Migration and expansion in Chinese history in McNeill W.H., Adams R.S. Editors, *Human migration: Patterns and Policies*. Indiana University Press, Bloomington, 20-47.

Liu Q., Li G., Kong D., Huang B., Wang Y., 2018, Climate Disasters, wars and the collapse of the Ming Dynasty. *Environmental Earth Sciences*, 2.

Mann M.E., Zhang Z., Hughes M.K., Bradley R.S., Miller S.K., Rutherford S., Ni F., 2008, Proxy-based reconstructions of hemispheric and global surface temperature variations over the past two millennia. *Proceedings of the National Academy of Sciences*, 105, 36, 1325-13257.

Marsella A.J., Ring E. (2003), Human migration and immigration: an overview. Pages 3-22 in L.L Adler and Gielen U.P. editors. Migration: immigration and emigration in international perspectives. Praeger, Wetsport, Connecticut, USA.

Melissian A., Schlenker W. (2017), Asylum applications respond to temperature fluctuations. *Science*, 358, 1610–1614.

Parker, G. (2013), Global crisis: war, climate change and catastrophe in the seventeenth century. Yale University Press, New Haven.

Pei, Q., Zhang, D.D., Li, G., Lee, H.F., 2015, Climate Change and the Macroeconomic Structure in Pre-industrial Europe: New Evidence from Wavelet Analysis. *PLoS ONE*, 10 (6), e0126480.

Pei Q., Zhang D.D., 2014, Long term relationship between climate change and nomadic migration in historical China. *Ecology and Society*, 19, 68.

Pei Q., Zhang D.D., Lee H.F., 2016a, Contextualizing human migration in different agro-ecological zones in ancient China. *Quaternary International*, 426, 65-74.

Pei Q., Zhang D.D., Li G., Forêt P., Lee H.F., 2016b, Temperature and precipitation effects on agrarian economy in late imperial China. *Environmental Research Letters*, 11, 064008.

Pei Q., Lee H.F., Zhang D.D., 2017, Long term association between climate change and agriculturalist's migration in historical China. *Holocene*. 28(2), 208-216.

Pei Q. L, Lee H.F., Zhang D.D., Fei J., 2019, Climate change, state capacity and nomad-agriculturalist conflicts in Chinese History. *Quaternary International*, 508, 36-42.

Pesaran M. H., Y. Shin, Smith R. J., 2001, Bounds testing approaches to the analysis of level relationships. *Journal of Applied Econometrics*, 16, 289–326.

Su Y., Fang X.Q., Yin J., 2014, Impact of climate change on fluctuations of grain harvests in China from the western Han dynasty to the five dynasties (206BC-960AD). *Science China Earth Sciences*, 57, 1701-1712.

Su Y., Liu L., Fang X.Q., Ma Y.N., 2016, The relationship between climate change and wars waged between nomadic and farming groups from the Western Han Dynasty to the Tang Dynasty period. Climate of the Past, 12, 137-150.

Terasvirta T., Tjostheim D., Granger, C. W. J., 2010, Modelling Nonlinear Economic Time Series, Oxford University Press.

Zhang, D.D., Brecke, P., Lee, H.F., He, Y.Q., Zhang, J., 2007, Global climate change, war, and population decline in recent human history. *Proceedings of the National Academy of Sciences of the United States of America*, 104, 19214-19219.

Zhang, D.D., Lee, H.F., Wang, C., Li, B., Pei, Q., Zhang, J., An, Y., 2011, The causality analysis of climate change and large-scale human crisis. *Proceedings of the National Academy of Sciences*, 108, 17296-17301.

Yi L., Yu H., Ge J., Lai Z., Xu X., Qin L., Peng S., 2012, Reconstructions of annual summer precipitation and temperature in north-central China since 1470 AD based on drought/flood index and tree-ring records. *Climatic Change*, 110, 469-498.

ANNEXES

Graphique A1 : Corrélogramme de la variable d'évènements migratoires

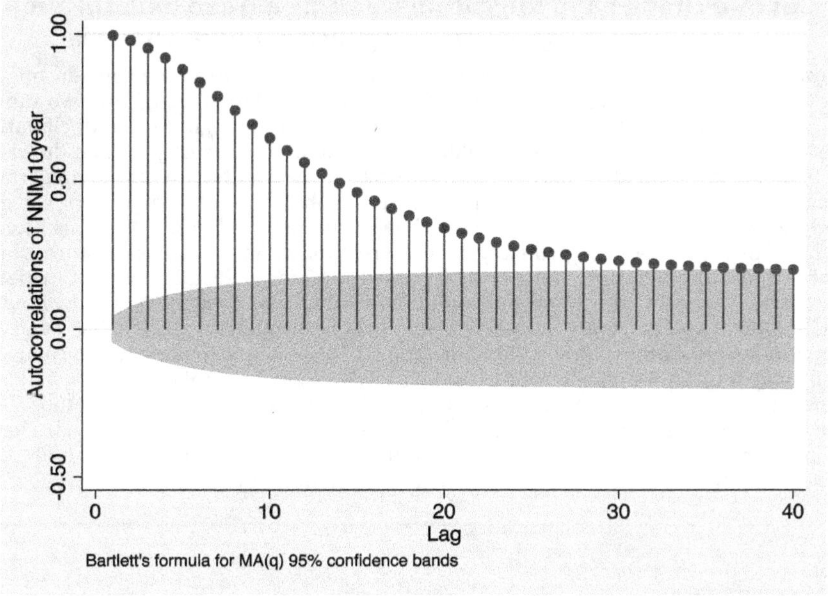

Graphique A2 : Représentation de la dynamique des séries

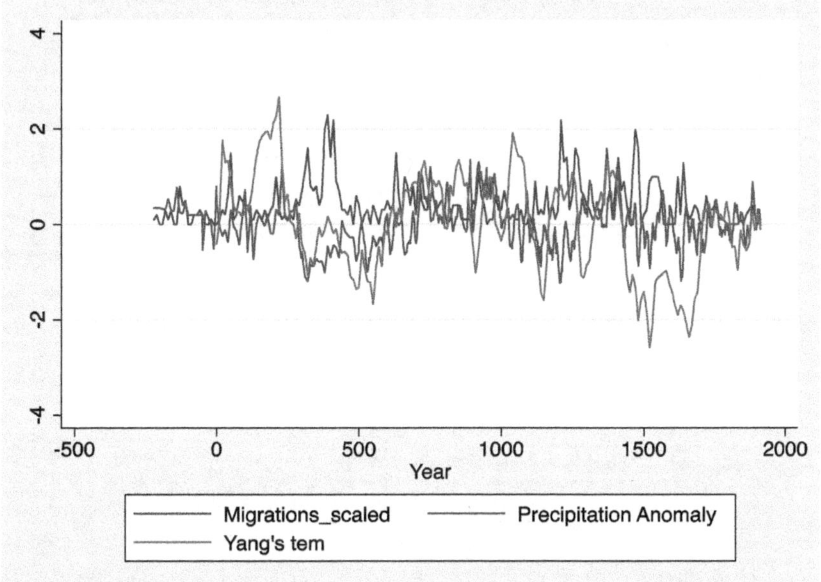

Note : la série de migrations (Migrations_scaled) a été ici mise sous une échelle permettant d'être directement comparée visuellement aux séries de températures (Yang's tem) et de précipitations (Precipitation Anomaly).

Climate change and migrations : taking a fresh look through nomadic migrations in historical China analysis

Abstract – In this article, we analyze the impact of climate change on the nomadic migration flows through a cliometric study conducted on Historical China throughout two thousand years. Our econometric results enable us to outline different regimes – both climatic and historical – *via* a time series analysis taking into account nonlinearity. When the rainfalls have been scarce, nomadic migrations from North to South China have been aggravated. During these periods/regimes, the temperatures, probably at a too high level, have reinforced these migrations; this result has not been demonstrated in the previous literature. The role of precipitations has probably been overestimated in previous literature while the role of temperatures changes has been a bit underestimated, at less the interaction between both climatic variables has maybe been underestimated. The climate change, by modifying the agricultural yields from « pastoralists » in arid or semi-arid regions, has been at the origin of many migrations' flows. Nomadic populations adaptation to climate change generated many migrations from North to the South where agricultural crops were more likely to grow. However, these migrations flows lead to interpersonal conflicts initiated by « pastoralists » nomads and to which « agriculturalists » from the South responded. These results are wondering about the interrelationships between climate, migrations and conflicts in developing countries that are likely to increase in a near future.

Key-words

Climate
Nomadic migration
Historical China
Nonlinear time series model

Région et Développement
n° 51-2020
www.regionetdeveloppement.org

Relocation, Retreat, and the Rising Sea Level: A Simulation of Aggregate Outcomes in Escambia County, Florida

Yong Jee KIM*
Brigitte WALDORF**
Juan SESMERO***

Abstract - Using data for a flood-prone county in Florida, this paper analyzes the effects of sea-level rise on migration decisions and destination choices. The data are retrieved from parcel-level tax records, utilizing a name-matching procedure, enriched with synthetic population techniques to generate salient socio-economic attributes of movers and stayers. We find that in the years following a major flood event, households with high perceived risks have elevated migration propensities. We also find that households making ad hoc decisions on retreating from rising waters will in fact stay close to the hazard prone areas. This may eventually necessitate a further retreat, including a costly move.

JEL Classification
Q54, R11, R23

Key-words
Sea-level rise
Retreat
Migration propensities

* Korea Environment Institute ; yjkim@kei.re.kr
** Department of Agricultural Economics, Purdue University, USA ; bwaldorf@purdue.edu
*** Department of Agricultural Economics, Purdue University; USA ; jsesmero@purdue.edu

INTRODUCTION

Historically, many coastal areas have offered locational advantages, foremost in the form of access to ports and trade routes. Not surprisingly then, a substantial portion of the world population has settled along the coasts, often clustered in large metropolitan areas. The World Ocean Review of 2017 reports that "[a]ccording to estimates by the United Nations, around 2.8 billion people presently live within 100 kilometres of a coast. Of the 20 megacities in the world with populations of more than ten million, 13 are situated near a coast. These cities or areas of high population density include Mumbai (18.2 million), Dhaka (14.4 million), Istanbul (14.4 million), Calcutta (14.3 million) and Beijing (14.3 million). Many experts believe that the urbanization of coastal regions will continue to increase in the coming years." (World Ocean Review 2017, p. 12).

However, proximity to the ocean also bears risks, primarily in the form of flooding. These risks become higher as increasing global temperatures cause global see-levels to rise and severe storms to occur more often. At the same time, population growth and the development of vulnerable coastal land imply ever greater losses when extreme weather events cause flooding and the sea water encroaches further inland. Taken together, the effects of flooding in coastal areas have taken on new proportions, most noticeable in the increasing number of people losing their homes. The large number of flood-induced displacements suggest that mass displacement by extreme weather events may become the norm. A well-known example of such displacements in the U.S. occurred when hurricanes Katrina and Rita hit the golf coast in 2005 (Yun and Waldorf 2016).

Although there is growing support for the claim that the rise of sea levels induces migration (Perch-Nielsen et al. 2008, Hugo 2010, Hauer 2017) there has been relatively little research on the timing and patterns of such sea-level rise induced migration (SLRIM). Most importantly, as of now, the literature has not adequately addressed the small-scale issue of the link between migration and sea-level rise. The problem is that sea level rise does not affect county residents uniformly but only affects residents in comparatively small areas along the coast and along rivers. We fill this gap by investigating migration induced by sea-level rise at a parcel level. Specifically, we focus on the migration decisions of households in flood-prone areas and the associated potential to trigger neighborhood changes. The objective is to get a better understanding of the variations in migration propensities when faced with imminent flooding risks and of the aggregate outcomes of the population redistributions. Two hypotheses are at the center. First, we hypothesize that out-migration rates in sea-level rise affected areas exceed those in areas not affected by sea-level rise. Second, the sea level rise related population redistribution leads to increased poverty rates in high poverty neighborhoods.

We use well-known models for limited dependent variables, namely a logit model to estimate the probability of moving and a multinomial logit model to estimate the destination choice. The estimation results are subsequently used to simulate the population redistribution given specified inundation scenarios. The main methodological challenge is not the model itself, but there are two elements that make the method innovative. First, the predictors explicitly include variables measuring time-varying risk perception. Second, we derive parcel-level migration data that more adequately responds to the small-scale variation of flood risks than the typically large-scale migration data. The empirical case study uses data for Escambia County, Florida, 2010 to 2016.

The remainder of the study is organized as follows. Following this introduction, the first section provides a brief overview of the growing significance of the issue and its treatment in the literature so far. The second section presents the empirical case study, including subsections on the study area, data and data preparation, model specifications, and results. Finally, the paper ends with a summary and concluding discussion.

1. BACKGROUND

People having to leave their homes due to natural diasters or worsening environmental conditions is an ubiquitous phenomenon, happening and having happened throughout the world at all times. The confluence of enormous population growth – expected are an additional two billion people in just thirty years (Waldorf 2018) – and rapid environmental change, has contributed to the displacement of large numbers of people in recent years. At the global level, the Internal Displacement Monitoring Centre (IDMC) in Geneva reports that, during the first half of 2019, disasters were responsible for about seven million internally displaced persons (*IDMC 2019).* The vast majority of these displacements were associated with storms and floods. Cyclone Fani in May of 2019 had the worst impact, displacing almost 3.5 million people in India and Bangladesh. Kulp and Strauss (2019) emphasize that – while the climate change driven global mean sea level rise was modest during the last century – the sea level is expected to rise more substantially in the years ahead, even when carbon emissions are cut sharply. They juxtapose the state-of-the-art sea-level projections with population size and distribution and conclude that, by 2050, up to 340 million people will live on land below the flood level. By the end of the century, the flood threatened population will have increased to up to 630 million.

The urgency to address these issues is growing. Indicative is the emergency statement, signed by thousands of scientists from across the world and published just days before the 2019 Climate Summit in Madrid. The scientists declare, "[...] clearly and unequivocally that planet Earth is facing a climate emergency. Exactly 40 years ago, scientists from 50 nations met at the First World Climate Conference (in Geneva 1979) and agreed that alarming trends for climate change made it urgently necessary to act. Since then, similar alarms have been made through the 1992 Rio Summit, the 1997 Kyoto Protocol, and the 2015 Paris Agreement, as well as scores of other global assemblies and scientists' explicit warnings of insufficient progress (Ripple et al. 2020). Yet greenhouse gas (GHG) emissions are still rapidly rising, with increasingly damaging effects on the Earth's climate. An immense increase of scale in endeavors to conserve our biosphere is needed to avoid untold suffering due to the climate crisis (IPCC 2018)." (Ripple et al. 2020).

With sea level rise being one of climate change's most visible, long-lasting adverse outcomes threatening the livelihood of millions of people, the focus needs to shift towards how to respond to the inevitable consequences. Given the large number of people living in the flood-prone areas threatened by an eventual complete inundation, the costs are expected to be very high. For the United States, for example, studies suggest that – although uncertainty exists regarding the exact magnitude – the sea level rise is expected to adversely affect almost one million people. Moreover, flood costs in the United States are expected to exceed 2,000 billion dollars per year by the end of the century (Hinkel et al. 2014; Strauss et al. 2012).

In the past, the population often returned to flooded areas once the water receded and adapted by, for example, strengthening levies. Such a strategy will eventually no longer be feasible as adaptation strategies become too costly or even become unavailable given the ever rising waters. Therefore, Hino et al. (2017) and Mach et al. (2019) argue that policy makers and planners need to strategically integrate retreat into their set of tools tackling sea level rise. They refer to it as strategic and managed climate retreat. Already, we witness relocation and migration in reaction to a rising sea level. For instance, Kivalina village in Alaska requested funds from the federal government for relocation because of rising sea levels. In most cases, however, people move away from flood-prone areas in a more ad hoc fashion, independent of any larger strategic plan. Such ad hoc relocation decisions by individual households may, however, be inherently inequitable as low-income households will have comparatively fewer resources to tackle the risks (Mach et al. 2019). Such inequities may include that displaced low-income households are spatially constrained in their destination choices and disproportionately relocate to poor neighborhoods. Ultimately, such spatially constrained moving behavior fosters a further concentration of poverty.

Figure 1. Inundation area of Miami, FL given a 5ft SLR (blue), overlayed with 2010 poverty rates

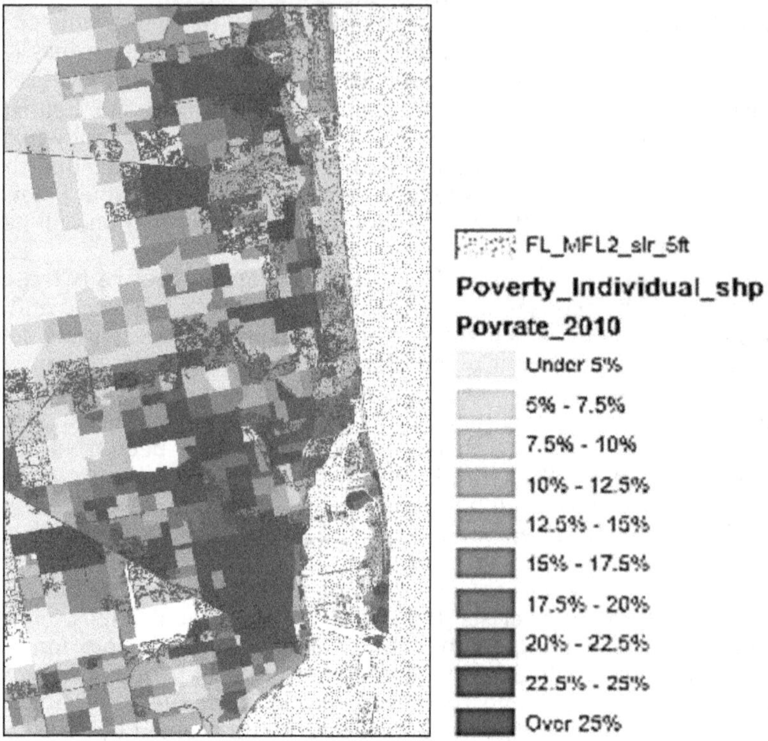

Migration as a mechanism leading to poverty concentration has received increased attention over the past decades, but has not yet been addressed in the context of SLRIM. One of the more persistent characteristics of migration patterns in the U.S. is that poor migrants tend to move toward poorer areas (Foulkes & Schafft, 2010; Jivraj, 2011). This pattern will increase poverty rates in high poverty areas, while it will decrease poverty in other areas. In the case of minor sea-level rise, only the immediate coastal areas will be affected. Typically, the residents of the immediate coastal areas are higher-income households. However, when the sea level rises more than 2 to 5 feet, lower-income neighborhoods further away from the coast and along the river beds will be affected as well and it is therefore reasonable to expect sea-level rise induced migration to change the geography of poverty. As an example for the co-location of sea-level rise high poverty, Figure 1 shows the spatial co-location of 5-ft inundation areas and areas of high poverty in Miami, FL.

We argue that poverty's spatial redistribution is likely to happen along well-known trajectories of short distance relocation for three reasons. First, SLRIM is predominantly voluntary migration rather than forced migration (Gold & Nawyn, 2013) because sea-level rise is a slow and gradual process. Increased flood frequency alerts residents to the risk of sea level rise, and consequently induces households to move away before complete inundation by the sea. Second, the literature suggests that SLRIM follows established migration networks (Curtis & Schneider, 2011; Gold & Nawyn, 2013; Hugo, 2010). That is, while sea level rise induces migration, sea level rise does not change housing preferences. Third, the effects of sea level rise are primarily local. Therefore, current small-area migration patterns can be used to examine patterns of sea level rise-induced migration.

However, in the absence of detailed and systematice data collection efforts that connect flooding/inundation events and relocations, many of the relevant studies concentrate on conceptual ideas about sea-level rise induced migration. Perch-Nielsen (2004), for example, conceptually differentiates sea-level rise induced migration as consisting of two components: a voluntary migration process and involuntary migration processes (see Figure 2). Involuntary migration will happen through governmental actions or when the area becomes completely inundated. Prior to inundation, however, flooding frequency increases, neighboring areas become inundated, and people begin to perceive the flooding risk as imminent, eventually resulting in voluntary migration.

Figure 2. Link between Sea-Level Rise and Migration (modified from Perch-Nielsen, 2004)

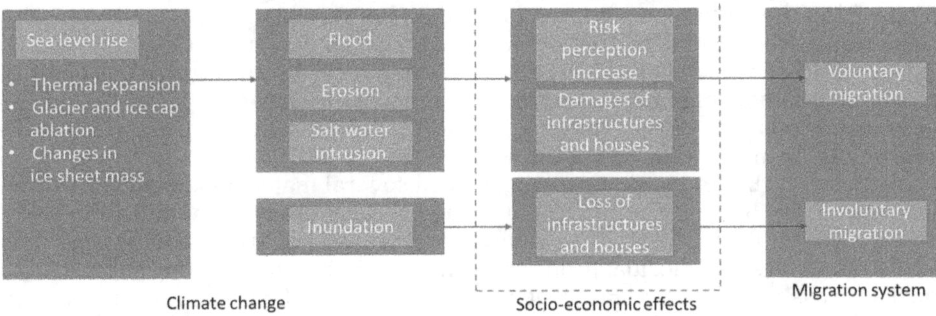

Gold and Nawyn (2013) expanded the conceptual framework suggested by Perch-Nielsen (2004) by adding that migration patterns will be similar to those during the pre-flooding era. Their argument is that inundation will only affect the push and pull factors of a limited portion of coastal areas. As a result, most population migration patterns will remain the same as those currently observed.

The historic example of retreat from Holland Island, MD, confirms these conceptual ideas. Gibbons and Nicholls (2006) investigated the abandonment of the island after the sea-level rose in the late 19th Century. From 1850 to 1900, the population of Holland Island had increased from 37 to 253. But when coastal erosion started, around 20 percent of the population left because of the loss of land. As the community continued to lose population, it was no longer able to sustain itself. As a result, the island was completely abandoned in 1920 although most residents were not directly affected by the sea-level rise. This example shows that SLRIM can trigger and thus be similar to economically motivated voluntary migration.

There are only few studies going beyond conceptual and descriptive accounts of sea-level rise induced migration. Curtis and Schneider (2011) used spatial and temporal sea level rise data and linked it to migration. Identifting time and location of inundation and assuming that migration flow patterns are time-invariant, they estimate flooding-induced relocations. Most notable, they find that more than half of Florida's population would migrate to other states. Similarly, Hauer (2017) used US county-level migration data to estimate demographic changes by SLRM and specifically focused on destinations of SLRM. He similarly assumed that SLRM will follow past migration patterns and uses 1990 – 2013 inter-county migration data from the Internal Revenue Service. The result showed that most of the migration would happen in Florida, and almost half of sea level induced migrants in Florida will migrate to other destinations within Florida. In addition, he showed that the Austin-Round Rock, TX, metro area will have the most significant population gain due to SLRIM.

2. EMPIRICAL CASE STUDY

2.1. Study Area

Our study focuses on Escambia County in Florida, 2010 to 2016. The county borders Alabama to the West and the Gulf of Mexico to the South. It includes the low-lying Island of Santa Rosa which stretches form East to West parallel to the coast line.

The US Census[1] reports that Escambia County has about 315,000 inhabitants. Its major city and county seat, Pensacola, has about 52,000 residents. Among the county population, the non-Hispanic white population accounts for about two-third. The black population is the largest minority group and makes up almost a quarter of the population. Escambia County is not a very wealthy county when compared to the national averages. The median household income is only $47,000, the poverty rate amounts to 16.4 percent, and only 26 percent of the adult population has at least a bachelor's degree. Escambia County's housing stock is comprised of 142,000 housing units, 61 percent of them are owner-occupied. The median value of the owner-ocupied units is $126,000. In the rental housing sector, the median gross rent is $928.

Importantly, Escambia County experienced several major flooding events in recent years.[2] In 2012, Escambia County was severely affected by the June 8–11, 2012 Gulf Coast Flood Event. A slow moving system stalled tropical airmasses over Alabama and western Florida, producing widespread and long lasting showers and storms across the coastal areas. One weather station in Pensacola recorded more than 300 mm of rain in just 9 hours. Flooded roads, businesses and residences were widespread. In fact, according to the emergency services, most of western Pensacola was flooded.

Even more devastating was the flooding that occurred on April 29–30, 2014 in connection with two storms passing over the Alabama and Florida area. Escambia County received record breaking precipitation amounts, with a 2-day total of 520mm. In the worst hour of the storms, 144mm precipitation in just one were recorded. Not surprisingly, the damages were severe, including life-threatenning flash floods. Low-lying areas were submerged and the infrastructure failed. The

---

[1] Unless otherwise noted, the data in this section have been taken from the U.S. Census https://www.census.gov/quickfacts/fact/table/escambiacountyflorida.

[2] The details were extracted from NOAA's National Weather Service information at https://www.weather.gov/mob/2012_JuneFlood and https://www.weather.gov/mob/2014_April29_FlashFlood

Governor of Florida declared a state of emergency for the county and President Obama declared it a federal disaster, providing funds for the recovery during the subsequent years.

2.2. Data

2.2.1. Migration data

The U.S. Census Bureau collects data on individual's and household's moving behavior, for example in the annual American Community Surveys (ACS) and the Current Population Surveys (CPS). However, the publicly accessible geographic identifiers for movers' origins and destinations in these surveys refer to relatively large geographic areas of at least 100,000 residents. Given the large spatial scale, they are not suitable for this study.

Instead, we generate a sample of movers and stayers from Escambia County's property tax records which refer to a small spatial scale, namely individual parcels. The sample is confined to single family owner-occupied housing, and we further select only those properties that can be associated with a name that only shows up once in the records, i.e., a "unique" name (see Figure 3). Parcels owned by persons who own more than one property in Escambia County are thus eliminated. Omitted are also parcels owned by persons who happen to have the exact same name as another parcel owner.

To identify movers and stayers among the parcel owners, we use a parcel-level name matching process suggested by Sun and Manson (2015). Persons are defined as "stayers if they are attached to the same parcel in two consecutive years. Persons are defined as movers if they are attached to different parcels in consecutive years. Note that this procedure does not identify persons who are moving out of Escambia County, or who are moving from a single family house into rental housing. To reduce the possibility of false mover/stayer identifications, we separate co-owners as two persons. Moreover, we removed suffix/inheritor and middle names because of inconsistencies regarding their inclusion in the official records.

2.2.2. Socio-economic data

The property tax records do not include socio-economic attributes of property owners. We use a synthetic population to assign socio-economic proxies. The construction of the synthetic population proceeds in two steps: first, we use the micro-level ACS data to create a synthetic population for each census tract; second, we employ an iterative proportional updating as proposed by Ye et al. (2009) to derive parcel-level proxies of the key socio-economic attributes from the synthetic census-tract population.

Table 1. Sample Characteristics

Year	*n*	Movers	% Black	%Hispanic	Mean HH Income	Mean Perceived Risk
2012	13,23	566	17%	1.7%	$67,268	0.02
2013	13,429	400	17%	3.0%	$69,170	0.04
2014	12,973	518	15%	3.3%	$71,346	0.04
2015	14,097	677	17%	2.9%	$70,739	0.01
2016	14,083	708	15%	3.5%	$72,868	0.01

Table 1 summarizes averages of the generated data. It reveals that the share of black households is substantially smaller in the sample than in Escambia County as a whole, whereas the average household incomes is much higher. These gaps are not surprising given that the sample concentrates on owner-occupied single-family homes where blacks and low-income households are traditionally underrepresented. The sample propensity to move varies between 3 percent in 2013 and 5 percent in 2016. These figures are compatible with observed intra-county relocation rates for home-owners.

The last column of Table 1 shows the mean perceived risk for a given year. Perceived risk is operationalized as home insurance relative to the home value. The means vary between 0.01 in 2016 to 0.04 following the June 2012 flood and during the year of the April 2014 flood.

2.2.3. Sea-level rise data

Sea-level rise data are obtained from NOAA's Office for Coastal Management. We identified sea-level rise induced inundation areas and subsequently matched it with parcel-level data. Figure 3 shows the inundated areas in Escambia County when the sea-level rises by 5 ft and 10 ft, respectively. Interesting to note is that the 10ft rise includes a good deal of areas that are not in immediate proximity to the coast line.

Figure 3. Inundated areas for sea levels rise of 5ft (top) and 10ft (bottom)

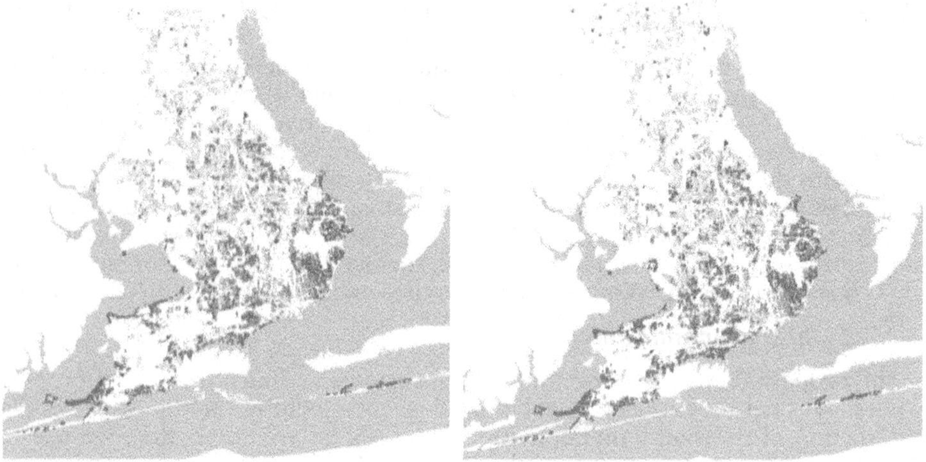

2.3. Model

Adopting the standard random utility framework, we specify the probability that household i will choose to move as a function of the household's utility of moving, U_{im}, exceeding the utility of staying, U_{is}. Let M_i be the random variable distinguishing household i moving, $M_i = 1$, versus household i staying $M_i = 0$. Then the probability of moving is:

$$P(M_i = 1) = P(U_{im} > U_{is})$$

Assuming that the utility function U can be additively separated into its observable part V and unobservable ε, the probability of moving takes on the form:

$$P(M_i = 1) = P(V_{im} + \varepsilon_{im} > V_{is} + \varepsilon_{is})$$

Finally, assuming that the unobserved parts of the utility are independent and identically Weibull distributed, and that the observable utility function is a linear combination of salient attributes, $X\beta$, then the probability of household i deciding to move can be expressed as the well-known logit expression:

$$P(M_i = 1) = \frac{exp^{V_{im}}}{exp^{V_{im}} + exp^{V_{is}}} = \frac{exp^{X_{im}\beta}}{exp^{X_{im}\beta} + exp^{X_{is}\beta}}$$

The key variable entering the linear predictor $X\beta$ is the perceived risk (*risk*), which we operationalize as home insurance relative to the home value. Moreover, we allow the *risk* parameter to vary over time by including the interaction effects with the year fixed effects. As control variables we include the household income (*hh inc*), the house mortgage (*mortgage*), and we distinguish owners by race and ethnicity, using the dummy variables *black* and *hispanic*, respectively. The model is estimated with $n = 97{,}435$ observations, using maximum likelihood estimators.

Confining the sample to those who moved ($n = 7{,}934$), we designed a multinomial choice model for households' decisions where to move.[3] We distinguish between $K = 3$ possible destinations: moving to another residence in the same census tract, to a neighboring census tract, or to some other location in the ounty . Let $S_i = 1, 2{,}3$ be the random variable indicating household i's location selection, then the probability that household i chooses location k takes on the form:

$$P(S_i = k) = \frac{exp^{W_{ik}}}{\sum_{r=1}^{3} exp^{W_{ir}}} = \frac{exp^{Z_{ik}\beta}}{\sum_{r=1}^{3} exp^{Z_{ir}\beta}}, k = 1{,}2{,}3$$

The linear predictor, $Z\beta$, includes variables identifying the household's race, ethnicity, housing value and household income.

2.4. Results

2.4.1. The decision to move

Table 2 shows the estimation results for the model of households' decisions to move. To begin with, the parameter estimates for the control variables suggest that households' migration propensities increase as budgetary constraints weaken, by lowering the amount of mortgage owed or through income increases. We do not find significant racial or ethnic differences in the overall probability of moving, but the sign of the estimates hint at minorities being less likely to move than the white non-hispanic majority. Moreover, this conclusion is supported by the highly significant negative marginal effect of the variable *hispanic*.

The results for the *risk* variable need to be interpreted jointly with the results for the year fixed effects. We find that the combined parameter $\hat{\beta}_{risk} + \hat{\beta}_{yr}$ is positive for all years (*yr*), except for 2011. This suggests that perceived risk increases a household's probability of moving. With respect to the magnitude of the effect, Table 2 includes the marginal effects evaluated for different high risk levels, including 75%, 90%, and 95%. The results for 2015 and 2016 stand out. These are the two years following the major flood events during which substantiall efforts were dedicated to the recovery from the 2014 flood. For these two years, the estimated marginal effects at the high risk-levels are significantly positive. These estimates are compatible with the notion that flooding, especially in high risk areas, operates like a push factor in the decision to move.

[3] Note that by not linking the destination choice model with the decision to move, we implicitly assume that the moving decision is not relevant to the subsequent locational choice. While this simplifying assumption is debatable, we decided to maintain it so as to make the subsequent simulations manageable.

Table 2. Estimation Results for Model 1: Probability of Moving

	b	SE_b	Marginal Effects at the mean		
black	-0.078	0.091	-0.0027		
mortgage	**-0.269**	0.083	**-0.007**		
hispanic	-0.064	0.188	**-0.006**		
hh inc	0.001	0.001	**0.00005**		
yr 2010	-0.347	0.213	-0.00007		
yr 2011	-0.009	0.243	0.0009		
yr 2012	-0.272	0.228	-0.001		
yr 2013	**-0.551**	0.206	-0.0014		
yr 2014	-0.297	0.195	0.0031		
yr 2015	-0.203	0.245	**0.0061**		
yr 2016	-0.293	0.231	0.002		
risk	**-21586**	11355	165.47		
			risk=75%	risk=90%	risk=95%
risk 2010	21850	19450	0.0005	0.002	0.0029
risk 2011	1678	18724	0.0015	0.0026	0.0032
risk 2012	27015	19556	0.0025	0.0062	0.008
risk 2013	**36714**	18118	0.002	0.0057	0.0075
risk 2014	**22532**	13071	0.0037	0.0054	0.0063
risk 2015	28005	22446	**0.0068**	0.0086	0.0096
risk 2016	36000	22924	0.0059	**0.0094**	**0.0111**

Significant estimates in bold ($\alpha<0.05$, one-tailed test).

2.4.2. The destination choice

The estimation results for the destination choice model are summarized in Table 3. They suggest that moving very short distances to a new residence in the same census district is the preferred choice of movers in Escambia County. The preference of staying in the same neighborhood when moving to a new residence is particularly strong for those having few financial constraints, that is, households that enjoy a high housing value and high income. Movers with fewer financial means are less likely to stay within their origin neighborhood. The results show that the housing value is the main determinant of migration. When housing price is high, then people will move to the same or adjunct census tracts. In addition, Hispanics are more likely move to other census tracts.

With respect to racial differences, blacks are more likely than whites to choose a new residence that does not require a simultaneous switch of the neighborhood. The remaining racial and ethnic groups are numerically quite small and we cannot find any significant systematic behavioral differences compared to the white majority population.

2.4.3. Simulations

We used the estimations of the destination choice model to simulate what will happen when portions of the county are inundated due to sea level rise. By and large, the results suggest that the households having to retreat due to rising waters will choose to move only short distances, many of them even moving to a new residence in the same census district.

When the sea level rises by 5 feet, a total of 3,395 single-family houses are affected. Among those 3,395 houses, 505 or 14.9 percent were occupied by African

Americans households. Thus, African American households are underrepresented among those having to retreat. Similarly, Hispanic households are underrepresented among those having to retreat. Only 43 houses or 1.3 percent of the affected houses were occupied by Hispanic households. Finally, less than 3 percent of the affected households have incomes below the threshold. Significant increases in poverty concentration in already poor neighborhoods cannot be confirmed.

Table 3. Estimation Results for Model 2: Destination Choice

Variable	$\hat{\beta}$	$SE_{\hat{\beta}}$	t
	relocating to adjacent census tract		
housing value	-0.192***	0.0051	-37.65
hh inc	-0.00003	0.0000259	-1.16
black	-0.77**	0.407	-1.89
asian	-15.5	983.5	-0.02
multi	-0.879*	0.586	-1.50
hispanic	-13.15	1007.434	-0.01
	relocating to a non-adjacent tract		
housing value	-0.738***	0.00366	-201.64
hh inc	-0.000007	-0.0000081	0.86
black	-0.737***	0.266	-2.77
asian	-1.086	0.816	-1.33
multi	-0.098	0.403	-0.24
hispanic	0.742	0.858	0.86

**** α =.01; ** α =.05; * α = .10 ; one-tailed tests.*

When the sea level rises by 10 ft, a total of 6,238 single-family houses will be affected. Among the 6,238 houses, 1,106 or 17.7 percent of the houses were owned by African American families, approximately matching the overall sample share. Hispanic households reside in 78 of the affected houses, again representing only a small share of only 1.3 percent. Compared to the 5 ft rise, the share of poor household among those having to retreat was substantially higher, amounting to 5.7 percent or 356 households. However, compared to the population as a whole, the share is very low. The low share is expected given that the sample had to be confined to owner-occupied single family homes. Moreover, their destination choices of the poor households did not exhibit any significant clustering in already high poverty areas.

3. CONCLUSIONS

This paper analyzes the effects of sea-level rise on migration decisions and destination choices, addressing two research questions: (1) how do flooding/sea level rise affect residents' decision to move, (2) where do households relocate when pushed to retreat from flooded or inundated areas.

Since the Census and other publicly available data only have limited information about migration at a suffiently small spatial scale suitable to analyze SLRIM, we are generating migration data from annual property tax records. This allows us to analyze the migration behavior of homeowners at the parcel-level. From the tax records, we use a name-matching procedure to generate a pool of homeowners who can be identified as movers (relocated to another residence in the county) or stayers (did not relocate). The property tax data provides information on the house, including a time-varying risk variable, and we use synthetic population techniques based on census data to attach socio-economic attributes to the households. The analysis is confined to Escambia County, FL, 2010 to 2016. The county experienced severe flood events in 2012 and 2014.

Estimating a logit model of the probability of relocating, we find that in the years following the 2014 flood event, households with high perceived risks have elevated migration propensities. With respect to the destination choice, we find that relocating households generally tend to move short distances, staying in the same census tract or moving to a neighboring district. This preference rises with households increasing financial security. Ceteris paribus, the preference for short distance moves is also stronger for blacks than for whites. Transplanting these results into sea-level rise scenarios suggests that for Escambia County, the majority of affected households are white and the share of low-income households is underrepresented. The redistribution of the SLRIM is not leading to significant changes in segregation patterns.

This study contributes to our knowledge of inner-county relocations following the flooding and or indundation by sea-level rise. Earlier studies, for example, Hauer (2017) examined inter-county migration following sea level rise. Based on our results, however, studies investigating retreat in response to flooding and sea level rise need to be conducted at a much smaller scale. Our findings suggest that households making ad hoc decisions on retreating from rising waters will in fact stay close to the hazard prone areas. This may eventually necessitate a further retreat, including a costly move. In this sense, our study supports the case for strategic and managed retreats from rising waters, as Hino et al. (2019) recently expressed in general for adverse climate change outcomes.

The study's limitations are rooted in the lack of appropriate data at a small spatial scale. Flooding and inundation do not, as of now, threaten entire counties, but much smaller units like parcels, blocks, or block groups. Future research is needed that is based on surveys of households living in flood prone areas. Those surveys need to include information on the socio-economic and demographic attributes of those who moved and those who stayed put, as well as geographic identifiers of origin and destination at very small-scales.

REFERENCES

Abraham J.E., Stefan K.J., Hunt J.D., 2012, Population Synthesis Using Combinatorial Optimozation at Multiple Levels, Paper Presented at the Transportation Research Board 91st Annual Meeting last accessed on 22 April 2020. https://trid.trb.org/view.aspx?id=1130260

Curtis K. J., Schneider A., 2011, Understanding the Demographic Implications of Climate Change: Estimates of Localized Population Predictions under Future Scenarios of Sea-level Rise, *Population and Environment*, 33, 1, 28–54.

Foulkes M., Schafft K. A., 2010, The Impact of Migration on Poverty Concentrations in the United States, 1995–2000, *Rural Sociology*, 75,1, 90–110.

Gold S. J., Nawyn S. J., 2013, *Routledge International Handbook of Migration Studies*. Routledge.

Hauer M. E., 2017, Migration Induced by Sea-level Rise could Reshape the US Population Landscape, *Nature Climate Change*, 7, 5, 321–325.

Hinkel, J., Lincke, D., Vafeidis, A. T., Perrette, M., Nicholls, R. J., Tol, R. S. J., Marzeion, B., Fettweis, X., Ionescu, C., Levermann, A., 2014, Coastal Flood Damage and Adaptation Costs under 21st Century Sea-Level Rise. *Proceedings of the National Academy of Sciences*, 111, 9, 3292–3297.

Hino M., Field C. B., Mach K. J., 2017, Managed Retreat as a Response to Natural Hazard Risk. *Nature Climate Change*, 7, 5, 364.

Huang Z., Williamson P., 2001, Comparison of Synthetic Reconstruction and Combinatorial Optimisation Approaches to the Creation of Small-area Microdata, Working Paper, 2001, 2, Liverpool, UK: Department of Geography, University of Liverpool.

Hugo G., 2010, *Climate Change-induced Mobility and the Existing Migration Regime in Asia and the Pacific*, Hart Publishing, retrieved from https://digital.library.adelaide.edu.au/dspace/handle/2440/63904.

Jivraj S., 2011, *The effect of Internal Migration on the Socioeconomic Composition of Neighbourhoods in England*, PhD Thesis, University of Manchester, UK.

Kulp S.A., Strauss B.H., 2019, New Elevation Data Triple Estimates of Global Vulnerability to Sea-level Rise and Coastal Flooding. *Nat Commun* 10, 4844 doi:10.1038/s41467-019-12808-z.

Lovelace R., Birkin M., Ballas D., van Leeuwen E. 2015, Evaluating the Performance of Iterative Proportional Fitting for Spatial Microsimulation: New Tests for an Established Technique. *Journal of Artificial Societies and Social Simulation*, 18, 2, 21.

Mach K. J., Kraan C. M., Hino M., Siders A. R., Johnston E. M., Field C. B. 2019, Managed Retreat Through Voluntary Buyouts of Flood-prone Properties. *Science Advances*, 5, 10, eaax8995.

Perch-Nielsen S., 2004, Understanding the Effect of Climate Change on Human Migration: The contribution of Mathematical and Conceptual Models, Master's thesis, Swiss Federal Institute of Technology, Department of Environmental Sciences.

Perch-Nielsen S. L., Bättig M. B., Imboden D., 2008, Exploring the Link Between Climate Change and Migration. *Climatic Change*, 91, 3-4, 375.

Ripple, W.J., Wolf C., Newsome T.M., Barnard P., Moomaw W.R., 2020, World Scientists' Warning of a Climate Emergency, *BioScience*, 70, 1, 8–12.

Strauss B. H., Ziemlinski R., Weiss J. L., Overpeck J. T. 2012, Tidally Adjusted Estimates of Topographic Vulnerability to Sea Level Rise and Flooding for the Contiguous United States. *Environmental Research Letters*, 7, 1, 014033.

Sun S., Manson S. M., 2015, Simple Agents, Complex Emergent City: Agent-Based Modeling of Intraurban Migration. In M. Helbich, J. J. Arsanjani, M. Leitner, eds., *Computational Approaches for Urban Environments*, pp. 123–147, Springer International Publishing.

Waldorf B. S., 2018: Inhabitants of Earth. In: J. Eise, K. Foster, eds., *How to Feed the World*, Washington, D.C.: Island Press, pp. 5-23.

World Ocean Review, 2017. *Coasts—A Vital Habitat under Presure*, last accessed on 22 April 2020, https://worldoceanreview.com/en/wor-5/

Ye X., Konduri K., Pendyala R. M., Sana B., Waddell P., 2009, A Methodology to Match Distributions of Both Household and Person Attributes in the Generation of Synthetic Populations. Paper presented at the 88th Annual Meeting of the Transportation Research Board, Washington, DC.

Yun S., Waldorf B.S., 2016, The Day after the Disaster: Forced Migration and Income Loss after Hurricanes Katrina and Rita. *Journal of Regional Science*, 56, 3, 420–441.

Une simulation des comportements de relocalisation résidentielle dans la commune d'Escambia County en Floride face à l'élévation du niveau de la mer

Résumé – En s'appuyant sur les microdonnées d'une commune inondable de Floride, cet article propose d'étudier l'effet de la montée du niveau de la mer sur les migrations résidentielles et sur les choix de localisation des ménages. Les données sont issues des statistiques des impôts locaux et enrichies d'informations sur les arrivées et les départs des habitants. Ce travail montre que les migrations sortantes augmentent considérablement dans la commune pendant les années qui suivent un épisode d'innondation majeure. Il montre également que des ménages qui quittent les zones inondables choisissent de se relocaliser dans des lieux relativement proches de leur ancien domicile et restent, à terme, exposés aux risques futurs de nouvelles inondations.

Mots-clés

Elevation du niveau de la mer
Traît de côte
Migration

Région et Développement

n° 51-2020

www.regionetdeveloppement.org

Le rôle attractif des industries créatives et culturelles dans la localisation des jeunes en France

Brice BAROIS*

Résumé **-** Cet article étudie le lien entre le poids des activités créatives et culturelles dans les territoires et l'attractivité de la population. L'analyse de la décision de migrer s'appuie sur des données du Recensement de la population mises à disposition par l'Institut National de la Statistique et des Études Économiques (Insee) en France avec des informations personnelles sur l'individu comme l'âge, l'état matrimonial, le diplôme, l'accès à la propriété, etc. L'article se concentre sur les tendances de migration dans les zones d'emploi entre 2012 et 2017 en distinguant les jeunes âgés de 15 à 29 ans de la population de 30 ans et plus, et sur la façon dont les caractéristiques territoriales (économiques, sociales ou environnementales) des lieux de départ et de destination agissent sur les flux d'entrants et de sortants. A partir de modèles de type Probit et Heckman, il apparaît que les jeunes (actifs ou étudiants) privilégient leur choix de localisation dans les zones où le poids des industries créatives et culturelles est important.

Classification JEL

Q55, C30, R23

Mots-clés

Migration résidentielle
Industries créatives et culturelles
Connectivité
Zones d'emploi

* LEAD, Université de Toulon ; ESPI Marseille ; b.barois@groupe-espi.fr.

INTRODUCTION

Les mobilités résidentielles sont au cœur de nombreux travaux récents en économie régionale (Waltert et Schläpfer, 2010 ; Poirot et Gérardin 2010 ; Dennett et Wilson, 2013...). En France, sur le plan des politiques locales, de nombreuses initiatives sont mises en place à différents échelons territoriaux avec par exemple les créations d'agences de promotion, de labels territoriaux, ou encore de territoires et villes connectés, qui visent à la fois à attirer de nouveaux habitants et/ou à éviter le départ de ceux déjà présents. Dans cette nouvelle ère numérique, la créativité et la connectivité sont des attributs territoriaux enclins à modifier la carte des migrations régionales.

Le concept d'industrie culturelle, développé par Adorno et Horkheimer (1948), a été associé à celui des industries créatives à partir du milieu des années quatre-vingt-dix pour mettre l'accent sur le rôle de la créativité et de l'innovation technologique et sociale dans les processus de croissance observés au sein de certaines régions et grandes villes (Hesmondalgh et Pratt, 2005 ; Markusen et al., 2008 ; Pratt, 2008 ; Cooke et Lazzeretti, 2008 ; Bouquillion et Le Corf, 2010...).

Bien qu'associées à différentes échelles spatiales, les industries créatives et culturelles semblent fortement ancrées sur un plan territorial et local et impactent les migrations résidentielles et les choix de localisation des emplois. Florida (2002) souligne les liens entre territoires et créativité et soutient que le dynamisme économique et social d'un espace dépend de sa capacité à former une classe créative, en attirant des personnes qui exercent des activités culturelles et/ou qui entreprennent des innovations technologiques et sociales, telles que les artistes, les écrivains, les universitaires, les scientifiques, les ingénieurs. Dans un même temps, les notions de ville intelligente, de ville créative ou de région connectée (Krätke, 2006 ; De Propris et al., 2009 ; Picard et Karlsson, 2011...) témoignent de la dimension spatiale qui régit la structuration des industries créatives et culturelles.

L'objectif de cet article est d'étudier la façon dont la créativité et la connectivité des territoires affectent la dynamique des migrations régionales en France. Nous étudions, en premier lieu, comment un certain nombre de caractéristiques individuelles (âge, situation familiale, diplôme, etc.) influencent la décision de migrer. En deuxième lieu, nous analysons plus particulièrement la dynamique spatiale de la migration des jeunes et la façon dont les caractéristiques territoriales (économiques, sociales, environnementales) des lieux de départ et de destination affectent leurs choix de localisation.

Les analyses empiriques s'appuient sur la base de données du Recensement de la population mise à disposition par l'Institut Nationale de la Statistique et des Études Économiques (Insee)[1], et les données sur les caractéristiques des territoires récoltées auprès de nombreuses sources statistiques et contenant des informations originales sur le développement économique, la spécialisation industrielle ainsi que sur les marchés locaux du travail. Ces données contiennent également des informations sur les caractéristiques socio-économiques des territoires, telles que la densité de population, les disparités de revenu, mais également des informations sur la connectivité et la créativité des territoires.

Cet article est construit de la façon suivante. La première section propose un bref rappel de la littérature sur les théories de la migration en rapport avec les concepts

---

[1] Le fichier MIGCOM, issu du recensement de la population, permet de connaître la commune de localisation d'une année entre 2012 et 2017 de l'individu mais également la commune de résidence antérieure sur cette même période. On connaît les migrations résidentielles annuelles moyennes sur la période. Le fichier permet ainsi d'analyser les flux départs-arrivées de population au sein de la commune et, par regroupement, dans une zone d'emploi.

de créativité et de connectivité. La deuxième section revêt un caractère méthodologique et analyse les variables choisies pour caractériser les territoires d'arrivée et de départ. La troisième section propose une analyse descriptive des attributs individuels des migrants. La quatrième partie présente les modèles économétriques utilisés (Probit et Heckman) et les résultats associés.

1. INDUSTRIES CRÉATIVES ET CULTURELLES ET MOBILITÉ RÉSIDENTIELLE : UNE REVUE DE LITTÉRATURE

1.1. Le concept et l'analyse des industries créatives et culturelles

Les concepts d'économie culturelle et d'économie créative ont été popularisés dans les années quatre-vingt-dix par les travaux de Landry (1990), de Howkins (2001) et de Florida (2002), afin de mettre en exergue l'importance des travailleurs créatifs et des activités intellectuelles dans les nouveaux processus de croissance économique des villes et des régions.

Une première série de travaux met en évidence le rôle des externalités d'agglomération dans la formation de clusters d'industries créatives et culturelles et/ou de systèmes créatifs locaux (Krätke, 2006 ; Capone, 2008 ; Picard et Karlsson, 2011). Ces travaux insistent sur les avantages technologiques et pécuniaires qui découlent de la concentration spatiale des industries et des emplois créatifs (Amin et Thrift, 2004 ; Freeman, 2007 ; Knell et Oakley, 2007). Les industries culturelles et créatives telles que la publicité (Pratt, 2008), les médias (Nachum et Keeble, 2003) et la mode (Sunley et al., 2008) sont les plus concentrées spatialement et se localisent essentiellement dans les grandes métropoles. De Propris et al. (2009) arrivent à la même conclusion en examinant la distribution géographique de l'emploi généré par ce type d'industries au Royaume-Uni. En France, le rapport du ministère de la Culture (2006) indique que les seules industries de publicité, de cinématographie, de théâtre, des musées et des autres produits culturels et services associés occupent plus de 500 000 personnes (soit 4% de l'emploi total). L'Ile-de-France concentre 33,7% des industries culturelles françaises, suivie par la Région Sud-PACA (11,7%) et Rhône-Alpes (9,6%). Baumont et Boiteux-Orain (2005) montrent que l'emploi dans le secteur culturel stricto sensu représente 2,8% de l'emploi total en Ile-de-France, avec une concentration des deux-tiers des emplois à Paris. Lacour et Puissant (2008) examinent la distribution des industries créatives, définies de façon assez large (activités artistiques, services à la production, management, informatique et analyse de données, recherche, télécommunication et transports), dans les aires urbaines en France. Ils montrent d'une part la spécialisation de Paris dans les activités artistiques mais aussi dans les services à la production culturelle et ils expliquent d'autre part que ces activités profitent des externalités d'urbanisation présentes dans les grandes métropoles. Plusieurs travaux mettent l'accent sur les liens entre les activités culturelles et les secteurs à haut niveau de qualification dans les grandes métropoles (Capone, 2008 ; Boschma et Fritsch, 2009 ; De Propris et al., 2009 ; Glaeser, 2011...).

Une seconde série de travaux examine le rôle de ces industries dans les performances économiques des régions et pays. Ces travaux mettent l'accent sur l'influence des activités créatives et culturelles sur la productivité, la croissance économique et/ou la richesse d'un territoire (Boix et al., 2016 ; Catin et Van Huffel, 2019). Cunningham et Potts (2010) et Cunningham et Flew (2010) considèrent que les industries créatives entraînent l'économie d'un territoire dans un processus de croissance par l'innovation et par la diffusion de nouveaux savoirs et de nouvelles idées. Abeledo et al. (2014) examinent les liens entre les industries créatives et les autres secteurs d'une économie régionale. Ils décrivent un cercle vertueux où la croissance du PIB par habitant conduit dans un premier temps à une augmentation du niveau de capital humain des travailleurs et à une augmentation des dépenses publiques en faveur des biens et des services créatifs et du stock de capital culturel. Ce processus conduit dans un deuxième temps à un développement des innovations et à une augmentation de l'emploi dans les industries créatives et culturelles, ainsi qu'à un accroissement de la productivité du travail qui contribue à une nouvelle augmentation du PIB par habitant. Mommaas (2004), O'Connor (2010) et Monfardini et al. (2012) considèrent de façon plus générale que les industries créatives et culturelles favorisent l'émergence d'une économie de la connaissance.

1.2. Mobilités résidentielles et capital humain

De nombreux travaux en économie régionale discutent de la migration résidentielle en lien avec les caractéristiques des territoires. Un certain nombre d'approches théoriques intègrent les caractéristiques personnelles, telles que le cycle de vie ou le poids du capital humain de l'individu dans la décision de migrer. Comme le souligne Becker (1964), l'âge est négativement corrélé à la migration, autrement dit les actifs plus âgés migrent moins car le surplus de bien-être lié à la migration diminue. Modigliani et Ando (1963) puis Rogers et Castro (1981) mettent en relation la situation de l'individu (types d'études, situation maritale, nombre d'enfants, retraités, etc.) et la décision de migrer. À la suite de leurs travaux, plusieurs auteurs soulignent que chaque changement dans les caractéristiques de l'individu favorise la probabilité de migrer (Courgeau, 1984 ; Rogers et Willekens, 1986 ; Warnes, 1994 ; Détang-Dessandre et al., 2004).

De nombreux auteurs observent un lien positif entre la décision de migrer et le niveau de capital humain d'un individu (Borjas, 1987 ; Borjas et al., 1992 ; Manaron-Abreu et al., 2011, Antolin et Bover, 1997 ; Chiswick, 2000 ; McCormick et Wahba, 2001 ; Docquier et Marfouk, 2006 ; Poot et al., 2008 ; Waldorf, 2009). Malamud et Wozniak (2011) montrent que toute année supplémentaire consacrée à des études supérieures augmente la probabilité de migrer. Plus les individus sont diplômés d'études universitaires et de grandes écoles plus l'attente du gain de la migration est élevée ; à l'inverse, les populations les moins instruites attendent un gain moins important de leur migration (Whisler et al., 2008 ; Grogger et Hanson, 2011 ; Docquier et Rapoport, 2012). Selon Gobillon (2001), en France métropolitaine, l'obtention d'un diplôme d'études supérieures engendre un double impact sur la mobilité de l'individu, à savoir une meilleure employabilité et une plus grande diversité des opportunités. La zone d'emploi de Paris attire la majeure partie des diplômés d'études supérieures (Vignal, 2006).

Une autre série de travaux se focalise sur le lien entre la migration et les caractéristiques des territoires d'accueil ou d'arrivée. Plusieurs auteurs soulignent la préférence de l'individu mobile pour les territoires où le taux de chômage est faible et les salaires élevés (Muth, 1971 ; Greenwood, 1975 ; Greenwood et Hunt, 1984 ; Biagi et al., 2011). Rosen (1979), Roback (1982), Graves et Mueser (1995), Brueckner et al. (1999) mettent l'accent sur le poids des aménités locales, de l'accessibilité aux biens de consommation diversifiés, à la qualité et la présence de biens publics.

Plusieurs études en France (Catin, 1978 ; Puig, 1981 ; Jayet, 1996 ; Combes et al., 2008 ; Talandier et Davezies, 2014 ; Schaffar et al., 2019) montrent que les caractéristiques des territoires affectent les choix de migration en fonction du profil du migrant (jeune actif, étudiant, retraités, diplômés, etc.). En même temps, la migration chez les jeunes, plus particulièrement celle des jeunes actifs sortis récemment de leur formation initiale, est relativement peu étudiée (Damette et Scheilbling, 2003). Or, la mobilité géographique des jeunes actifs ou des primo-entrants sur le marché de l'emploi semble primordiale, car ces jeunes sont plus mobiles que toutes les autres catégories d'âge (Pailhé et Solaz, 2001). Plusieurs études réalisées aux États-Unis concluent que les jeunes instruits et actifs sont les individus les plus susceptibles de migrer (Mills et Hazarika, 2001 ; Kennan et Walker, 2010). À l'image des jeunes actifs, les choix de migration des étudiants sont également peu étudiés (King et Ruiez-Gelices, 2003). Certains travaux soulignent que pour les étudiants et les jeunes diplômés, la migration est principalement générée par le besoin de trouver un travail et de gagner un meilleur salaire que ceux proposés dans la région ou le pays dont ils proviennent (Belfield et Morris, 2002 ; Johnston, 1989 ; Skelton, 1997 ; King, 2002). Skelton (1997) note également que les flux migratoires des étudiants sont souvent bénéfiques aux territoires d'accueil mais également aux territoires d'origine, ce qui s'explique par le retour de certains de ces étudiants, une fois leur formation achevée.

2. UNE ANALYSE DESCRIPTIVE DES CARACTÉRISTIQUES TERRITORIALES

La base de données utilisée dans cet article provient du Recensement de la population publié par l'Insee en 2018. Ce fichier permet d'analyser la mobilité d'environ 19 millions de personnes et leur localisation entre 2012 et 2017. Les informations sont fournies pour les 304 zones d'emploi de France métropolitaine. Deux types de flux sont mesurables : les flux interzones, lorsque l'individu migre entre deux zones d'emploi différentes et les flux intra-zones, lorsque l'individu déménage mais reste dans la même zone d'emploi.

Nous avons cherché à mesurer les niveaux de connectivité et de créativité des zones d'emploi. Un indice de connectivité et de créativité est construit à partir de quatre variables. (i) la connectivité numérique des individus en comptabilisant la part des locaux éligibles à toutes les technologies (DSL, câbles et Ftth, 8M et +)[2], notée *IACC*. (ii) le poids des nouvelles technologies dans l'activité productive en recensant les emplois utilisant directement des procédés de haute technologie dans les secteurs manufacturiers et dans les services (en % de l'emploi total dans la zone d'emploi)[3], noté *HTEC*. (iii) le poids des innovations, identifié par le nombre de brevets[4] dans le domaine de la haute technologie et des TIC (technologie de l'information et de la communication) déposés dans chaque zone d'emploi rapporté au nombre d'habitants de la zone d'emploi, noté *DBTIC*. (iv) le nombre d'établissements de formation pour 1000 actifs dans chaque zone d'emploi[5], noté *ETABFORM*. Nous accordons le même poids à chaque variable :

$$IND = 0{,}25 * (IACC + HTEC + DBTIC + ETABFORM) \qquad (1)$$

Les variables utilisées sont centrées et normalisées de sorte que la valeur 1 corresponde à la zone d'emploi la plus connectée et la valeur 0 corresponde à la zone d'emploi la moins connectée.

---

[2] Description France Très Haut Débit (THD) : L'Observatoire France Très Haut débit est développé par l'Agence du Numérique. Les statistiques présentées ici sont fondées sur les données de cet Observatoire, calculées en fonction des débits atteignables à partir des réseaux de communications électroniques filaires (DSL sur cuivre, câble coaxial et fibre optique). Seuls les débits descendants en téléchargement du réseau vers l'abonné sont pris en compte.

[3] Nomenclature Eurostat.

[4] Description Data.gouv : « Les données brutes sont fournies par l'INPI et sont issues d'une extraction de sa base interne de 2015 enrichie de la base Patstat pour certains brevets européens. Il s'agit de la base des publications de demandes de brevets et de délivrances de brevets en France à l'INPI (voie nationale), et des demandes de brevets européens de l'Office européen des brevets (OEB) qui entrent en phase nationale française. Les données présentent des dates de procédures, des adresses françaises des déposants et inventeurs, la nature des déposants et des codes de la Classification internationale des brevets et des nomenclatures technologiques liées ».

[5] Source : Insee.

Le tableau 1 renseigne quelques statistiques sur l'indice de connectivité et de créativité des zones d'emploi. La moyenne est assez faible. D'après la figure 1, quatre zones d'emploi enregistrent un indice égal à 0 (Chatillon, Ghisonaccia-Aléria, Sartène-Propriano et Corte). À l'inverse les zones d'emploi les plus connectées sont celles de Paris, Lyon, Marseille-Aubagne, Toulouse, Bordeaux et Roissy-Sud Picardie, avec un indice supérieur à 0,60. Les zones d'emploi métropolitaines et les territoires à proximité semblent en général davantage connectés que les autres.

Par la suite, un coefficient de spécialisation par zone d'emploi est calculé. Il permet de comparer la part des emplois créatifs[6] de la zone d'emploi à la part des emplois créatifs et culturels en France. De ce fait, si la zone d'emploi dispose d'un indice supérieur à 1, elle apparaît comme spécialisée dans ce type d'emploi (et inversement si elle est inférieure à 1). Les figures 1 et 2 mettent en évidence le lien entre la présence simultanée d'une forte connectivité et d'une spécialisation dans les emplois créatifs et culturels. Les zones d'emploi les plus spécialisées sont les zones d'emploi métropolitaines notamment Paris, Aix-en-Provence, Cannes-Antibes, Toulouse.

Tableau 1 : Valeur par zone d'emploi de l'indice de connectivité et de créativité

Statistiques	Indice de connectivité (*IND*)	Nombre de brevets TIC/HT pour 1000 actifs (*DBTIC*)	Part de l'emploi dans les industries de haute technologie (*HTEC*)	Part des locaux éligibles à toutes tech. (DSL, câble et Ftth, 8M et +) (*IACC*)	Nombre d'établissements de formation pour 1000 actifs (*ETABFORM*)
Écart-type	0,064	0,068	1,693	0,159	0,204
Moyenne	0,136	0,023	1,043	0,100	0,257
Taille de l'échantillon	304	304	304	304	304
Max.	1,00	0,589	17,613	0,862	2,946
Min.	0,00	0,00	0,00	0,00	0,00

Source : Insee, Acoss, calculs de l'auteur.

D'autres statistiques sont également utilisées pour caractériser les territoires d'origine et de destination. Le tableau 2 présente une liste des caractéristiques associées aux zones d'emploi. La variable ensoleillement (ENSOL) est une variable climatique qui mesure le nombre annuel moyen d'heures d'ensoleillement dans chaque zone d'emploi de France métropolitaine. Les données sont récoltées sur le site de France Météo. Les 10 zones d'emploi qui disposent du plus grand nombre d'heures d'ensoleillement sont localisées dans la région Sud-Provence-Alpes-Côte d'Azur avec environ 2800 heures. À l'inverse, les zones d'emploi enregistrant le moins d'heures d'ensoleillement annuel se situent dans le Nord de la France et plus précisément dans les Ardennes.

Le revenu médian en euro (*REVMED*) décrit le revenu fiscal médian de chaque zone d'emploi et l'indice de Gini (*GINI*) mesure les disparités des revenus locaux. Ces deux variables proviennent de la base des données de l'Insee. La zone d'emploi d'Houdan (proche de Paris) enregistre un revenu fiscal médian de 28 157 €, le plus élevé en France métropolitaine, tandis que la zone d'emploi de Lens-Hénin connaît le revenu médian le plus faible avec 15 848 €. Les disparités de revenu les plus élevées sont situées à Paris avec un indice de 0,39 et les disparités les plus faibles dans la zone d'emploi des Herbiers (proche de Cholet, dans la Loire). Comme le soulignent Gallin (2006) et Schaffar et al. (2019), la mesure du revenu fiscal médian peut également servir comme un indicateur fiable pour l'interprétation des prix immobiliers.

---

[6] Voir la nomenclature d'activités détaillées des industries créatives et culturelles publiée dans Eurostat.

Figure 1 : Indice de connectivité par zone d'emploi (2015)

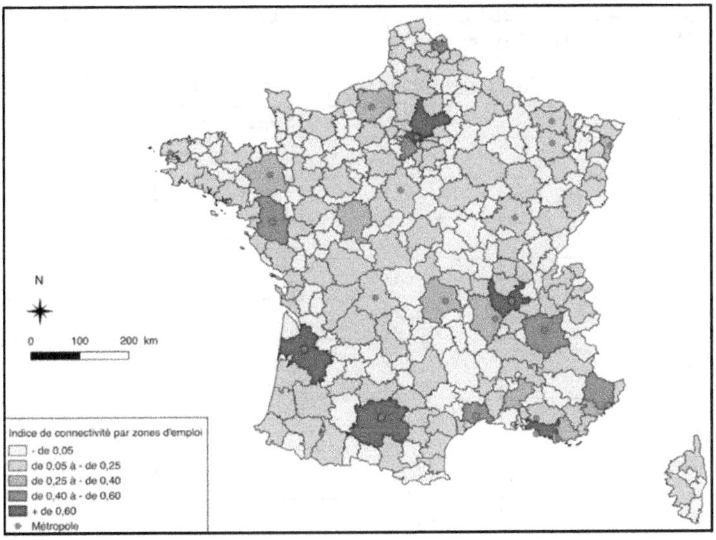

Source : Auteur, données Insee.

Figure 2 : Indice de spécialisation de l'emploi dans les industries créatives et culturelles par zone d'emploi (2015)

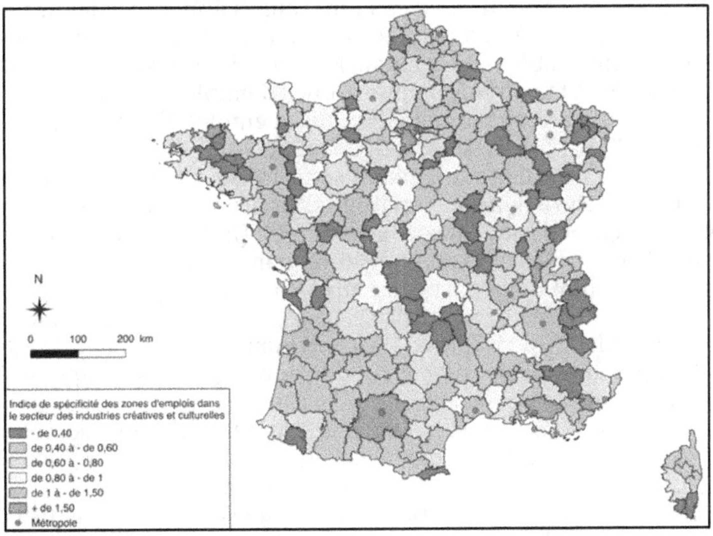

Source : Auteur, données Insee.

Le taux de chômage (*TCHOM*) mesure la part de la population active au chômage par zone d'emploi. En 2015, la zone d'emploi où la part des chômeurs est la plus importante est celle d'Agde-Pézenas (16,8%). Houdan est la zone d'emploi où le taux de chômage est le plus faible (4,5%).

La densité de population (hab./km^2) (*DENS*) mesure la concentration de la population et permet de caractériser le type de zone d'emploi : urbaine et concentrée ou rurale et peu dense. Les zones d'emploi métropolitaines sont les plus denses, notamment celles de Paris (plus de 9000 hab./km^2) et de sa périphérie (Roissy, Orly, Marne-la-Vallée, Saclay, Créteil, Poissy, Évry, Cergy) ainsi que celles de Marseille-Aubagne, Lille, Lyon, Strasbourg.

Tableau 2 : Caractéristiques des zones d'emploi (2015)

Variables	Moyenne	Écart-type	Min	Max
Ensoleillement (en h) *(ENSOL)*	1890	329	1440	2801
Revenu médian (en €) *(REVMED)*	19 174	1701	15 858	28 157
Indice de Gini *(GINI)*	0,27	0,02	0,21	0,39
Taux de chômage (en %) *(TCHOM)*	9,47	2,26	4,50	16,80
Part de l'emploi créatif (en %) *(EMPCREA)*	6,67	3,21	1,47	23,61
Nombre d'établissements culturels pour 1000 actifs *(ETABC)*	0,20	0,11	0,02	0,82
Part des HLM dans les résidences principales (en %) *(HLM)*	11,66	5,49	2,58	32,31
Densité de population (hab./km2) *(DENS)*	180	602	13	9164

Source : Insee, Acoss, calculs de l'auteur.

La part des Habitations à Loyers Modérés (*HLM*) dans les résidences principales par zone d'emploi est une caractéristique importante des territoires dans l'analyse des processus de migration, car elle montre la disponibilité de l'habitat social (Aubrée, 2006). Même si la part des jeunes au sein de la population ayant accès à ce type d'habitation diminue, pendant de très nombreuses années les jeunes en furent les principaux bénéficiaires. Les zones d'emploi où la part des HLM dans les résidences principales est la plus faible sont Houdan, Royan et Sarrebourg avec respectivement 2,6%, 2,8% et 3,0%. À l'inverse, quelques zones d'emploi comptent près d'une habitation sur trois comme HLM. Il s'agit des zones d'emploi d'Orly (32,3%), Lens-Hénin (31,6%), Reims (27,9%) et Istres-Martigues (27,2%).

Enfin deux variables supplémentaires sont utilisées pour mesurer le poids de la créativité et de la culture dans les territoires. La première concerne la part de l'emploi créatif dans l'emploi total de la zone d'emploi (*EMPCREA*). Elle permet d'identifier les zones d'emploi avec une spécialisation dans les industries créatives et culturelles. La zone d'emploi où la part des emplois créatifs et culturels est la plus forte est celle de Paris (23,61%). Sans surprise, la capitale concentre les emplois dans les domaines de la publicité, du multimédia, et de manière plus générale du numérique. Les zones d'emploi d'Aix-en-Provence et de Cannes-Antibes comptent plus de 19% de leurs emplois dans ce type d'activité ; elles sont portées par leur pôle de compétitivité respectif, qu'il s'agisse de la zone du Rousset (Solutions communicantes sécurisées – SCS –, pôle spécialisé dans les TIC), ou de Sophia-Antipolis (également labélisé SCS).

La deuxième variable comptabilise la présence d'infrastructures culturelles mises à disposition des habitants telles que les cinémas, les théâtres, les musées et les conservatoires (*ETABC*). La moyenne des zones d'emploi est de 0,20 établissement culturel pour 1000 actifs avec un écart-type de 0,11, laissant apparaître des disparités importantes. Les zones d'emploi de Sélestat et d'Issoire, avec respectivement 0,02 et 0,04 établissement culturel pour 1000 actifs, enregistrent les taux les plus faibles. À l'inverse les zones d'emploi d'Honfleur, de la Maurienne ou d'Arles occupent les premières places du classement avec 1 équipement culturel pour 1000 actifs.

3. UNE ANALYSE DESCRIPTIVE DES MOBILITÉS RÉSIDENTIELLES EN FRANCE

L'objectif de ce travail est de voir si les jeunes de 15 à 29 ans (étudiants, actifs, diplômés) migrent davantage vers des zones d'emploi connectées et créatives que la population de 30 ans et plus.

Tableau 3 : L'âge, élément clé de la migration

Types	15 à 29 ans	30 à 44 ans	45 à 59 ans	60 ans et plus	Total
Non migrant	10 365 957	11 799 108	12 532 747	15 807 328	50 505 140
	20,52	23,36	24,81	31,30	100,00
	91,97	96,42	98,31	98,68	96,61
Migrant	905 361	438 531	215 008	212 082	1 770 982
	51,12	24,76	12,14	11,98	100,00
	8,03	3,58	1,69	1,32	3,39
Total	11 271 318	12 237 639	12 747 755	16 019 410	52 276 122
	21,56	23,41	24,39	30,64	100,00
	100,00	100,00	100,00	100,00	100,00

Source : Insee, Fichier MIGCOM ; calculs de l'auteur.

Tableau 4 – Type de diplômes en fonction de l'âge du migrant

Type de diplômes	15 à 29 ans	30 à 44 ans	45 à 59 ans	60 ans et plus	Total
Moins que le Baccalauréat	23,57	31,05	50,31	62,85	33,37
Baccalauréat	34,69	19,64	17,40	14,51	26,45
Études supérieures	41,74	49,31	32,29	22,64	40,18
Total	100,00	100,00	100,00	100,00	100,00

Source : Insee, Fichier MIGCOM ; calculs de l'auteur.

Nous analysons la probabilité de migrer en fonction de la tranche d'âge (15-29 ans, 30-44 ans, 45-59 ans et 60 ans et plus). Le tableau 3 met en évidence le lien entre la migration et l'âge de l'individu : 51,1% des migrants se situent dans la catégorie d'âge entre 15-29 ans, soit plus de la moitié. Plus l'âge avance moins la migration est probable : 24,8% des migrants sont âgés de 30 à 44 ans, 12,1% de 45 à 59 ans et 12% de plus de 60 ans.

Le Tableau 4 montre que le diplôme joue un rôle important dans la prise de décision de la migration. L'échantillon utilisé révèle que plus l'individu est diplômé, plus il migre. Ceci est confirmé pour les individus de 15 à 44 ans, mais l'effet s'estompe pour les individus plus âgés. 42% des migrants âgés de 15 à 29 ans et 49% des 30 à 44 ans sont diplômés d'études supérieures. Parmi les non migrants, seuls 25,2% des 15-29 ans sont diplômés d'études supérieures quand 47,9% de cette même catégorie ont un diplôme inférieur au baccalauréat. Dans les catégories d'âge supérieures, plus l'âge augmente, plus la proportion d'individus ayant un diplôme du supérieur diminue. Le diplôme paraît donc jouer un rôle d'accélérateur dans la décision de migrer des jeunes.

La composition du ménage est une des caractéristiques qui peut freiner la décision de migrer. Cependant chez les jeunes de 15 à 29 ans, elle ne semble être ni un frein ni un accélérateur. 33,2% des migrants de cette catégorie sont célibataires,

30,4% sont en couple et 36,4% vivent en famille. Chez les non migrants, à l'inverse, seuls 12% des 15 à 29 ans sont célibataires.

Plus les attaches territoriales sont fortes, moins l'individu est tenté par la migration. Être propriétaire de son logement peut ainsi influencer négativement la décision de migrer. Les contraintes induites du changement de location au moment du déménagement et celles liées à une mise en vente de son premier bien et l'achat d'un second ne sont pas les mêmes. Parmi les migrants, 3 sur 4 sont locataires au moment de la migration. Comme attendu, l'âge est fonction croissante de la propriété.

Tableau 5 - Distance de migration en fonction de l'âge du migrant

Distance	15 à 29 ans	30 à 44 ans	45 à 59 ans	60 ans et plus	Total
Moins de 50 km	234 384	149 974	66 274	49 630	500 262
	46,85	29,98	13,25	9,92	100
	25,89	34,2	30,82	23,4	28,25
De 50 km à moins de 100 km	211 041	87 656	45 499	43 166	387 362
	54,48	22,63	11,75	11,14	100
	23,31	19,99	21,16	20,35	21,87
De 100 km à moins de 200 km	153 277	53 176	28 054	30 088	264 595
	57,93	20,1	10,6	11,37	100
	16,93	12,13	13,05	14,19	14,94
De 200 km à moins de 400 km	151 677	66 746	33 746	38 535	290 704
	52,18	22,96	11,61	13,26	100
	16,75	15,22	15,7	18,17	16,41
De 400 km à moins de 600 km	93 469	47 326	24 218	28 493	193 506
	48,3	24,46	12,52	14,72	100
	10,32	10,79	11,26	13,43	10,93
600 km et plus	61 513	33 653	17 217	22 170	134 553
	45,72	25,01	12,8	16,48	100
	6,79	7,67	8,01	10,45	7,6
Total	905 361	438 531	215 008	212 082	1 770 982
	51,12	24,76	12,14	11,98	100
	100	100	100	100	100

Source : Insee, Fichier MIGCOM ; calculs de l'auteur.

La catégorie socio-professionnelle de l'individu joue un rôle important. Parmi les catégories qui migrent le plus, on trouve les cadres et les professions intellectuelles supérieures, suivis des professions intermédiaires, puis des employés. Les catégories socio-professionnelles les moins mobiles sont les agriculteurs (0,2% des migrants) et les artisans, commerçants et chefs d'entreprises (2,7% des migrants).

Enfin, la distance joue un rôle important dans les migrations. La catégorisation en 6 classes des distances de migration (moins de 50 km ; de 50 km à moins de 100 km ; de 100 km à moins de 200 km ; de 200 km à moins de 400 km ; de 400 km à moins de 600 km ; 600 km et plus) révèle que peu importe la catégorie d'âge observée, plus la distance augmente moins les flux de migration sont importants (tableau 5). Chez les jeunes (15-29 ans), la probabilité de migrer diminue continuellement avec la distance : 26% d'entre eux entreprennent une migration de moins de 50 km, 17%, une migration d'une distance entre 100 km et 200 km, et seuls 6,8% choisissent une mobilité résidentielle à une distance de plus de 600 km de leur territoire d'origine.

4. LES 15-29 ANS MIGRENT PLUS VERS DES TERRITOIRES CONNECTÉS ET CRÉATIFS

4.1. Méthodologie

Pour analyser la probabilité de migrer entre les zones d'emploi en 2015 des jeunes actifs, diplômés ou étudiants âgés de 15 à 29 ans, nous utilisons une série de modèles Probit. Les modèles prennent en considération les attributs personnels et les caractéristiques de localisation des lieux de départ et d'arrivée. L'endogénéité est présente dans ce type de modèles puisque les jeunes actifs ont tendance à migrer dans des localisations où se trouvent des emplois disponibles (où le taux de chômage est faible) mais également dans les zones d'emploi où la proportion de jeunes est importante. Nous cherchons à éliminer ce biais par l'utilisation de variables instrumentales. La variable instrumentale utilisée, ici, est la part des HLM dans l'habitat total, puisque les jeunes âgés de 15 à 29 ans sont très présents dans l'utilisation de logements collectifs.

Nous cherchons également à étudier la façon dont les différentes caractéristiques climatiques et socioéconomiques des zones d'emploi affectent la distance de migration en France, c'est-à-dire la distance entre les zones d'emploi de départ et d'arrivée des migrants (Beckhusen et al., 2013). Dans un tel modèle, les personnes ne migrant pas ou ne changeant pas de zone d'emploi au cours de la période 2012-2017 ne sont pas prises en compte. Nous devons donc traiter à la fois des biais de sélection et des biais d'endogénéité, une question largement évoquée par Wooldridge (2008) et Yu et al. (2017).

Nous utilisons un modèle de Heckman en deux étapes pour traiter le biais de sélection de l'échantillon en calculant le ratio de Mills inverse, noté *IRM*, et nous estimons ce ratio au cours de la première étape du modèle de Heckman qui correspond au Probit. L'objectif de la première étape est d'éliminer le biais de sélection. Le ratio de Mills inverse indique, de manière générale, comment les variables incluses à ce stade sont liées à la sélection de l'échantillon (Greene, 1997). L'*IRM* obtenu est significativement différent de 0. Nous estimons ensuite l'équation de distance en incluant le ratio *IRM* en tant que variable explicative supplémentaire.

Par la suite, nous tentons de traiter l'endogénéité en utilisant des variables instrumentales. Dans la première étape de l'estimation *Two-Stage Least Squares* (2SLS), la variable endogène *JEUN* (population des jeunes 15-29 ans au niveau de la zone d'emploi) est estimée à partir de l'équation de la forme réduite, qui contient les variables instrumentales, l'inverse du ratio de Mill et les variables de contrôle. Dans la deuxième étape de l'équation 2SLS, la distance de migration est régressée sur la valeur estimée de la variable endogène, le ratio de Mills inverse et les variables de contrôle. Par cette méthode, nous contrôlons donc à la fois l'endogénéité et le biais de sélection.

$$P(MIG_i = 1) = \phi(\alpha_0 + \alpha_1 * IND_i + \alpha_2 * TER_i + \alpha_3 * JEUN_i + \varepsilon_i) \quad (2)$$
$$JEUN_i = \beta_0 + \beta_1 * IND_i + \beta_2 * TER_i + \beta_3 * HLM_i + \varepsilon_i \quad (3)$$
$$DIST_i = \delta_0 + \delta_1 * IND_i + \delta_2 * TER_i + \delta_3 * JEUN_i + \delta_4 * IRM_i + \varepsilon_i \quad (4)$$

où MIG_i est une variable muette prenant la valeur 1 si un individu i migre d'une zone d'emploi et 0 s'il ne migre pas ; $DIST_i$ est la distance de migration ; IND_i est un vecteur de variables comprenant les caractéristiques individuelles et TER_i est un vecteur de variables comprenant des caractéristiques territoriales. $JEUN_i$ est la variable endogène (part de la population de 15-29 ans dans chaque zone d'emploi) et HLM_i une variable instrumentale. Tous les paramètres et les erreurs types robustes associés sont estimés par la méthode du maximum de vraisemblance, séparément pour les deux échantillons (les 15-29 ans *vs* le reste de la population). Les tests statistiques habituels associés à ce type de modèles ont été effectués (test de Wald, test du rapport de vraisemblance).

4.2. Résultats et interprétations

Comme le montrent les figures 3 et 4, une différenciation des taux de mobilité s'opère selon l'âge. De manière générale, le taux de mobilité des jeunes est positif dans les zones d'emploi métropolitaines (Paris, Montpellier, Bordeaux, etc.) et négatif dans les autres zones d'emploi alors que la population de plus de 29 ans est davantage attirée par la façade ouest et les régions du Sud de la France et bien moins par les zones d'emploi métropolitaines.

Le tableau 6 présente les résultats du modèle Probit en examinant la manière dont les attributs personnels affectent les migrations des individus âgés de 15 à 29 ans et celles de la population âgée de plus de 29 ans. La variable *JEUN* confirme l'hypothèse de Becker (1964) et les études empiriques : la population de 15 à 29 ans est plus susceptible de migrer que les autres catégories d'âge. Le niveau d'instruction montre clairement que plus on est qualifié, que ce soit chez les jeunes (15-29ans) ou dans le reste de la population, plus la probabilité de migration est forte. L'éducation agit comme un déterminant clé dans les processus de migration.

Les individus célibataires ou en couple ont plus de chances de migrer par rapport aux individus dont le ménage est composé d'un ou plusieurs enfants. Pour les jeunes, la probabilité de migrer lorsqu'on est seul est plus importante que lorsqu'on est en couple et inversement pour le reste de la population. Cette différence est due principalement aux hypothèses du cycle de vie d'un individu. On retrouve ici les résultats de Courgeau et Meron (1995) où les personnes jeunes, célibataires et sans famille sont davantage susceptibles de déménager que les individus ayant déjà fondé une famille.

Enfin, la propriété immobilière diminue la probabilité de migrer à la fois pour les jeunes et pour le reste de la population. La migration s'avère plus risquée pour les propriétaires (Kallan, 1993) que pour les locataires, surtout si ces derniers ont des coûts de logements élevés.

Entre 2012 et 2017, on enregistre près de 1,8 million de migrants en France métropolitaine ; on dénombre 1,39 million de changements de zone d'emploi pour les plus de 29 ans et environ 378 000 pour les 15-29 ans. Le tableau 7 présente les résultats de la régression du taux de migration[7] net par zone d'emploi en fonction de la catégorie de population par rapport aux caractéristiques de localisation des zones d'emploi. Plusieurs conclusions peuvent être tirées.

Il apparaît nettement que les jeunes choisissent de s'installer dans les zones d'emploi connectées, créatives et où les établissements culturels sont en nombre. À l'inverse ils semblent moins enclins à se localiser dans les zones où le taux de chômage est important. Les résultats montrent que le taux de chômage est également perçu négativement pour les migrants plus âgés. A l'inverse, la part de l'emploi créatif, la densité de population ainsi que le revenu médian ne sont pas significatifs pour les 30 ans et plus.

Deux résultats inverses sont aussi observés : premièrement un indice de Gini élevé semble attirer davantage les jeunes mais repousser les 30 ans et plus ; deuxièmement un indice de connectivité élevé semble jouer un rôle de catalyseur chez les 15-29 ans et au contraire être un facteur de fuite pour le reste de la population. Les

[7] Le taux de migration est calculé de la manière suivante : solde migratoire (nombre d'arrivées d'individus d'une catégorie moins nombre de départs de cette catégorie) rapporté à la population totale de cette catégorie par zone d'emploi (figures 3 et 4).

zones d'emploi les plus connectées sont de manière générale les zones d'emploi métropolitaines où dominent relativement plus emplois qualifiés et hauts salaires. Il apparaît que l'indice de Gini a donc tendance à être élevé dans les zones d'emploi où les jeunes s'installent davantage (Paris, Nice, Marseille-Aubagne, Montpellier, etc.) comparativement aux zones qu'ils quittent.

Figure 3 : Taux de migration par zone d'emploi des 15-29 ans (2012-2017)

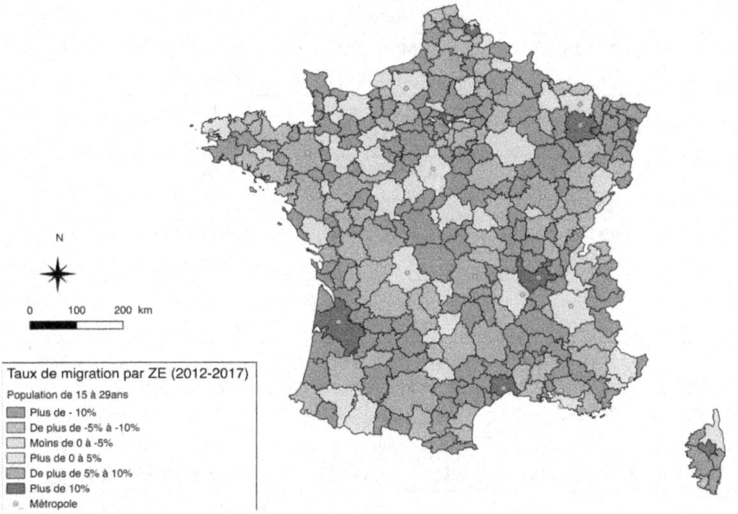

Source : Auteur, données Insee – IGN.

Figure 4 : Taux de migration par zone d'emploi des plus de 29 ans (2012-2017)

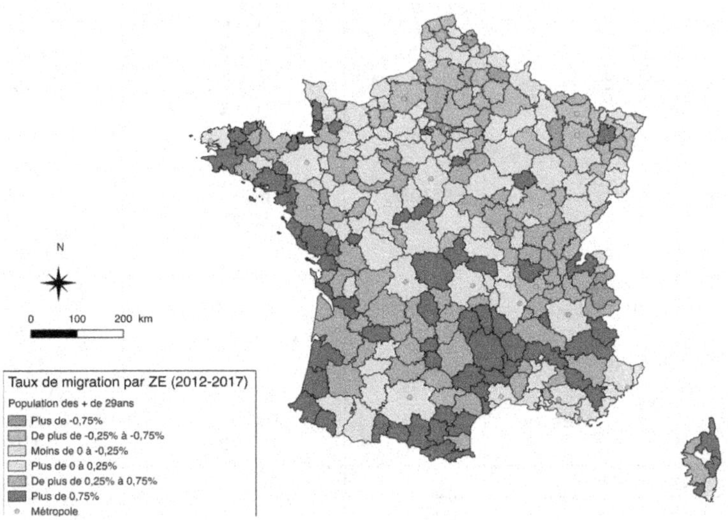

Source : Auteur, données Insee.

Tableau 6 : Modèle Probit de la migration entre zones d'emploi en France (caractéristiques individuelles)

Variables	Reste de la population		Jeune (15-29 ans)	
	Coeff.	Effets marg.	Coeff.	Effets marg.
Âge	-0,0289 *** (-0,0004)	-0,0016 *** (0,0000)	0,1100 *** (0,0016)	0,0303 *** (0,0005)
Âge^2	0,0001 *** (0,0000)	0,0000 *** (0,0000)	-0,0055 *** (0,0001)	-0,0015 *** (0,0000)
Diplôme Bac -	-0,1611 *** (0,0022)	-0,0091 *** (0,0001)	-0,3595 *** (0,0056)	-0,0989 *** (0,0015)
Diplôme Bac +	0,1137 *** (0,0022)	0,0064 *** (0,0001)	0,1301 *** (0,0046)	0,0358 *** (0,0013)
Seul	0,1145 *** (0,0021)	0,0065 *** (0,0001)	0,2349 *** (0,0067)	0,0646 *** (0,0018)
Couple	0,2124 *** (0,0019)	0,0120 *** (0,0001)	0,1942 *** (0,0071)	0,0534 *** (0,0019)
Propriétaire	-0,4481 *** (0,0017)	-0,0253 *** (0,0001)	-0,4382 *** (0,0102)	-0,1205 *** (0,0028)

*Notes : *, **, *** correspondent respectivement à une significativité aux seuils de 1%, 5%, 10% et les valeurs entre parenthèses représentent les erreurs types correspondantes.*
Source : Auteurs, données Insee.

Tableau 7 : Effets des caractéristiques des territoires sur le taux de migration

Variables		Population de 30 ans et plus	Population Jeune (15-29 ans)
Logarithme de l'ensoleillement en nombre d'heures	*LOGENSOL*	-0,496 *** (0,221)	-0,713 (2,288)
Taux de chômage (en %)	*TCHOM*	-0,017 * (-0,021)	-0,357 ** (-0,233)
Indice de Gini	*GINI*	-1,214 * (2,081)	35,747 * (22,985)
Part de l'emploi créatif dans l'emploi total (en %)	*EMPCREA*	0,002 (0,011)	0,169 * (0,149)
Indice de connectivité	*IND*	-0,665 *** (0,218)	18,234 *** (4,823)
Nombre d'établissements culturels pour 1000 actifs	*ETABC*	0,254 * (0,171)	14,018 *** (4,241)
Densité de population (hab./km2)	*DENS*	-0,000 (0,000)	-0,001 * (0,000)
Logarithme du revenu médian	*LOGREVMED*	-0,211 (0,527)	-13,919 * (8,521)
Part de la population des 15-29 ans (en %)	*JEUN*	- -	1,411 *** (0,295)
Part des HLM dans les résidences principales (en %)	*HLM*	-0,051 *** (0,006)	-0,015 (0,101)
Nombre d'observations		304	304

*Notes : *, **, *** correspondent respectivement à une significativité aux seuils de 1%, 5%, 10% et les valeurs entre parenthèses représentent les erreurs types correspondantes.*
Source : Auteur, données Insee.

Tableau 8 : Caractéristiques des territoires et distance de migration entre zones d'emploi : modèle d'Heckman

Variables	Population de 30 ans et plus	Population Jeune (15-29 ans)
DIFF_Logarithme de l'ensoleillement	147,656 *** (2,568)	4,623 n.s. (4,524)
DIFF_Taux de chômage	-4,871 *** (-0,242)	2,176 *** (0,400)
DIFF_Indice de Gini	332,883 *** (20,267)	-134,232 *** (35,051)
DIFF_Part de l'emploi créatif dans l'emploi total	0,171 ** (0,094)	-0,339 *** (0,157)
DIFF_Indice de connectivité	22,307 *** (1,490)	-0,675 n.s. (2,237)
DIFF_Nombre d'établissements culturels pour 1000 actifs	52,819 *** (4,259)	42,557 *** (7,419)
DIFF_Densité de population	-0,003 *** (0,000)	0,004 *** (0,005)
DIFF_Logarithme du revenu médian	-160,843 *** (6,286)	101,839 *** (11,023)
DIFF_Part de la population des 15-29 ans	-0.163 n.s. (0,163)	-5,137 *** (0,242)
DIFF_Part des HLM dans les résidences principales	-2,454 *** (0,069)	-0,267 ** (0,118)
Constante	207,854 *** (1,241)	207,854 *** (1,241)
Lambda (Mills)	2,669 *** (0,616)	2,669 *** (0,616)

*Notes: Wald Pro > Chi^2=0,00 (14632,77); Log pseudo-likelihood : 6203484,5 ; Pseudo R^2= 0,1537. *, **, *** correspondent respectivement à une significativité aux seuils de 1%, 5%, 10% et les valeurs entre parenthèses représentent les erreurs types correspondantes.*
Source : Auteur, données Insee.

Le lien entre caractéristiques territoriales et distance de migration est analysé dans le Tableau 8. Les différences d'ensoleillement entre les zones d'emploi françaises ont une incidence importante sur la distance de migration, notamment chez les personnes de plus de 29 ans. Elle n'est cependant pas significative pour les jeunes. L'indice de Gini, la présence de jeunes et la part des HLM dans les résidences principales affectent clairement la distance moyenne de migration et en particulier celle des 15-29 ans. Ces derniers se déplacent plus facilement à longue distance pour se localiser dans une zone d'emploi où le chômage est faible et le revenu médian plus élevé.

CONCLUSION

L'objectif de cet article est d'étudier la migration des jeunes en France métropolitaine entre 2012 et 2017. Son originalité réside dans l'utilisation et la construction conjointes d'une base de données récentes sur les attributs individuels et les caractéristiques des territoires de départ et de destinations des migrants. A partir de l'utilisation des modèles empiriques de type probit et Heckman, il est mis en évidence le comportement différencié des 15-29 ans et des personnes de plus de 29 ans face à la migration.

Premièrement, comme il a été souvent constaté, l'âge est un élément clé de la migration, les jeunes migrent davantage que les personnes de plus de 29 ans. Parmi les jeunes, un individu qui dispose d'un diplôme d'études supérieures, qui est célibataire et vit en location, a davantage de chances de migrer. De manière générale, moins l'individu a de contraintes familiales, plus il a de chance de migrer car sa mobilité en est facilitée.

Deuxièmement, les caractéristiques des zones d'emploi en France ont une incidence sur les choix de localisation des migrants. Les jeunes préfèrent emménager dans des territoires connectés et où l'emploi créatif est important, soit principalement dans les régions métropolitaines. À l'inverse, la population de 30 ans et plus semble peu influencée par la présence des emplois créatifs et la connectivité de la zone d'emploi, mais reste sensible aux offres d'aménités culturelles proposées par le territoire d'accueil.

Ce travail sur la migration des jeunes en France peut être prolongé et approfondi dans plusieurs directions. Il serait opportun d'analyser quels types d'aires urbaines attirent plus particulièrement les jeunes par rapport aux autres catégories d'âge, en distinguant la région parisienne, les grandes métropoles, les aires urbaines secondaires, et les trajectoires de migration entre ces territoires. Peut-être assistera-t-on en parallèle à une spécialisation de plus en plus poussée des territoires, avec aux extrêmes des territoires métropolitains qui attirent des étudiants et des jeunes actifs qualifiés, et des territoires davantage attractifs pour les personnes âgées et retraitées.

REFERENCES

Abeledo R., Marco F., Rausell P., 2014, Economic Development and the Creative Industries: A Tale of Causality, *Creative Industries Journal*, 7(2), 81-91.

Adorno T., Horkeimer M., 1948, *La production industrielle des biens culturels*, traduction française dans *Dialectique de la Raison*, Paris, Gallimard, 129-176.

Amin A., Thrift N., 2004, *Introduction*, Eds: Cultural Economy: a reader, Oxford: Blackwell.

Antolin P., Bover O., 1997, Regional Migration in Spain: The Effect of Personal Characteristics and of Unemployment, Wage and House Price Differentials Using Pooled Cross-Sections, *Oxford Bulletin of Economics and Statistics*, 59(2).

Aubree L., 2006, L'évolution du peuplement du parc HLM en France, *Pensée plurielle*, 2006(2), 53-61.

Baccaïni B., 2007, Les flux migratoires interrégionaux en France depuis cinquante ans, *Population*, 62, 143-160.

Baumont C., Boiteux-Orain C., 2005, *Secteur culturel, métropolisation et centralités urbaines, le cas de l'Île-de-France*, Dijon : Université de Bourgogne.

Bauer T.K., Zimmermann K.F., 1999, Assessment of Possible Migration Pressure and its Labor Market Impact Following EU Enlargement to Central and Eastern Europe, *Research Report Series*, IZA.

Becker G.S., 1964, *Human Capital: A Theoretical and Empirical Analysis, with Special Reference to Education*, The University of Chicago Press, Chicago and London.

Beckhusen A., Florax R., Poot J., Waldorf B., 2013, Attracting Global Talent and then What? Overeducation among Immigrants in the US. *Journal of Regional Science*, 53(5), 834-854.

Belfield C., Morris Z., 2002, Regional Migration to and from Higher Education Institutions: Scale, Determinants and Outcomes, *Higher Education Quarterly*, 53(3), 240-263.

Biagi B., Faggian A., McCann P., 2011, Long and Short Distance Migration in Italy: The Role of Economic, Social and Environmental Characteristics, *Spatial Economic Analysis*, 6(11), 111-131.

Boix R., Capone F., De Propris L., Lazzeretti L., Sanchez D., 2016, Comparative Creative Industries in Europe, *European Urban and Regional Studies*, 23(4), 935-940.

Borjas G.J., 1987, Self-Selection and the Earnings of Immigrants, *American Economic Review*, 77(4), 531-553.

Borjas G.J., Bronars S.G., Trejo S.J., 1992, Self-Selection and Internal Migration in the United States, *Journal of Urban Economics*, 32(2), 159-185.

Boschma R., Fritsch M., 2009, Creative Class and Regional Growth - Empirical Evidence from Eight European Countries, *Economic Geography*, 85(4), 391-423.

Bouquillion P., Le Corf J-B. [2010], *Les industries créatives et l'économie créative dans les rapports officiels européens*, Rapport pour le département des études, de la prospective et des statistiques du ministère de la Culture et de la Communication.

Brueckner J.K., Thisse J.F., Zenou Y, 1999, Why is Central Paris Rich and Downtown Detroit Poor? An Amenity-Based Theory, *European Economic Review*, 43(1999), 91-107.

Capone F., 2008, Mapping Creative Cultural System in Italy, dans COOKE P. AND LAZZERETTI L., *Creative Cities, Cultural Clusters and Local Economic Development*, Cheltenham: Edward Elgar, 338-365.

Catin M., 1978, Une étude statistique des migrations départementales entre 1962 et 1968, *Cahiers d'Economie Politique de la Faculté d'économie appliquée d'Aix-Marseille*, 6, n° spécial économétrie, 75-121.

Catin M., Van Huffel C., 2019, Disparités de croissance d'emploi des aires urbaines françaises et processus de métropolisation : le rôle des fonctions métropolitaines, productives et des revenus extérieurs, *Revue d'Economie Régionale et Urbaine*, 4, 749-779.

Cavailhès J., Joly D., Hilal M., Brossard T., Cardot H., Wavreski P., 2009, *The Price of Climate: Revealed Preferences of French Consumers*, Acts of the World Bank 5Th Urban Research Symposium.

Chiswick B.R., 2000, Are Immigrants Favorably Self-Selected? An Economic Analysis, *IZA Discussion Paper*, 131, 32p.

Christel V., 2006, Trajectoires résidentielles des personnes âgées, Données Sociales, *La Société*, 525-529.

Combes P.P., Duranton G., Gobillon L., Roux S., 2008, Estimating Agglomeration Economies with History, Geology, and Worker Effects, GREQAM, Document de Travail, 2008(51).

Cooke P., Lazzeretti L., 2008, *Creative Cities, Cultural Clusters and Local Economic Development*, Cheltenham: Edward Elgar.

Courgeau D., 1984, Relations entre cycle de vie et migrations, *Population*, 39(3), 483-513.

Courgeau D., Meron M., 1995, Mobilité résidentielle, activité et vie familiale des couples, *Économie et Statistique*, 290, 17-31.

Cragg M., Kahn M., 1997, New Estimates of Climate Demand: Evidence from Location Choice, *Journal of Urban Economics*, 42(2), 261-284.

Cunningham S., Flew T., 2010, Creative industries after the first decade of debate, *The Information Society*, 26(2), 113-123.

Cunningham S., Potts J., 2010, Fours Models of the Creative Industries, *Revue d'Économie Politique*, 120, 163-180.

Damette F., Scheibling J., 2003, Migration et géographie du travail, in *Le territoire français, permanences et mutations*, Chapitre 7, Paris, Hachette, 181-2003.

Dennett A., Wilson A., 2013, A multi-level spatial interaction modelling framework for estimating inter-regional migration in Europe, *Environment and Planning A*, 45, 1491-1507.

De Propris L., Chapain C., Cooke P., Macneil S., Mateos-Garcia J., 2009, *The Geography of Creativity*, London, Nesta.

Detang-Dessandre C., Drapier C., Jayet H., 2004, The Impact of Migration on Wage: Empirical Evidence from French Youth, *Journal of Regional Science*, 44(4), 661-691.

Docquier F., Marfouk A., 2006, International Migration by Education Attainment 1990-2000, *In International Migration, Remittances, and the Brain Drain*, edited by Çaglar Özden and Maurice Schiff, 151–99. Washington, D.C.: World Bank; Houndmills, U.K. and New York: Palgrave Macmillan

Docquier F., Rapoport H., 2012, Globalization, Brain Drain, and Development, *Journal of Economic Literature*, 50(3), 681-730.

Ettouati S., 2018, Les migrations résidentielles des retraités au sein de la région Provence-Alpes-Côte d'Azur, *Région et Développement*, 48(2018), 71-83.

Florida R., 2002, *The Rise of the Creative Class: and How it's Transforming Work, Leisure, Community and Everyday Life*, Basic Books, New-York.

Freeman A., 2007, *London's Creative Sector: 2007 update*, GLA Economics Working Paper 22.

Gallaway L., 1969, Age and Labor Mobility Patterns, *Southern Economic Journal*, 36, 171-180.

Gallin J., 2006, The Long-Run Relationship Between House Prices and Income: Evidence from Local Housing Markets, *Real Estate Economics*, 34(3), 417-438.

Glaeser E.L., 2011, The Challenge of Urban Policy, *Journal of Policy Analysis and Management*, 31(1), 111-122.

Gobillon L., 2001, Emploi, logement et mobilité résidentielle, *Économie et Statistique*, pp. 349-350.

Gobillon L., Wolff F-C., 2011, Housing and Location Choices of Retiring Households: Evidence from France, *Urban Studies*, 48(2), 331-347.

Graves P.E., Mueser P.R., 1995, Examining the Role of Economic Opportunity and Amenities in Explaining Population Redistribution, *Journal of Urban Economics*, 37, 176-200.

Greene W.H., 1997, *Econometric Analysis*, Prentice Hall.

Greenwood M.J., 1975, Research on Internal Migration in the United States: A Survey, *Journal of Economic Literature*, 13(2), 397-433.

Greenwood M.J., Hunt G.L., 1984, Migration and Interregional Employment Redistribution in the United States, *The American Economic Review*, 74(5), 957-969.

Grogger J., Hanson G.H., 2011, Income Maximization and the Selection and Sorting of International Migrants, *Journal of Development Economics*, 95(1), 42-57.

Hesmondhalgh D., 2008, Cultural and Creative Industries, dans BENNETT T. et FROW J. (eds), *The Sage Handbook of Cultural Analysis*, 552-569.

Howkins J., 2001, *The Creative Economy: How People Make Money from Ideas*, eds: Pinguins.

Jayet H., 1996, L'analyse économique des migrations, une synthèse critique, *Revue Économique*, 47(2), 193-226.

Johnston R.J., 1989, The Southwards Drift: Preliminary Analyses of the Career Paths of Graduates in Great Britain, *Geography*, 74(3), 239-244.

Joly D., Brossard T., Cardot H., Cavailhes, J. Hilal, M., Wavresky P., 2010, Les types de climat en France : une construction spatiale, Cybergeo, 23155.

Kallan J.E., 1993, A Multilevel Analysis of Elderly Migration, *Social Science Quarterly*, 74, 403-416.

Kennan J., Walker J.R., 2010, Wages, Welfare Benefits and Migration, *Journal of Econometrics*, 156, 229-238.

King R., 2002, Towards a New Map of European Migration, *International Journal of Population Geography*, 8(2), 89-106.

King R., Ruiz-Gelices E., 2003, International Student Migration and the European 'Year Abroad': Effects on European Identity and Subsequent Migration Behavior, *International Journal of Population Geography*, 9(3), 229-252.

Knell J., Oakley K., 2007, *London's Creative Economy: An Accidental Success ?*, Provocation Series 3(3), London: The Work Foundation.

Krätke S., 2006, Global Media Cities: Major Nodes of Globalizing Culture and Media Industries, dans BRENNER N. et KEIL R. (eds.), *The Global Cities Reader*, London, 325-331.

Krieger H., Maître B., 2007, Migration Trends in an Enlarging European Union, *Turkish Studies*, 7, 45-66.

Lewis A.W., 1954, Economic Development with Unlimited Supplies of Labor, *The Manchester School*, 22(2).

Maddison D., 2003, The Amenity Value of the Climate: The Household Production Function Approach, *Resource and Energy Economics*, 25(2), 155-175.

Malamud O., Wozniak A., 2011, The Impact of College on Migration: Evidence from the Vietnam Generation, *The Journal of Human Resources*, 47(4), 913-950.

Manaron-Abreu R., Gualda Caballero E., Valerdi R., 2011, The Dynamics of Circular Migration in Southern Europe: An Example of Social Innovation, *ED Working Paper Series*, ESD-WP-2011-01.

Mansoor A., Quillin B., 2006, Migration and Remittances: Eastern Europe and the Former Soviet Union, *The World Bank*, 232p.

Markusen A., Wassall G., Denatale D., Cohen R., 2008, Defining the Creative Economy: Industry and Occupational Approaches, *Economic Development Quarterly*, 22(1), 24-45.

McCormick B. Wahba J., 2003, Overseas Work Experience, Savings and Entrepreneurship Amongst Return Migrants to LDCs, *Scottish Journal of Political Economy*, 48(2), 164-176.

Mills B., Hazarika G., 2001, The Migration of Young Adults from Non-Metropolitan Counties, *American Agricultural Economics Association*, 83(2), 329-240.

Modigliani F., Ando A., 1963, The Life Cycle Hypothesis of Saving: Aggregate Implications and Tests, *American Economic Review*, 53(1), 55-84.

Mommaas H., 2004, Cultural Clusters and the Post-Industrial City: Towards the Remapping of Urban Cultural Policy, *Urban Studies*, 41, 507-532.

Monfardini E., probst L., szneci K., Cambier B., Frideres L., 2012, *Emerging Industries: Report on the Methodology for their Classification and on the most Active, Significant and Relevant New Emerging Industrial Sectors.*, European Cluster Observatory.

Nachum L., Keeble D., 2003, Neo-Marshallian Clusters and Global Networks, The Linkages of Media Firms in Central London, *Long Range Planning*, 36, 459-480.

O'Connor J., 2010, *The Cultural and Creative Industries: A Literature Review [2nd ed.]*, Creativity, Culture and Education Series, London, 105p.

Pailhe A., Solaz A., 2001, Mobilité géographique, professionnelle et gains salariaux des hommes et des femmes, Séminaire d'études et de statistiques appliquées à la modélisation en économie, SESAME, Septembre, Lille.

Poot J., Waldorf B., Van Wissen L., 2008, *Migration and Human Capital*, Edward Elgar, Cheltenham.

Pratt A., 2008, Creative Cities: The Cultural Industries and the Creative Class, *Geografiska Annaler - Series B Human Geography*, 90(2), 107-117.

Picard R.G., Karlsson C., 2011, *Media Clusters: Spatial Agglomeration and Content Capabilities*, (eds.), Cheltenham: Edward Elgar.

Poirot J., Gérardin H., 2010, L'attractivité résidentielle des territoires : un concept multidimensionnel, *Mondes en développement*, 2010-1, 149, 27-41.

Puig J.P., 1981, La migration régionale de la population active, *Annales de l'insee*, 44, 41-79.

Rappaport J., 2007, Moving to Nice Weather, *Regional Science and Urban Economics* 37(3), 375–398.

Roback J., 1982, Wages, Rents, and the Quality of Life, *Journal of Political Economy*, 90(6), 1257-1278.

Rogers A., Castro L.J., 1981, *Model Migration Schedules*, IIASA Research Report, Laxenburg, Austria, RR-81-030.

Rogers A., Willekens F., 1986, *Migration and Settlement: A Multiregional Comparative Study*, IIASA Executive Report, Laxenburg, Austria, ER-86-009.

Schaffar A., Dimou M., El Mouhoub M., 2019, The Determinants of Elderly Migration in France, *Papers in regional Science*, 98(2), 951-972.

Sjaastad L., 1962, The Costs and Returns of Human Migration, *Journal of Political Economy*, 70, 80-93.

Skelton K.J., 1997, *Paraprofessionals in Education*, 1997 Albany, NYDelmar.

Sunley P., Pinch S., Reimer S., Macmillen J., 2008, Innovation in a Creative Production System: The Case of Design, *Journal of Economic Geography*, 8, 675-698.

Talandier M., Daveziès M., 2014, Les migrations résidentielles des retraités, Les Travaux de l'INSEE, 19, L'émergence de systèmes productivo-résidentiels, CGET.

Vignal C., 2006, Concilier mobilité résidentielle et mobilité professionnelle : cadrage statistique et pistes de réflexion, *Horizons stratégiques*, 2, 37-47.

Waldorf B., 2009, Is Human Capital Accumulation a Self-Propelling Process? Comparing Educational Attainment Levels of Movers and Stayers, *The Annals of Regional Science*, 43(2), 323-344.

Waltert, F., Schläpfer, F., 2010, Landscape Amenities and Local Development: A Review of Migration, Regional Economic and Hedonic Pricing Studies, *Ecological Economics*, 70(2), 141–152.

Warnes A., 1994, Climate and US Elderly Migration Rates, *Papers in Regional Science*, 73(3), 309-329.

Whisler R., Waldorf B., Mulligan G., Plane D., 2008, Quality of Life and the Migration of the College-Educated: A Life-Course Approach, *Growth and Change*, 39(1), 58-94

Wooldridge J., 2008, Econometric Analysis of Cross Section and Panel Data, 2nd edition, MIT Press.

Yu L., Yin X., Zheng X., LI W., 2017, Lose to Win: Entrepreneurship of Returned Migrants to China, *Annals of Regional Science*, 58, 341-374.

Creative and cultural industries and regional migration of youngsters in France

Abstract - This paper studies the link between the weight of creative and cultural activities in the territories and the attractiveness of the population. The paper delivers a migration analysis based on data from the French Population Census with personal information on the individual as age, educational level, family type, access to property, etc. The article focuses on regional migration trends between 2012 and 2017 by distinguishing young people aged 15 to 29 from the population aged 30 and over, and on how the territorial characteristics (economic, social or environmental) affect migration flows. Using Probit and Heckman models, it appears that young people (active or students) prefer to locate in areas where the weight of the creative and cultural industries is important.

Key-words

Residential migration
Cultural and creative industries
Connectivity
French territories
Probit and Heckman models

Région et Développement

n° 51-2020

www.regionetdeveloppement.org

La mobilité résidentielle des immigrés et de leurs descendants en France : une approche sur données individuelles

Florence ARESTOFF*
El Mouhoub MOUHOUD **

Résumé – Cet article vise à étudier les déterminants de la mobilité résidentielle des immigrés et des descendants d'immigrés en France. Nous mobilisons des données individuelles issues de l'enquête TeO (Trajectoires et origines) réalisée en 2008 par l'INED et l'INSEE. Cette enquête renseigne à la fois sur les immigrés de première et deuxième génération ainsi que sur la population dite majoritaire, qui n'a aucune ascendance immigrée. De manière séquentielle, nous estimons l'impact des caractéristiques individuelles et territoriales sur la mobilité résidentielle et l'accès à la propriété de ces populations. Nous montrons que les immigrés, et plus précisément ceux qui sont originaires d'Afrique subsaharienne ou d'Afrique de Nord, sont plus mobiles que la population majoritaire et que leur probabilité de devenir propriétaire est moindre. Nous montrons aussi un comportement fortement similaire entre descendants de couples mixtes et population majoritaire.

Classification JEL
C31, F22, J15, J61, O18

Mots-clés
Migration
Mobilité résidentielle
Données d'enquête
France

* Université Paris-Dauphine, PSL, LEDa-DIAL, CNRS, IRD; florence.arestoff@dauphine.psl.eu
** Université Paris-Dauphine, PSL, LEDa-DIAL, CNRS, IRD et Institut des Migrations ; em.mouhoud@dauphine.psl.eu

INTRODUCTION

L'intégration des populations immigrées dans la société française progresse comme en témoigne la croissance du nombre de mariages mixtes. Cependant, depuis les années 1990 on assiste à la formation de zones urbaines fragiles sur le plan économique et social, autour des grandes agglomérations, dans lesquelles les populations plus vulnérables, et parmi elles les immigrés ou les descendants d'immigrés, peuvent se trouver durablement fixées (Maurin, 2004). Dans cet article, il s'agit d'analyser les mobilités dans ces territoires difficiles. A caractéristiques égales en termes de revenus et d'éducation par exemple, les individus immigrés ou leurs descendants n'ont probablement pas les mêmes chances de choisir leur localisation géographique initiale pour des raisons qui tiennent aux représentations des minorités ethniques tant par les individus qui composent la population majoritaire du pays d'accueil que par les immigrés ou leurs descendants eux-mêmes. Les moyens d'échapper à cette destinée du verrouillage territorial des minorités ethniques peuvent être facilités par l'accès à la propriété résidentielle. Mais comme le montrent Solignac et Gobillon (2019) un immigré originaire du Maroc, de Tunisie ou d'Algérie vivant en France aura nettement moins de chance qu'un individu né en France de devenir propriétaire d'un bien immobilier dans ce même pays.

Dans cet article, nous explorons la probabilité de sortie des territoires urbains en difficulté sociale des immigrés et descendants d'immigrés grâce en particulier à l'accès à la propriété.

Nous utilisons l'enquête Trajectoires et origines (TeO) de 2008 (INED-INSEE). Cette enquête sur la diversité des populations en France permet de distinguer les immigrés, les immigrés de deuxième génération, et la population dite « majoritaire » la population majoritaire définie comme celle qui n'a pas d'origine immigrée sur deux générations. Selon l'enquête TeO, en 2008, la population majoritaire[1] représente 76 % de la population française (Lhommeau et Simon, 2010)[2]. Par ailleurs, elle fournit des informations sur l'histoire résidentielle de l'individu enquêté et notamment sur son logement actuel et son précédent logement. Pour chacune de ces étapes, on connait son type de logement (maison ou autre), son statut (propriétaire ou autre), dans quelle région est/était situé le logement mais aussi quelles sont les raisons qui ont poussé l'individu à déménager pour venir dans son logement actuel et les difficultés qu'il a rencontrées pour obtenir ce logement actuel. Ce module « Logement » semble peu exploité à ce jour. Il est donc intéressant à étudier pour analyser les mobilités résidentielles des migrants.

Notre apport à la littérature consiste à identifier ce qui conduit les immigrés et descendants d'immigrés à cette mobilité et notamment à savoir si le pays d'origine est un facteur déterminant. Dit autrement, quels sont les ressorts d'une mobilité ascendante ? Et en contrepartie, pour ceux qui ne bougent pas, quels sont les facteurs qui les verrouillent sur place ?

Les résultats montrent que les immigrés sont davantage mobiles géographiquement mais, comme leurs descendants, leurs chances d'accéder à la propriété sont inférieures à celles de la population majoritaire. Ce phénomène est particulièrement marqué pour les populations originaires d'Afrique subsaharienne ou d'Afrique du Nord. Ces populations constituent les principales vagues d'arrivée en France dans

[1] Ce groupe formé par les personnes sans lien avec l'immigration sur deux générations se construit par contraste avec les groupes minoritaires (Simon, Beauchemin et Hamel, 2016). Pour des raisons de contraintes d'échantillonnage, les descendants d'immigré(s) ou de natifs d'un DOM sont âgés de 18 à 50 ans, alors que les âges couverts pour toutes les autres catégories vont de 18 à 60 ans.

[2] Ce taux passe à 58 % en Ile-de-France et à 25 % en Seine-Saint-Denis (Simon, 2014).

les années 1960-1970 pour accompagner la grande croissance économique et industrielle fordiste jusqu'à l'entrée en crise économique et l'arrêt de l'immigration de travailleurs en 1974. La désindustrialisation qui a suivi a laissé des descendants de ces primo-arrivants dans les mêmes localités mais sans les industries et sans les emplois.

Dans la section 1, nous proposons une revue des travaux théoriques et empiriques existants. La section 2 décrit les données et présente des statistiques descriptives tandis que la section 3 décrit la stratégie d'estimation. Les résultats des estimations sont présentés et discutés dans la section 4. La conclusion fait l'objet de la section 5.

1. MOBILITÉ DES IMMIGRÉS ET DE LEURS DESCENDANTS : UNE REVUE DE LITTÉRATURE

Une littérature très nombreuse aux Etats-Unis comme en Europe a apporté des résultats concordants concernant les explications de la mobilité des migrants et de leurs descendants, que la littérature anglo-saxonne caractérise comme minorités ethniques.

Les analyses traditionnelles ont privilégié deux facteurs principaux d'explication des choix de localisation des minorités ethniques : les conditions d'insertion sur le marché du travail d'une part et les problématiques de marchés du logement d'autre part.

Plus récemment, la littérature a remis au goût du jour le modèle spatial de Schelling (1969) de ségrégation résidentielle et son explication par les mécanismes de marché du travail et du logement d'une part et la volonté de la « population majoritaire » de quitter les zones de concentration des minorités ethniques. Les premiers sont prêts à payer une rente foncière plus élevée pour se déconnecter spatialement des populations immigrées.

Une autre inspiration de ce type d'analyse vient de la *Chicago School of Sociology* (Jackson and Smith, 1984). Ces auteurs font jouer un rôle important aux processus d'immigration qui affectent les changements dans les sous-groupes de population urbaine : de nouveaux migrants arrivent (effet d'installation) dans le voisinage d'une localité et au cours du temps transforment le voisinage (effet d'héritage). Ce qui induit ensuite des comportements de localisation distincts de ceux de la population autochtone. Cette théorie a été utilisée pour discuter l'extension des ghettos dans les villes d'Amérique du Nord à partir de l'analyse de la localisation des minorités ethniques mais cette dynamique « d'invasion-succession » ne semble pas applicable au cas des zones urbaines européennes (White, 1984).

En fait, théoriquement il convient de décomposer le processus de localisation des immigrés et des minorités ethniques selon les mécanismes qui expliquent leur mobilité résidentielle et ceux qui déterminent leur inertie dans la localisation résidentielle, les deux processus pouvant coexister selon les caractéristiques individuelles des immigrés, les structures du marché du travail et de celui du logement, les institutions favorisant plus ou moins une offre de logements sociaux subventionnés par les employeurs ou par l'Etat. En effet comme le montrent Decreuse et Schmuz (2012) qui étudient les facteurs *push* et les facteurs *pull* de la mobilité résidentielle des migrants et de leurs descendants, la mobilité dépend à la fois des caractéristiques individuelles et de celles des territoires.

1.1. Une assignation à résidence davantage forcée que choisie

Aux Etats-Unis comme en Europe les minorités ethniques peuvent se trouver concentrées dans des zones urbaines spécifiques dont ils peuvent difficilement se libérer. Ce résultat a été montré par de nombreux travaux en France comme ceux d'Eric Maurin dans son « Ghetto Français » (2004) ou du géographe Jacques Levy (2019) décrivant la localisation géographique périurbaine de classes moyennes appartenant à la population majoritaire comme le résultat de stratégies d'évitement. Leurs déménagements vers les grandes périphéries urbaines sont interprétés comme un phénomène de fuite des agglomérations concentrant des populations immigrées ou d'origine immigrée et motivées par la recherche de l'entre-soi ethnique. Des résultats similaires avaient été obtenus par Okba (2014), Wenstrôm et Öner (2014).

La localisation des immigrés se fait alors par défaut : leur mobilité dépend des conditions du marché du travail et du marché du logement. Plus sensibles à l'offre de logements sociaux (HLM) ils vont se retrouver assignés à résidence dans des zones de concentration des populations plus vulnérables à la fois du côté de leurs probabilités d'insertion sur le marché du travail et de leur capacité d'accès au marché du logement. Ainsi Pan Ké Shon et Verdugo (2014) ont analysé la localisation des migrants entre 1975 et 2002 en France et montrent une nette interaction entre la localisation des migrants, les réseaux ethniques et l'offre locale de logements sociaux. Les deux forces des choix de localisation des migrants sont liées aux solidarités des personnes de la même origine ou de la même communauté et aux possibilités offertes de trouver un logement social HLM dans des zones urbaines particulièrement défavorisées socialement et sur le plan des infrastructures de transport. Les immigrés et descendants d'immigrés peuvent donc plus difficilement accéder aux logements où domine la population majoritaire.

Des travaux sur les choix de localisation des immigrés hispaniques aux États-Unis montrent des résultats similaires : les effets de réseaux (présence de personnes de la même communauté) vont attirer les migrants dans les centres urbains (Bauer et al., 2005).

1.2. Vulnérabilité économique et sociale et mobilité résidentielle

La question qui se pose pour les migrants et leurs descendants est comment échapper à l'effet de ghettoïsation dans les zones urbaines qualifiées de sensibles. Les choix de localisation des migrants dépendent de leurs caractéristiques personnelles en particulier de leur niveau d'éducation (Zanninetti, 2010 ; Brutel, 2016). Les immigrés ou leurs descendants plus fragiles sur le marché du travail affichant des taux de salaires plus bas ou sous-employés, ou encore déclassés sur le marché du travail, peuvent aussi être plus mobiles que les autochtones. Ainsi pour Aoeberhardt et Rathelot (2013) les immigrés et leurs descendants d'Afrique subsaharienne ou d'Afrique du Nord présentent des taux d'emplois et des taux de salaires nettement plus faibles que les autochtones. Les revenus des immigrés peuvent être donc plus faibles que ceux des natifs (Boldt, 2008). Dès lors, il n'est pas surprenant que plusieurs études empiriques aient montré, concernant les villes européennes, que la mobilité des migrants est plus élevée que celle des natifs. En outre, les minorités ethniques ayant des positions plus fragiles sur le marché du travail mais également pour accéder au marché du logement ont une probabilité plus faible d'accéder à la propriété qui leur donnerait une plus grande stabilité résidentielle. Ainsi, la contraction du marché de l'immobilier dans les années 1980 a-t-elle réduit la mobilité des minorités ethniques et augmenté leur concentration géographique. Des distances longues intra-urbaines domicile-travail liées aux logements appartenant aux employeurs dans les zones de concentration centrale (White, 1984) ou en raison de l'accès des minorités ethniques aux logements sociaux (HLM) peuvent expliquer la mobilité résidentielle des immigrés. Ainsi, dès les années 1980 des travaux montrent qu'en France, la mobilité centrifuge vers les périphéries est forte en particulier pour les habitants des bidonvilles (exemple du bidonville de Nanterre). Utilisant des données longitudinales de recensement, Bonvalet et al. (1995) analysent la mobilité résidentielle des minorités ethniques dans la région parisienne à l'aide d'une enquête menée par l'INED en 1986. Les auteurs se demandent si les minorités ethniques sont plus mobiles au cours de leur vie que le reste de la population ou bien s'il s'agit d'un artefact lié aux enquêtes et aux périodes des années 1970 et 1980. Ils vérifient si les migrants primo arrivants naturalisés développent des mobilités spécifiques et si les théories de l'assimilation suggèrent que ces naturalisés se comporteraient davantage comme la population indigène. Enfin, il faut tenir compte des effets de l'augmentation de la durée de résidence dans le pays d'accueil sur la mobilité résidentielle locale d'un groupe minoritaire. La date d'arrivée dans le pays d'accueil et la durée de présence influencent donc les choix de localisation des migrants.

1.3. Un accès à la propriété différencié

Les travaux empiriques montrent que les facteurs démographiques et socio-économiques ainsi que la durée de présence sont des déterminants importants d'accès à la propriété. Toutefois, les différences ethnoculturelles jouent aussi un rôle. Les types d'immigration et les facteurs ethniques déterminent la demande de logements occupés par les propriétaires immigrés (Nygaard, 2011).

Toutefois, s'agissant de l'accès au logement, les situations sont différentes selon que l'on se trouve dans le modèle anglo-saxon qualifié parfois de « communautariste » ou dans le modèle français qualifié « d'assimilationniste ». Les immigrés originaires d'Afrique du Nord et d'Afrique subsaharienne (à la différence des migrations asiatiques ou chinoises) n'ont pas constitué en France de marchés « internalisés » du travail et du logement au sein de la communauté. Il n'y a pas de processus communautaire d'accès au logement. Au contraire, dans le cas des minorités ethniques installées aux États-Unis ou au Canada, les communautés, dans la mesure où leur localisation sur les territoires s'organise plutôt par communautés pour réduire les coûts d'insertion, l'accès au logement est aussi facilité par l'existence d'un marché interne du logement.

Solignac et Gobillion (2019) étudient la différence de taux d'accès à la propriété entre la population majoritaire et les immigrés de première génération en France, ainsi que son évolution au cours de la période allant de 1975 à 1999, en utilisant des données longitudinales. La conclusion principale est que l'écart d'accès à la propriété est non seulement grand, mais aussi se creuse chaque année. Les entrées sur le territoire ont un impact négatif important sur l'évolution des taux d'accès à la propriété pour les immigrés. Bien que les participants aient en moyenne un niveau d'éducation supérieur aux personnes séjournant sur le territoire pendant toute la période (par exemple, ceux qui restent), ils sont plus jeunes et se retrouvent donc à un stade plus précoce du processus d'accumulation de richesse. Ils sont également situés dans les grandes villes, où le taux d'accès à la propriété est inférieur et où les caractéristiques de leurs propriétés sont inférieures à celles des résidents. Parmi les immigrés qui accèdent à la propriété, les immigrés se retrouvent dans des logements de qualité inférieure à ceux de la population majoritaire.

Les contextes anglo-saxons nord-américains de l'intégration des immigrés et de leurs descendants montrent des résultats assez différents. Ainsi, l'étude de l'accès au logement dans les groupes ethniques de certaines villes canadiennes par White (1998) montre que l'accès à la propriété varie considérablement selon l'appartenance ethnique, même en tenant compte de facteurs tels que l'âge, le niveau d'éducation, le type de ménage, le revenu et la période d'immigration. Les taux de propriété sont élevés parmi certains groupes ethniques tels que les Italiens et les Chinois, alors qu'ils sont faibles chez les Noirs et les peuples autochtones. De nombreux groupes d'origine ethnique qui sont culturellement plus éloignés des Britanniques et des Français et dont l'entrée au Canada est plus récente ont des taux d'accès à la propriété plus élevés après contrôle d'autres facteurs. Cela semble corroborer l'hypothèse de la minorité ethnique, à savoir une appropriation accrue en réaction à un plus grand besoin d'identité sociale. Cependant, certains groupes minoritaires tels que les Noirs et les autochtones ont des taux inférieurs à la moyenne. Les taux plus élevés chez les Italiens à Toronto et les Chinois à Vancouver confirment quant à eux en partie l'hypothèse selon laquelle la taille d'un groupe ethnique peut influencer de manière positive les propriétaires.

Borjas (2002) analyse les tendances et les facteurs explicatifs des taux d'accès à la propriété dans la population immigrée au cours de la période 1980-2000. Il montre que les immigrés ont un taux d'accès inférieur à celui des natifs et l'écart entre ces deux groupes s'est considérablement creusé au cours de cette période. Mais il conforte également l'existence d'enclaves ethniques, qui augmentent la probabilité que les ménages immigrés soient propriétaires de leur maison. L'organisation communautaire du marché interne du logement dans ce que la littérature appelle les « enclaves ethniques » favorise l'accès à la propriété pour certaines communautés plus que pour d'autres. Ainsi, Painter and al. (2001) ont confirmé que les minorités asiatiques ont une probabilité semblable d'accéder à la propriété que les « Blancs ».

Constant, Roberts et Zimmermann (2009) analysent l'accès à la propriété des immigrés en utilisant un indice bi-composite d'identité ethnique comprenant des attachements aux cultures d'origine et d'accueil. En Allemagne, les immigrés ayant un engagement plus fort envers le pays d'accueil sont plus susceptibles de devenir propriétaires pour une série de caractéristiques socio-économiques et démographiques, quel que soit leur degré d'attachement à leur pays d'origine. Les auteurs parviennent grâce à leurs données à distinguer les migrants célibataires des migrants mariés. Ils partent également de l'hypothèse selon laquelle les mariages mixtes entre immigrés et autochtones (ce que nous appelons dans ce papier « exogamie ») devraient faciliter l'assimilation de la culture du pays d'accueil et l'accès à la propriété, en contrôlant pour les caractéristiques individuelles.

On doit donc également tenir compte de ces contextes socio-politiques d'intégration des minorités ethniques dans les différents systèmes ou régimes d'immigration des différents pays. L'hypothèse sous-jacente dans le cas de la France, qui s'écarte du modèle anglo-saxon communautaire décrit précédemment, est que l'accès à la propriété est plus difficile pour les immigrés et les descendants que pour les natifs à caractéristiques égales de revenu et de qualification.

2. LES DONNÉES ET LES PREMIERS RÉSULTATS

2.1. L'enquête TeO

L'enquête *Trajectoire et Origines (TeO) : Enquête sur la diversité des populations de France*, a été réalisée entre septembre 2008 et février 2009 en France métropolitaine sur un échantillon d'environ 21 000 personnes : immigrés, descendants d'immigrés, et la population dite majoritaire composée de natifs de France métropolitaine dont aucun parent n'est immigré. Il s'agit d'une enquête en coupe instantanée.

Comme son titre l'indique, l'enquête accorde une grande importance à retracer les trajectoires de vie des individus et notamment leurs trajectoires résidentielles.

Quelques précisions sont à apporter sur les termes employés dans cet article.

La *population majoritaire* désigne l'ensemble des personnes, numériquement les plus nombreuses, qui résident en France métropolitaine et qui ne sont ni immigrées, ni descendantes de personne(s) immigrée(s) à deux générations. Dans la suite de ce papier, nous intégrerons dans cette population majoritaire les individus natifs d'un

DOM ou descendants de natifs d'un DOM. Il s'agit d'un choix discutable, cette population pouvant, en tendance, se rapprocher de certaines populations immigrées et ainsi orienter artificiellement les résultats. Toutefois, leur nombre plus limité laisse présager un faible impact en termes de biais sur les résultats obtenus.

Selon le Haut Conseil à l'intégration, les *immigrés* sont les personnes résidant en France qui sont nées étrangères à l'étranger (frontières actuelles), de parents étrangers. Les définitions usuelles de l'INSEE ou de l'OCDE incluent donc les personnes naturalisées.

Les *descendants d'immigré(s)* sont les personnes nées en France métropolitaine et dont au moins l'un des parents est immigré. Nous distinguerons les descendants de deux parents immigrés ou d'un seul. On peut supposer que des différences de comportements sociaux peuvent exister entre les deux groupes de descendants d'immigrés. Si ces différences se retrouvent dans des domaines tels que l'éducation, l'accès à l'emploi et dans de nombreux domaines de pratiques sociales et culturelles (Lhommeau et Simon, 2010), elles peuvent également apparaître pour la mobilité résidentielle.

Par ailleurs, l'originalité de l'enquête est de permettre l'observation des descendants d'immigrés qui sont rarement pris en compte dans les enquêtes, et quand ils le sont, avec des effectifs trop faibles pour traiter des groupes d'origine spécifique.

Ce n'est certes pas la première enquête de ce type en France puisqu'en 1992, l'INED et l'INSEE avaient déjà collaboré pour réaliser l'enquête Mobilité géographique et insertion sociale (MGIS), qui, pour la première fois, avait été autorisée par les instances de contrôle, le Cnis et la Cnil[3], à recueillir des informations sur les pays de naissance et la première nationalité des parents permettant ainsi de comparer les individus de la « première génération » (les migrants venus s'installer en France) et ceux de la « deuxième génération » (leurs enfants nés ou élevés sur place).

Mais entre 1992 (enquête MGIS) et 2008 (TeO), seules des informations sur les immigrés étaient disponibles grâce au Recensement de population. Les descendants d'immigrés n'étaient pas renseignés. Le recensement comporte ainsi des questions sur les origines, y compris celles des migrants naturalisés français, mais qui sont limitées à leur propre génération, sans remonter à celle des parents, ce que résout l'enquête TeO[4].

2.2. Premiers résultats

Plus de 21 000 individus ont été interrogés dans TeO dont quelque 8 200 immigrés et 8 300 descendants d'immigrés. Le champ de l'enquête est restreint aux individus immigrés de 18 à 59 ans, aux descendants et aux natifs de 18 à 49 ans.

L'échantillonnage a été conçu de manière à surreprésenter des groupes minoritaires qui sont en général difficiles à étudier, compte tenu de leur taille, dans les principales sources statistiques démographiques et sociales. Ainsi, comme le montre le tableau 1, alors que la population immigrée représente 10% de la population française des 18-50 ans d'après le recensement général de la population, les immigrés constituent 34% de la population enquêtée dans TeO.

Une variable de poids est disponible dans la base de données afin de pouvoir redresser l'échantillon et le rendre représentatif de la population française à l'aide des données du recensement. Toutes les statistiques présentées ci-après sont pondérées.

[3] Cnis = Conseil National de l'information statistique. Cnil = Commission nationale de l'informatique et des libertés.

[4] En préambule à cette enquête TeO, l'INSEE a dû recopier des milliers d'actes de naissance, avec l'autorisation des juges d'instance, afin d'identifier les enfants d'immigrés susceptibles d'entrer dans l'échantillon.

Tableau 1 : Population de 18 à 50 ans résidant en France métropolitaine selon le lien à la migration

	Effectifs non pondérés (source : TeO)	Total en % de l'ensemble (source : TeO)	Effectifs pondérés en milliers (Source : RGP)	Total en % de l'ensemble (Source : RGP)
Immigrés	6 373	34%	2 719	10%
Descendants de deux parents immigrés	4 627	25%	1 591	6%
Descendants d'un parent immigré	3 483	18%	1 488	6%
Population majoritaire	4 381	23%	20 852	78%
Ensemble des 18-50 ans	18 864	100%	26 651	100%

Source : Enquête Trajectoires et Origines, INED-INSEE 2008, nos propres calculs.
Note : Pour des raisons de contraintes d'échantillonnage, les descendants d'immigré(s) sont âgés de 18 à 50 ans, alors que les âges couverts pour toutes les autres catégories vont de 18 à 60 ans. Pour permettre les comparaisons, le tableau 1 a été ramené à la population âgée de 18 à 50 ans.

Dans les analyses qui suivent, nous choisissons de retirer les natifs des DOM ou les descendants de parents nés dans les DOM afin de réduire la dispersion parmi les membres de la population majoritaire. Ces derniers sont donc seulement les natifs de France Métropolitaine9F. Une procédure identique est retenue par Fernandez et Fogli (2009) qui, avec des données américaines, choisissent d'écarter les populations des territoires « périphériques ». Notre échantillon comprend désormais 20 253 observations.

La figure 1 représente respectivement le poids des immigrés, des descendants de deux parents immigrés et des descendants d'un parent immigré dans la population totale de chacune des régions de France métropolitaine.

Le poids des immigrés et des descendants des deux parents immigrés est le plus élevé en Ile-de-France où ils représentent respectivement 22,9% et 9,15% de la population de la région. En revanche, c'est en Lorraine que les descendants d'un parent immigré sont relativement les plus nombreux (11,2%).

Figure 1 : Pourcentage de chaque groupe dans la population totale de la région

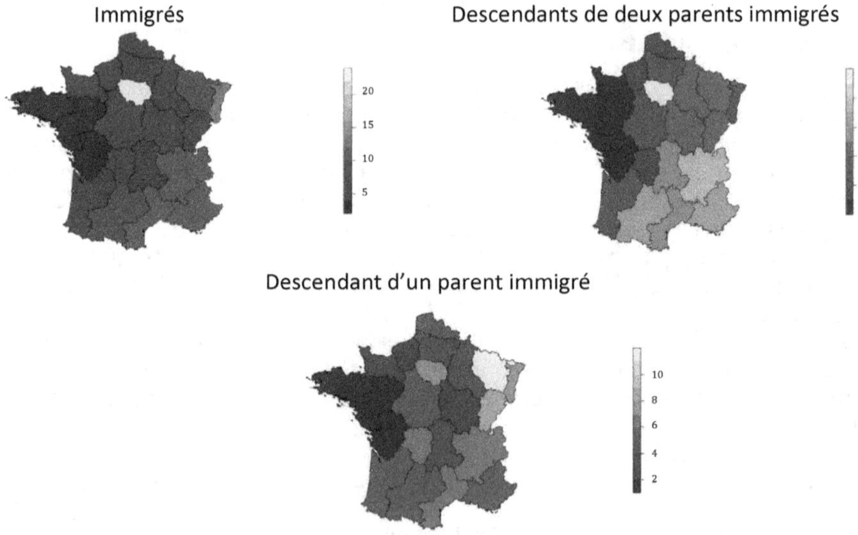

Source : Enquête Trajectoires et Origines, INED-INSEE 2008, nos propres calculs.

Plus généralement, le tableau 2 fait apparaître une nette proximité entre les caractéristiques des immigrés et des descendants de deux parents immigrés. Moins de 10% des populations de ces deux groupes résident en zone rurale alors que ce pourcentage se situe entre 20 et 30% pour les deux autres groupes. Plus précisément, plus des deux tiers des immigrés ou descendants de deux parents immigrés résident en Ile de France alors qu'ils sont un quart ou moins dans les deux autres groupes de population.

Tableau 2 : Caractéristiques socio-économiques des 18-60 ans résidant en France métropolitaine selon le lien à la migration

Après pondération		Population majoritaire	Immigrés	Descendants de 2 parents immigrés	Descendants d'un parent immigré
Sexe	1-Homme	49.1%	47.8%	50%	52 %
	2-Femme	50.9%	52.2%	50%	48%
Age moyen		39.9 ans	40.7 ans	32.7 ans	37.7 ans
Zone de résidence	1-Rurale	27.7%	9.1%	9.7%	19.6%
	2-Urbaine	72.3%	90.9%	90.3%	80.4%
Région de résidence	1-Ile de France	15%	42.1%	35.1%	25.2%
	2- Nord-Pas-de-Calais	7.2%	3.2%	3.6%	6.2%
	3- Rhône Alpes	9.9%	10.8%	15.4%	11.9%
	4- Autre région	67.9%	43.9%	45.9%	56.7%
Taille du ménage (en moyenne)		2,9 pers.	3,4 pers.	3,4 pers.	2,8 pers.
Famille mono-parentale	1- Oui	9%	8.3%	11.5%	9.4%
	2- Non	91%	91.7%	88.5%	90.6%
Diplôme le plus élevé obtenu	1- Aucun ou primaire	13.6%	31.9%	16.4%	18%
	2- Secondaire	56.1%	40.4%	59.4%	52.8%
	3- Supérieur	30.3%	27.7%	24.2%	29.2%
Revenu du ménage	1- Moins de 2 000 €	27.2%	39.5%	33%	29.2%
	2- 2000 à 2 999 €	26.3%	26%	28.2%	29.7%
	3- 3000 à 3 999 €	19.7%	13.7%	16%	17.1%
	4- 4 000 € et plus	26.8%	20.8%	22.8%	24%
Obs. avant pondération		3 725	8 440	4 595	3 493
Obs. après pondération		15 946	2 141	1 027	1 138

Source : Enquête Trajectoires et Origines, INED-INSEE 2008, nos propres calculs.

Cette concentration relative caractérise les immigrés originaires d'Algérie (41% des Algériens résident en Ile-de-France), du Portugal (42,8%), ou encore ceux venus d'Asie du Sud-Est (56%). Elle est maximale pour les flux provenant d'Afrique subsaharienne dont six immigrés sur dix résident en Île-de-France. Au contraire, les immigrés italiens et espagnols s'installent plutôt dans les régions proches de leur pays d'origine : 44% des immigrés venus d'Italie vivent en Rhône-Alpes ou Provence-Alpes Côte d'Azur et 47% des immigrés espagnols se sont installés en Midi-Pyrénées, Rhône-Alpes, Provence-Alpes Côte d'Azur ou Languedoc-Roussillon.

Par ailleurs, les ménages des immigrés et des descendants de deux parents immigrés comprennent en moyenne plus de trois personnes alors que pour la population majoritaire et les descendants d'un seul parent immigré, la taille moyenne du ménage est comprise entre 2,8 et 2,9 personnes.

En termes de diplômes, 56% de la population majoritaire est de niveau d'éducation secondaire (CAP, BEP, Brevet ou baccalauréat) et 30 % a suivi des études supérieures (Bac+2 minimum). Parmi les immigrés, ces pourcentages sont plus faibles (40% sont de niveau secondaire et 28% de niveau supérieur). Dans les deux cas, le niveau d'éducation le plus largement représenté est le niveau secondaire mais la différence tient au fait que les immigrés (en stock) présentent un taux plus élevé de non-éduqués ou d'individus de niveau primaire dans la mesure où certains immigrés sont arrivés dans les années 1960-70 sans niveau d'éducation. De fait, les vagues récentes d'immigration présentent un niveau d'éducation bien plus élevé que les anciennes. Alors que seulement 10% des immigrés arrivés avant 1970 possédaient un diplôme du supérieur, ils sont 36% dans ce cas pour les immigrés arrivés en France depuis le début des années 2000. Ce phénomène est dû à l'arrêt de l'immigration en France qui a conduit à un changement dans la composition des immigrés ; en particulier, en raison de coûts élevés, seuls les plus diplômés tendent désormais à partir. S'agissant des descendants d'immigrés ayant un seul parent immigré, on retrouve quasiment 30% d'individus ayant atteint le cycle supérieur, soit un taux équivalent à celui de la population majoritaire. Les descendants de deux parents immigrés présentent en revanche une proportion de diplômés du supérieur plus faible (24%). Ces derniers supportent davantage de difficultés d'ascension scolaire. Bien qu'étant plus nombreux que les immigrés à posséder un niveau secondaire, ils ne parviennent pas à passer la barrière du supérieur[5] (Ukrayinchuk et Chojinicki, 2018).

L'enquête permet aussi de connaître le niveau de vie des enquêtés puisqu'il leur est demandé d'indiquer le revenu perçu mensuellement par leur ménage. 47% des enquêtés issus de la population majoritaire bénéficient d'au moins 3 000 euros de ressources par mois alors que ce pourcentage est inférieur à 35% pour les immigrés.

Le tableau 3 renseigne spécifiquement sur les immigrés et leurs descendants et notamment sur leur pays d'origine. Les 2/3 des immigrés proviennent de deux zones, le Maghreb et l'Europe[6], tandis que 14% des immigrés sont originaires d'Afrique subsaharienne. En ce qui concerne les descendants de deux parents immigrés, 44% ont des parents nés au Maghreb (et 41% en Europe). En revanche, parmi les descendants d'un seul parent immigré, plus de 70% d'entre eux ont une origine européenne, les 20% restant provenant essentiellement du Maghreb.

Tableau 3 : Caractéristiques spécifiques aux immigrés et descendants d'immigrés

Après pondération	Immigrés	Descendants de 2 parents immigrés	Descendants d'un parent immigré
Régions d'origine de l'enquêté			
1-Maroc, Algérie, Tunisie	32.4%	44.5%	19.2%
2-Afrique subsaharienne	14.2%	7.6%	3.9%
3-Asie	9.5%	3.7%	2.6%
4-Turquie, Moyen-Orient	8.3%	4.2%	2.3%
5-Europe et autres	35.6%	40%	72%
Durée d'installation en France	21 ans		

Source : Enquête Trajectoires et Origines, INED-INSEE 2008, nos propres calculs.

Etudions désormais la mobilité résidentielle, tout d'abord par le pourcentage de la population qui a déménagé (au cours des cinq années qui précédent l'enquête c'est-à-dire entre 2003 et 2008).

Le tableau 4 montre que les immigrés et leurs descendants sont plus enclins à déménager que ne l'est la population majoritaire. Plus de 50% d'entre eux ont récemment changé de logement.

Pour quel type de logement et avec quel statut ? 65% de la population majoritaire réside dans une maison et 60% est propriétaire alors que les immigrés, eux, sont plutôt locataires et résidant en appartement. Les descendants d'immigrés sont dans

[5] Voir enquête CEREQ (http://www.cereq.fr).
[6] Cette catégorie intègre aussi l'Amérique et l'Océanie mais en provenance desquelles l'immigration est très faible.

une position intermédiaire : lorsque les deux parents sont immigrés, les caractéristiques du logement actuel sont proches de celles constatées pour les immigrés tandis que si l'on a un seul parent immigré, on se rapproche de la population majoritaire (53% de ce groupe réside dans une maison et 54% est propriétaire).

Tableau 4 : Mobilité résidentielle

Après pondération		Population majoritaire	Immigrés	Descendants de 2 parents immigrés	Descendants d'un parent immigré
Déménagement récent	1- Oui	44.2%	52.4 %	60.1%	49.7%
	2- Non	55.8%	47.6%	39.9%	50.3%
Type de logement actuel	1-Maison	64.9%	32.7%	37.6%	53.2%
	2- Appart.	34.4%	66.7%	61.8%	46.6%
	3- Autre	0.7%	0.6%	0.6%	0.2%
Statut du logement actuel	1-Proprio	60.1%	36.3%	39.5%	53.6%
	2-Locataire	34.5%	59.6%	55.4%	42.1%
	3-Autre	5.4%	4.1%	5.1%	4.3%
Type du logement précédent	1-Maison	43.8%	22%	23.6%	35.5%
	2- Appart	54.1%	73%	74.1%	63.7%
	3-Autre	2.1%	5%	2.2%	0.8%
Statut du logement précédent	1- Propriétaire	22.4%	14.7%	16%	20.1%
	2- Locataire	61.9%	71.8%	71.5%	66.6%
	3- Autre	15.7%	13.4%	12.5%	13.4%
Accès à la propriété	1- Oui	37.8%	22.7%	29.4%	32.6%
	2- Non	62.2%	77.3%	70.6%	67.4%
Vers moins d'immigrés	1- Oui	25.8%	17.1%	14.2%	24.5%
	2- Non	74.2%	82.9%	85.8%	75.5%
Vers moins de chômage	1- Oui	32.5%	28.6%	25.4%	33%
	2-Non	67.5%	71.4%	74.6%	77%

Source : Enquête Trajectoires et Origines, INED-INSEE 2008, nos propres calculs.

Du point de vue de la transition entre le logement précédent et le logement actuel, il apparait que le pourcentage de propriétaires a fait plus que doubler lors du passage d'un logement à l'autre quel que soit le groupe étudié. La dynamique de mobilité est très proche d'un groupe à l'autre. Ce résultat laisse donc à penser que l'accès à la propriété conditionne une partie des déménagements recensés. Pour la variable « Type de logement », quel que soit le groupe de population, le pourcentage d'individus qui vit en maison augmente de 50% après le déménagement. Notons que pour les descendants de deux parents immigrés le déménagement augmente de manière encore plus marquée le pourcentage de résidents en maison. Les déménagements ont donc permis aux quatre groupes de population de devenir propriétaire et, pour une partie d'entre eux, d'acquérir une maison.

Plus précisément, nous pouvons mesurer l'accès à la propriété en calculant le pourcentage d'individus qui sont passés du statut de locataire (ou qui étaient logés gratuitement par employeur ou amis) à celui de propriétaire. C'est le cas de plus de 30% des membres de la population majoritaire et des descendants d'un seul parent immigré. On retrouve alors la proximité de comportements entre ces deux groupes. Les immigrés et descendants de deux parents immigrés sont moins de 30% à avoir accédé à la propriété sur la période étudiée. Mais on note que l'accès à la propriété des descendants de deux parents immigrés se rapproche de celle des descendants d'un seul parent immigré (respectivement 29,4 % et 32 ,6 %) et se situe bien au-dessus de celles des immigrés (22,7 %). Cet écart peut s'expliquer par des différences de revenu global du ménage entre les immigrés qu'on peut supposer plus vulnérables et leurs descendants mais aussi par la formation d'aspirations communes en termes d'accès à la propriété entre les descendants d'immigrés et la population majoritaire.

De même, c'est parmi la population majoritaire et les descendants d'un parent immigré que l'on enregistre la plus forte proportion de migrations vers une commune qui présente, en moyenne, un plus faible pourcentage d'immigrés et un plus faible taux de chômage que dans la commune de départ.

Quelles sont les raisons qui ont motivé le déménagement ? Le tableau 5 offre un panorama des principales raisons évoquées par les enquêtés. Déménager pour vivre dans une maison est une raison qui est évoquée par moins de 10% des enquêtés quel que soit leur groupe d'appartenance. En revanche, un cinquième de la population majoritaire ou des descendants d'un parent immigré a déménagé dans l'optique de devenir propriétaire. Ce résultat confirme notre analyse du tableau 4.

L'amélioration des conditions de logement est le critère le plus fréquemment évoqué. Au moins un tiers des individus (quel que soit leur statut face à la migration) considère que c'est pour avoir un logement plus grand ou de meilleure qualité qu'ils ont déménagé. Et entre 20 et 30% des enquêtés, là aussi de manière relativement homogène d'un groupe à l'autre, explique son déménagement par les modifications intervenues au sein du ménage : installation en couple, naissance, ou au contraire séparation, divorce, veuvage.

Tableau 5 : Raisons évoquées par les enquêtés pour justifier leur déménagement (en % de la population)

Après pondération	Population majoritaire	Immigrés	Descendants de deux parents immigrés	Descendants d'un parent immigré
Pour avoir un logement plus grand ou de meilleure qualité	32.7%	39.6%	36.4%	34.4%
Pour devenir propriétaire	22.2%	13.3%	17.1%	20.6%
Pour se rapprocher du lieu de travail (ou de celui de son conjoint)	20.1%	9.9%	11.7%	14.4%
Pour vivre dans une maison	9.0%	4.4%	6.0%	7.2%
Pour vivre en couple ou pour cause de changements familiaux	21.3%	23.3%	27.9%	28.1%
Pour vivre dans un meilleur quartier	6.0%	7.5%	7.6%	5.5%

Source : Enquête Trajectoires et Origines, INED-INSEE 2008, nos propres calculs.
Note : Le total des pourcentages ne fait pas 100% car plusieurs réponses étaient possibles.

La principale différence entre immigrés, descendants et population majoritaire tient au fait de déménager pour se rapprocher de son lieu de travail. On retrouve alors la différence entre population majoritaire et descendants d'un seul parent immigré d'un côté et, immigrés et descendants de deux parents immigrés de l'autre. Alors que cette raison justifie le déménagement de 14 à 20% des premiers, ce n'est le cas que pour 10 à 12% des seconds.

3. LA STRATÉGIE EMPIRIQUE

Nous procédons en deux temps. Dans un premier temps, nous estimons l'effet du statut des migrants sur la mobilité résidentielle et l'accès à la propriété. La mobilité résidentielle est mesurée par le fait d'avoir déménagé au cours des cinq années précédant l'enquête donc entre 2003 et 2008. L'accès à la propriété consiste à avoir changé de statut lors de ce déménagement en passant de locataire à propriétaire. Dans un second temps, nous décomposons la population étudiée selon le rapport à la migration. Nous analysons les spécificités des immigrés, des descendants de deux parents immigrés et des descendants d'un seul parent immigré en termes de mobilité résidentielle et d'accès à la propriété.

3.1. Analyse sur la population totale

Par un modèle probit bivarié avec sélection, nous estimons la probabilité d'accéder à la propriété (y_2) conditionnellement à la probabilité d'avoir déménagé au cours des cinq dernières années (y_1). Les deux décisions sont interdépendantes car y_2 n'est observé que si $y_1 = 1$ donc tandis que la variable de sélection (probabilité de déménager) est toujours observée, la variable d'accès à la propriété est censurée.

Le modèle d'Heckman (1979) appliqué à deux variables binaires[7] s'écrit comme suit :

$$y_{1ic} = \alpha_0 + \alpha_1 Migration_i + \alpha_2 Revenu_i + \alpha_3 (Revenu * Migration)_i + \alpha_4 X_i + \alpha_5 Z_c + \varepsilon_i \quad (1)$$

$$y_{2ic} = \beta_0 + \beta_1 Migration_i + \beta_2 Revenu_i + \beta_3 (Revenu * Migration)_i + \beta_4 X_i + \beta_5 \lambda_i + u_i \quad (2)$$

Pour chaque individu i qui réside ou résidait dans la commune c, les variables y_1 et y_2 sont des variables dichotomiques. La première vaut 1 lorsque l'individu a changé de logement entre 2003 et 2008 (c'est-à-dire au cours des 5 dernières années) et elle vaut 0 sinon. La seconde vaut 1 si l'individu est devenu propriétaire au cours des 5 dernières années, et 0 sinon.

La probabilité de changer de logement et la probabilité d'accéder à la propriété dépendent de variables latentes respectivement notées y_1^* et y_2^*.

Pour $j = 1,2$, on a :

$$y_j = \begin{cases} 1 \; si \; y_j^* > 0 \\ 0 \; si \; y_j^* \leq 0 \end{cases}$$

$Migration_i$ représente le statut de l'individu i face à la migration. Cette variable indicatrice permet d'identifier des différences de comportement résidentiel entre immigrés, descendants d'un ou de deux parents immigrés et population majoritaire.

$Revenu_i$ est le revenu mensuel du ménage, défini par classes.

La variable croisée ($Revenu_i * Migration_i$) permet de déterminer si le lien entre mobilité résidentielle et statut migratoire est conditionnel ou pas au niveau de revenus.

Le vecteur X_i inclut un ensemble de variables de contrôle au niveau individuel : le genre de l'individu, l'âge et son carré, la zone de résidence du logement antérieur (urbaine ou rurale), la taille du ménage, le fait d'appartenir à un foyer monoparental et le niveau d'éducation de l'individu. Ces variables, qui caractérisent le contexte socio-économique dans lequel les individus évoluent, sont à même de déterminer à la fois la probabilité de déménager et celle d'accéder à la propriété.

Le vecteur Z_c, dans l'équation (1), regroupe les variables d'identification du modèle. Il comprend les caractéristiques de la commune de résidence c de l'individu i : le pourcentage de logements HLM dans le parc de logement de la commune, le pourcentage d'immigrés dans la population totale de la commune et le taux de chômage de la commune. Ces informations concernent la commune du logement actuel pour ceux qui n'ont pas déménagé au cours des 5 dernières années et la commune du logement précédent pour les autres[8].

---

[7] Procédure *heckprob* dans Stata.

[8] L'enquête TeO ne renseigne pas sur les communes de résidence de chaque individu mais elle fournit des indicateurs agrégés sur la population, les logements et l'activité économique de ces communes.

Dans l'équation (2), le coefficient λ , inverse du ratio de Mills, reflète la sélection des individus en termes de mobilité résidentielle.

3.2. Analyse sur la population décomposée en fonction du statut de migration

Nous considérons désormais le comportement spécifique des immigrés et des descendants d'immigrés dans la mobilité résidentielle.

Pour chaque groupe de population, nous estimons le modèle suivant :

$$y_{1ic} = \alpha_0 + \alpha_1 Région\ d'origine_i + \alpha_2 Revenu_i + \alpha_3 X_i + \alpha_4 Z_c + \varepsilon_i \quad (3)$$

$$y_{2ic} = \beta_0 + \beta_1 Région\ d'origine_i + + \beta_2 Revenu_i + \beta_3 X_i + \beta_4 \lambda_i + u_i \quad (4)$$

Région d'origine$_i$ comprend quatre modalités selon la région du monde dont les immigrés et les descendants d'immigrés sont originaires : Afrique subsaharienne, Algérie-Maroc-Tunisie, Asie, Turquie-Moyen Orient et Europe-autres pays.

Les variables incluses dans le vecteur X_i sont celles de l'équation (1) auxquelles on ajoute, pour les immigrés, leur durée de présence en France et son carré. Nous anticipons un effet non linéaire de cette variable, similaire à celui qui est attendu pour la variable d'âge : pour un immigré, la probabilité de mobilité géographique est d'autant plus élevée qu'il est arrivé en France depuis longtemps mais, s'il est arrivé depuis très longtemps, il a vieilli en France et est donc devenu moins mobile et moins enclin à devenir propriétaire.

Le vecteur Z_c est identique dans les équations (1) et (3).

4. RÉSULTATS DES ESTIMATIONS

Dans un premier temps, nous estimons la probabilité d'accéder à la propriété conditionnellement à la probabilité d'avoir déménagé au cours des cinq dernières années pour la population prise dans son ensemble puis nous décomposons cette population selon leur statut face à la migration.

4.1. Analyse sur la population totale

Les résultats sont présentés dans le tableau 6. La probabilité de changer de résidence ne dépend pas du niveau de revenu. En revanche, comme le montre la revue de littérature, les immigrés sont davantage enclins à déménager que la population majoritaire, soit pour accéder au marché du travail soit pour améliorer leur habitat en fonction de leurs caractéristiques propres. Cela peut s'expliquer par une plus grande vulnérabilité sur le marché du travail et une plus grande précarité des logements qui incitent à la mobilité, à revenu et démographie du ménage identiques. Lorsque l'on croise le statut d'immigré avec le niveau de revenu, les résultats ne sont pas significatifs comparés à ceux de la population majoritaire. Augmenter son revenu ne suffit donc pas pour changer de résidence. D'autres variables de contrôle comme le niveau d'éducation, le genre de l'individu, son âge, ou la taille de son ménage, dans les zones urbaines en particulier jouent un rôle significatif.

Parmi les trois variables retenues pour corriger le biais de sélection et qui concernent les communes du logement précédent (ou du logement actuel pour les individus qui n'ont pas déménagé au cours des cinq dernières années), seul le taux de chômage est significatif. Son effet est positif sur la probabilité de déménager ce qui confirme qu'un des facteurs de mobilité est la recherche d'emploi. Les individus résidant dans des zones où le taux de chômage est relativement élevé sont donc plus à même de déménager, probablement pour une zone mieux pourvue en emplois. Cependant, peut-être déménagent-ils au sein de la même commune. L'enquête TeO ne nous permet pas de le savoir.

Tableau 6 : Mobilité et accès à la propriété de la population

Population totale	Mobilité	Accès à la propriété
Constante		-5.56*** (0.51)
Statut		
- Population majoritaire	ref	ref
- Immigrés	0.19** (0.08)	-0.45*** (0.11)
- Descendants de 2 parents immig.	-0.14 (0.10)	-0.32** (0.13)
- Descendants d'1 parent immigré	-0.26** (0.11)	-0.04 (0.13)
Femme	-0.13*** (0.05)	0.01 (0.07)
Age	-0.20*** (0.02)	0.24*** (0.03)
Age au carré	0.002*** (0.00)	-0.003*** (0.00)
Zone urbaine	0.26*** (0.08)	-0.08 (0.09)
Taille du ménage	-0.08*** (0.02)	0.05* (0.03)
Foyer monoparental	0.07 (0.11)	-0.74*** (0.16)
Revenu du ménage		
- Moins de 2000 €	ref	ref
- Entre 2000 et 2999 €	-0.11 (0.09)	0.43*** (0.11)
- Entre 3000 et 3999 €	-0.09 (0.10)	0.51*** (0.13)
- 4000 € et plus	-0.06 (0.10)	0.26* (0.14)
Revenu*statut de migration		
- De 2000 à 2999 € * Immigrés	0.09 (0.10)	-0.03 (0.13)
- De 2000 à 2999 € * Desc 2 parents	0.24 (0.15)	0.03 (0.17)
- De 2000 à 2999 € *Desc 1 parent	0.36* (0.19)	-0.16 (0.21)
- De 3000 à 3999 € * Immigrés	-0.11 (0.11)	0.11 (0.15)
- De 3000 à 3999 € * Desc 2 parents	0.23 (0.14)	0.32* (0.18)
- De 3000 à 3999 € *Desc 1 parent	0.14 (0.15)	-0.07 (0.18)
- 4000 € et plus * Immigrés	-0.09 (0.10)	0.50*** (0.15)
- 4000 € et plus * Desc 2 parents	0.41 (0.28)	0.68** (0.29)
- 4000 € et plus € *Desc 1 parent	0.15 (0.18)	0.12 (0.19)
Diplôme le plus élevé		
- Aucun ou primaire	-0.19*** (0.07)	-0.13 (0.12)
- Secondaire	ref	ref
- Supérieur	0.10* (0.06)	0.18** (0.07)
% immigrés par commune		
- Moins de 8.1%	ref	
- 8.1% ou plus	0.009 (0.6)	
Taux de chômage par commune		
- Moins de 14.1%	ref	
- 14.1% ou plus	0.14** (0.07)	
% de HLM par commune		
- Moins de 9.2%	Ref	
- 9.2% ou plus	-0.03 (0.06)	
Inverse du ratio de Mills		-0.47*** (0.17)
Nombre d'obs.	15 528	8 361
Chi^2		570.54***

Source : Enquête Trajectoires et Origines, INED-INSEE 2008, nos propres calculs.
, ** et * sont les niveaux de significativité à 10%, 5% et 1% respectivement.*

Parmi les personnes qui ont déjà déménagé, moins d'un tiers ont accédé à la propriété. Cette part est de 20 % pour les immigrés contre 30 % pour la population majoritaire. Le tableau 6 confirme que les immigrés et les descendants de deux parents d'immigrés à revenu égal accèdent plus difficilement à la propriété. En effet, lorsque les immigrés et les descendants d'immigrés sont amenés à déménager, l'accès à la propriété dépend d'un certain seuil de revenu atteint. Seuls les immigrés qui disposent d'un revenu supérieur à 4000 euros mensuels parviennent davantage à accéder à la propriété que leurs homologues de la population majoritaire.

Pour les descendants de deux parents d'immigrés le seuil de revenu à atteindre pour accéder à la propriété, plus bas que pour les immigrés, s'établit à un niveau supérieur ou égal à 3000 euros mensuels. Il semblerait donc que les obstacles pour accéder à la propriété s'amenuisent pour les deuxièmes générations. C'est la raison pour laquelle nous cherchons à comprendre et à évaluer le rôle de l'exogamie comme facteur facilitant ou pas la mobilité des migrants et de leurs descendants, en particulier par le biais de l'accès à la propriété.

Les variables de contrôle ont les effets attendus.

L'âge est significativement positif sur la probabilité d'accéder à la propriété mais négatif sur celle de déménager. Cet effet est non linéaire puisque le coefficient de l'âge a un signe contraire de celui de l'âge au carré. En avançant dans le cycle de vie, il y a donc moins de chance de déménager et plus de chance de devenir propriétaire mais cet effet se renverse au-delà d'un certain âge, au moment du vieillissement.

Résider en zone urbaine plutôt que rurale accroît la probabilité de déménager mais est sans effet sur l'accès à la propriété. Ce résultat correspond bien au modèle de mobilité des ménages qui suivent les emplois, largement localisés dans les zones urbaines plus denses que les zones rurales (Donzeau et Pan Ké Shon, 2009 ; Mouhoud, 2006).

Sans surprise, la taille du ménage joue négativement sur la probabilité de déménager à revenu donné mais lorsque le ménage s'agrandit la probabilité d'accéder à la propriété s'accroît significativement (Dimou et al., 2020).

Les diplômés du supérieur sont davantage mobiles et accèdent davantage à la propriété que ceux du secondaire à la différence des non-diplômés ou de ceux de niveau primaire.

4.2. Analyse sur la population décomposée en fonction du statut de migration

Nous estimons maintenant la probabilité de déménager puis la probabilité d'accéder à la propriété en distinguant la population des immigrés et celle des descendants de deux parents immigrés ou d'un seul. Cette décomposition nous permet de tester l'hypothèse de comportements différenciés d'un groupe à l'autre.

L'estimation du modèle pour chaque groupe de population met d'abord en évidence l'absence de biais de sélection dans notre modèle : une fois pris en compte les différents facteurs explicatifs de la mobilité résidentielle, les individus qui ont accédé à la propriété représenteraient une proportion aléatoire de ceux qui ont déménagé.

En ce qui concerne la mobilité résidentielle donc le fait de déménager (tableau 7), dans la population immigrée, les femmes ont une probabilité beaucoup plus faible d'avoir changé de logement récemment. Ce résultat renvoie à des normes sociales liées à l'émancipation des femmes hors du mariage dans le groupe des immigrés en particulier d'Afrique du Nord. Cela pourrait également s'expliquer par des contraintes de revenu et de position monoparentales. Mais ces variables sont intégrées dans le vecteur de variables explicatives ce qui signifie qu'à caractéristiques égales pour l'ensemble des variables utilisées, les femmes immigrées tendent à moins changer de logement que les hommes immigrés. En revanche, elles ne subissent pas de handicaps en termes d'accessibilité à la propriété (tableau 8).

S'agissant des revenus, leur absence de significativité sur la mobilité résidentielle perdure quelle que soit la population, alors que les revenus sont un facteur déterminant de l'accès à la propriété (tableau 8) pour les immigrés comme pour les descendants d'un parent immigré.

Sans surprise, les individus les plus éduqués sont davantage mobiles car ils disposent de plus grandes opportunités de choix de logement et de travail. L'effet de l'éducation sur la mobilité ne se fait sentir qu'à partir de l'enseignement supérieur pour les immigrés. En revanche, toutes choses égales par ailleurs, l'éducation ne facilite pas l'accès à la propriété.

On sait que les facteurs de verrouillage de résidence des populations immigrées et de leurs descendants dans des territoires sont renforcés pour les personnes qui cumulent les vulnérabilités sociales (NEETs) (OECD, 2019). On sait aussi que la sur-représentation des personnes de la même communauté dans le quartier d'habitation induit des comportements d'inertie. De fait, le pourcentage d'immigrés dans la commune de départ a un effet négatif et significatif sur la probabilité de déménager. A l'inverse plus le taux de chômage dans la commune de départ est élevé plus la mobilité résidentielle, liée à la nécessité de trouver un emploi, augmente, cet effet n'étant significatif que sur la population des immigrés.

Tableau 7 : Mobilité selon le statut de migration (équation de sélection)

Variable dépendante : Avoir déménagé	**Immigrés**	**Descendants de deux parents immigrés**	**Descendants d'un parent immigré**
Constante	5.10*** (0 .39)	6.67*** (1.23)	3.35*** (0.88)
Femme	-0.22*** (0.04)	0.03 (0.10)	-0.19* (0.11)
Age	-0.13*** (0.02)	-0.26*** (0.07)	-0.06 (0.05)
Age au carré	0.001*** (0.00)	0.002*** (0.001)	-0.0003 (.00)
Zone urbaine	0.12 (0.09)	0.31* (0.17)	0.10 (0.17)
Taille du ménage	-0.09*** (0.01)	-0.09*** (0.03)	-0.09** (0.04)
Foyer monoparental	0.15* (0.08)	0.09 (0.18)	0.26* (0.16)
Revenu du ménage			
- Moins de 2000 €	Ref	Ref	Ref
- Entre 2000 et 2999 €	0.07 (0.05)	0.04 (0 .17)	0.28 (0.19)
- Entre 3000 et 3999 €	-0.08 (0.06)	0.04 (0.22)	0.03 (0.14)
- 4000 € et plus	-0.07 (0.06)	0.10 (0.24)	0.20 (0.19)
Diplôme le plus élevé			
- Aucun ou primaire	-0.08 (0.05)	-0.35*** (0.13)	-0.29* (0.15)
- Secondaire	Ref	Ref	Ref
- Supérieur	0.17*** (0.05)	0.27** (0.12)	-0.02 (0.11)
Pays d'origine			
- Europe et autres	Ref	Ref	Ref
- Afrique subsaharienne	0.17*** (0.08)	-0.26 (0.25)	0.39 (0.26)
- Algérie, Maroc, Tunisie	0.20*** (0.05)	-0.10 (0.12)	0.16 (0.17)
- Asie	-0.009 (0.07)	-0.37 (0.32)	0.02 (0.16)
- Turquie, Moyen-Orient	0.08 (0.08)	-0.49* (0.30)	1 .64*** (0.58)
Durée en France	-0.06*** (0.006)		
Durée en France au carré	0.0009*** (0.00)		
% immigrés par commune			
- Moins de 8.1%	Ref	Ref	Ref
- 8.1% ou plus	-0.20*** (0.05)	-0.09 (0.08)	-0.23** (0.11)
Taux de chômage par commune			
- Moins de 14.1%	Ref	Ref	Ref
- 14.1% ou plus	0.12*** (0.04)	0.04 (0.16)	0.30 (0.19)
% de HLM par commune			
- Moins de 9.2%	Ref	Ref	Ref
- 9.2% ou plus	0.02 (0.06)	0.09 (0.11)	0.09 (0.11)
Nombre d'obs.	7 205	2 647	2 479

Source : Enquête Trajectoires et Origines, INED-INSEE 2008, calculs des auteurs.
, ** et * sont les niveaux de significativité à 10%, 5% et 1% respectivement.*

Confirmant nos statistiques descriptives (section 2), les immigrés d'origine européenne ont tendance à déménager bien moins que les immigrés d'Afrique du Nord et d'Afrique subsaharienne. Ces derniers sont plus vulnérables sur le marché du travail comme en termes de logement et sont donc amenés à multiplier les itérations de mobilité résidentielle avant de s'établir en particulier grâce aux logements sociaux ou aux employeurs[9]. Le tableau 8 confirme en effet que leur déménagement ne

[9] Voir la revue de littérature.

les conduit pas à devenir propriétaires puisque, toutes choses égales par ailleurs, les immigrés d'Afrique du Nord et d'Afrique subsaharienne accèdent significativement moins à la propriété que les immigrés d'origine européenne.

Tableau 8 : Accès à la propriété selon le statut de migration

Variable dépendante : Être devenu propriétaire	Immigrés	Descendants de deux parents immigrés	Descendants d'un parent immigré
Constante	-3.81*** (0.60)	-4.28*** (1.25)	-5.97*** (1.45)
Femme	0.02 (0.07)	0.05 (0.10)	0.18* (0.11)
Age	0.12*** (0.03)	0.17** (0.08)	0.25*** (0.09)
Age au carré	-0.001*** (0.00)	-0.002* (0.00)	-0.003* (0.001)
Zone urbaine	-0.22* (0.11)	-0.32** (0.16)	0.08 (0.16)
Taille du ménage	0.09*** (0.02)	0.13*** (0.04)	0.07* (0.04)
Foyer monoparental	-0.53*** (0.15)	-0.40* (0.22)	-0.14 (0.19)
Revenu du ménage			
- Moins de 2000 €	Ref	Ref	Ref
- Entre 2000 et 2999 €	0.40*** (0.08)	0.18 (0.26)	0.18 (0.16)
- Entre 3000 et 3999 €	0.65*** (0.10)	0.49 (0.31)	0.44*** (0.17)
- 4000 € et plus	0.84*** (0.10)	0.43 (0.34)	0.43** (0.21)
Diplôme le plus élevé			
- Aucun ou primaire	-0.06 (0.08)	0.12 (0.22)	-0.18 (0.21)
- Secondaire	Ref	Ref	Ref
- Supérieur	-0.03 (0.08)	-0.02 (0.11)	0.07 (0.09)
Pays d'origine			
- Europe et autres	Ref	Ref	Ref
- Afrique subsaharienne	-0.51*** (0.09)	-0.38 (0.34)	-0.02 (0.20)
- Algérie, Maroc, Tunisie	-0.24*** (0.08)	-0.09 (0.12)	-0.24* (0.12)
- Asie	-0.10 (0.11)	-0.16 (0.35)	-0.12 (0.19)
- Turquie, Moyen-Orient	0.18 (0.12)	0.06 (0.23)	0.41 (0.57)
Durée en France	0.04*** (0.01)		
Durée en France au carré	-0.0005** (0.00)		
Inverse du ratio de Mills	-0.32 (0.33)	-2.19 (3.03)	-0.79 (0.67)
Nombre d'obs.	3 499	1 753	1 522
Chi^2	330.53***	312.55***	209.57***

Source : Enquête Trajectoires et Origines, INED-INSEE 2008, nos propres calculs.
*, ** et *** sont les niveaux de significativité à 10%, 5% et 1% respectivement.*

On peut alors supposer que ces fragilités se concentrent dans les premières périodes suivant l'arrivée des immigrés puisqu'elles s'amoindrissent, réduisant la mobilité pour échapper à la précarité, puisqu'elles augmentent de nouveau pour d'autres motifs : lorsque le ménage est installé depuis longtemps et rassemble un plus grand nombre de membres de la famille ayant un revenu, des possibilités offertes par les mécanismes de solidarité familiale et de transfert des enfants devenus adultes vers les parents vont permettre d'améliorer l'habitation familiale. Pour identifier ce mécanisme, les variables de durée de présence des immigrés et de durée de présence élevée au carré sont introduites. La durée de présence en France des immigrés de l'enquête est en moyenne de 21 ans. Cette durée est négativement corrélée avec la probabilité de déménager. Plus la durée de présence augmente moins les opportunités ou les besoins de déménager se font sentir. Mais là encore, l'effet n'est pas linéaire. Pour les immigrés présents depuis très longtemps (durée de présence élevée au carré dans la régression) la probabilité de déménager devient positive et significative. Le comportement des immigrés converge vers celui de la population majoritaire lorsque la durée de présence en France devient significativement élevée. Lorsque l'on s'intéresse à l'accès à la propriété (tableau 8), l'impact de la durée de présence est différent puisqu'elle augmente la probabilité d'accéder à la propriété (coefficient significatif et positif de la variable durée de présence) puis en fin de cycle de vie cette probabilité diminue (variable durée de présence au carré négative et significative). Cette évolution épouse celle de l'effet de l'âge et de la variable âge au carré.

S'agissant des descendants d'immigrés, leur région d'origine ne constitue un facteur déterminant, ni de leur mobilité résidentielle ni de leur potentiel accès à la propriété. Des facteurs tels que l'âge, la taille du ménage, le revenu ou le niveau d'éducation sont prépondérants.

Quelle que soit la population étudiée, il convient néanmoins de garder à l'esprit que des facteurs inobservables peuvent aussi affecter la mobilité résidentielle et l'accès à la propriété. Ainsi, les difficultés d'accès aux prêts bancaires, l'influence des réseaux communautaires lorsqu'ils existent, les discriminations de marquage religieux ou ethniques à travers le prénom, les marqueurs du territoire d'origine sont davantage ressentis par les immigrés et les descendants d'immigrés que par les autres composantes de la population française.

5. CONCLUSION

Cet article a pour objet d'étudier les déterminants de la mobilité résidentielle des immigrés et descendants d'immigrés en France. Dans un premier temps, la mobilité et l'accès à la propriété sont estimés simultanément, dans un unique modèle, pour l'ensemble des groupes étudiés. Les estimations montrent alors que les immigrés et les descendants de deux parents immigrés sont plus enclins à déménager que la population majoritaire, rejoignant ainsi les résultats de la littérature empirique. Les immigrés se caractérisent en effet par une plus grande vulnérabilité sur le marché du travail et une plus grande précarité des logements qui les pousse au cours de la première période de leur cycle de vie à déménager plus souvent, pour des motifs d'amélioration de leurs logements, quitte à s'éloigner considérablement de leur lieu de travail. Cette vulnérabilité qui semble se transmettre aux descendants de deux parents immigrés persiste donc en dépit d'une durée de présence plus longue sur le territoire. Le comportement des descendants d'un seul parent immigré, en revanche, rejoint celui de la population majoritaire.

En termes d'accès à la propriété, les immigrés y accèdent significativement moins que la population majoritaire, toutes choses égales par ailleurs c'est-à-dire à niveau de revenu, d'éducation, etc., donné.

Dans un second temps, l'article estime la mobilité résidentielle et l'accès à la propriété pour les sous-populations d'immigrés et de descendants d'immigrés. Il apparaît que les obstacles à la mobilité résidentielle et à l'accès à la propriété convoquent surtout des facteurs structurels liés aux caractéristiques individuelles ou à celles du territoire de résidence initiale.

Ainsi, les politiques d'aménagement du territoire et du logement menées en France depuis 30 ans ont favorisé l'apparition de trois types de ségrégation qui se superposent depuis la seconde moitié des années 1980 : sociales, territoriales et ethniques. D'une part, la localisation des classes sociales les moins favorisées suit celle des grandes entreprises industrielles dans les années de forte croissance lors des « Trente Glorieuses ». Avec la désindustrialisation et la fermeture d'usines des années 1980-1990, les classes ouvrières, en particulier immigrées, ont perdu leur emploi et leur précarité s'est accrue, tout en restant fixées sur les mêmes territoires. De son côté, la population dite majoritaire a développé des stratégies d'évitement pour se localiser dans des zones pavillonnaires de la grande périphérie urbaine, souvent pour se retrouver entre soi. Les politiques d'aménagement du territoire comme celles de la ville, menées en France depuis 30 ans, ont conduit à renforcer la ghettoïsation et à rendre moins mobiles les populations vulnérables et moins enclines à sortir de ces ghettos par l'accès à la propriété résidentielle.

REFERENCES

Abramitzky R., Delavande A., Vasconcelos, L., 2011, Marrying up: the role of sex ratio in assortative matching. *American Economic Journal: Applied Economics*, 3(3), 124-157.

Aeberhardt R., Rathelot R., 2013, Les différences liées à l'origine nationale sur le marché du travail français, *Revue Française d'économie*, XXVIII, 43-71.

A'Hearn B., Crayen D., Baten J., 2009, Quantifying Quantitative Literacy: Age Heaping and the History of Human Capital, *Journal of Economic History*, 68, 3, 783-808.

Algan Y., Bisin A., Manning A., Verdier T., 2013, *Cultural integration of immigrants in Europe* (p. 359). Oxford University Press.

Banks A.S., 1971, *Cross-Polity Time-Series Data*, Cambridge, MIT Press.

Beauchemin C., Hamel C., Simon P. (dir.), 2016, *Trajectoires et origines. Enquête sur la diversité des populations en France*, Ined éditions, collection « Grandes Enquêtes », Paris.

Bauer T., Epstein G., Gang I., 2005, Enclaves, language, and the location choice of migrants, *Journal of Population Economics*, 18(4), 649–662.

Bolt G., Van Kempen R., Van Ham M., 2008, Minority Ethnic Groups in the Dutch Housing Market: Spatial Segregation, Relocation Dynamics and Housing Policy, *Urban Studies*, 45(7), 1359-1384.

Bonvalet C., Lelièvre E., 1995, Du concept de ménage à celui d'entourage : une redéfinition de l'espace familial, *Sociologie et Sociétés*, vol. XXVII, n° 2, p. 163-175.

Borjas George J., 2002, Homeownership in the immigrant population, *Journal of Urban Economics.*

Bozon M., Héran F., 1987, *La découverte du conjoint : I. Évolution et morphologie de scènes de rencontre*. Population (french edition), 943-985.

Bozon M., Héran F., 2006, *La formation du couple*. Paris, éditions La Découverte.

Brutel C., 2016, La localisation géographique des immigrés : Une forte concentration dans l'aire urbaine de Paris, *Insee Première*, n°1591.

Council of the European Union, 2011, Council Recommendation of 28 June 2011 on policies to reduce early school leaving, 2011/C 191/01, last accessed on 15 August 2014. http://eur-lex.europa.eu/LexUriServ/LexUriServ.do?uri=OJ:C:2011:191:0001:0006:EN:PDF

Decreuse B., Schmutz B., 2012, Residential Mobility and Unemployment of African Immigrants in France: A Calibration Approach, *Annals of Economics and Statistics*, 107/108, 51-91.

Dimou M., Ettouati S., Schaffar A., 2020, From dusk till dawn: the residential mobility and location of immigrants in France, *Annals of Regional Science*.

Donzeau N., Pan Ké Shon J., 2009, L'évolution de la mobilité résidentielle en France entre 1973 et 2006 : nouvelles estimations, *Population*, 64(4), 779–795.

Forsé M., Chauvel L., 1995, L'évolution de l'homogamie en France: Une méthode pour comparer les diagonalités de plusieurs tables, *Revue française de sociologie*, 123-142.

Jackson P., Smith S.J., 1984, *Exploring social geography*, London: George Allen and Unwin.

Kalmijn M., 1998, Intermarriage and homogamy: Causes, patterns, trends, *Annual review of sociology*, 24(1), 395-421.

Lhommeau B., Simon P., 2010, Les populations enquêtées, Chapitre 1, dans C. Beauchemin, C. Hamel et P. Simon (coord.), *Trajectoires et origines. Enquête sur la diversité des populations en France*, Ined Editions.

Maurin E., 2004, *Le ghetto français : enquête sur le séparatisme social*, Editions du Seuil.

Mouhoud E.M. 2006, Mobilité des ménages versus mobilité des entreprises : de nouvelles marges de manœuvre pour l'action stratégique de l'État en direction des régions, *Horizons stratégiques*, 1(1), 44-61.

Noiriel G., 1988, *Le Creuset français. Histoire de l'immigration (XIXe-XXe siècle)*, Editions du Seuil.

OCDE, 2019, Regards sur l'éducation 2019 : Les indicateurs de l'OCDE, Éditions OCDE, Paris.

Okba M., 2014, Jeunes immigrés et jeunes descendants d'immigrés : une première insertion sur le marché du travail plus difficile, en particulier pour ceux résidant en ZUS, *Dares Analyses*, 74.

Pan Ké Shon J-L., Verdugo G., 2014, Ségrégation et incorporation des immigrés en France, *Revue Française de Sociologie*, 55(2), 245-283.

Safi M., 2008, Inter-mariage et intégration: les disparités des taux d'exogamie des immigrés en France, *Population*, 63(2), 267-298.

Santelli E., Collet B., 2013, Couples endogames, couples mixtes : options conjugales et parcours de vie de descendants d'immigrés en France, *Migration et sociétés*, 145, 107-120.

Solignac M., Gobillon M., 2019, Homeownership of Immigrants in France: selection effects related to international migration flows, *Journal of Economic Geography.*

Schelling T., 1969, Models of segregation, *American Economic Review,* 59 (2), 488-493.

Todd E., 1994, *Le destin des immigrés : assimilation et ségrégation dans les démocraties occidentales,* Paris, Seuil.

Triabalat M., 1996, *De l'immigration à l'assimilation : enquête sur la population d'origine étrangère en France,* Paris. Ed. La Découverte, INED.

Ukrayinchuk N., Chojinicki X., 2018, Le rôle du capital humain pré-migratoire dans l'intégration économique des immigrés en France : Compétences métier vs compétences transversales, Document de travail.

Wennström J., Öner O., 2015, Den geografiska spridningen av kommunplacerade flyktingar i Sverige, *Ekonomisk Debatt,* 4, 52-68.

White P., 1998, The Settlement Patterns of Developed World Migrants in London, *Urban Studies.*

Zanninetti J-M., 2010, L'immigration en France : quelle géographie ?, *Population & Avenir,* 2(697), 4-8.

The residential mobility of migrants and their descendants in France : an approach based on individual data

Abstract - The aim of this paper is to study the determinants of the residential mobility of immigrants and the descendants of immigrants in France. We draw on data from the French Survey named Trajectories and Origins Survey (*Trajectoires et origines* or TeO) of 2008 (INED-INSEE), which makes it possible to distinguish immigrants, second generation immigrants, and France's so-called majority population, defined as persons having no immigrant origin over two generations. We estimate the causal impact of individual characteristics or characteristics of the territory of initial residence on the mobility indicators of changes in housing and access to homeownership. Our results show that immigrants, and more specifically those from Sub Saharan Africa and North African countries, are more geographically mobile but have less chance of acceding to homeownership than the majority population. Only the *descendants of mixed (exogamous) couples* behave like the majority population in terms of access to homeownership.

Key-words

Migration
Residential mobility
Data survey
French case

Région et Développement

n° 51-2020

www.regionetdeveloppement.org

Transferts de fonds des migrants et mésalignement du change réel

Nader NEFZI[*]
Joël OUDINET[**]
Mouez SOUSSI[***]

Résumé **–** L'impact des transferts de fonds des migrants sur le taux de change effectif réel TCER est analysé pour un panel de trois pays du Maghreb, la Tunisie, le Maroc et l'Algérie, entre 1980 et 2015, à l'aide de la méthode des moindres carrés généralisés estimés réalisables (MCGE ou FGLS, « feasible generalized least squares ») qui permet d'obtenir des estimations cohérentes et efficaces et de réduire le biais. Les résultats montrent, contrairement à ce qui est constaté pour les pays d'Amérique latine, que l'afflux des transferts de fonds entraîne non pas une appréciation mais une très légère dépréciation du TCER à long terme. Ce taux de change effectif réel d'équilibre, estimé sur la base de ses fondamentaux macroéconomiques, permet de calculer son mésalignement avec le TCER observé. En période de surévaluation, les transferts de migrants ont tendance à réduire ce mésalignement. En effet, les monnaies sont moins surévaluées lorsque les transferts sont pris en compte. En période de sous-évaluation, comme c'est le cas plus récemment, les transferts ont tendance à accentuer légèrement cet effet, notamment dans le cas tunisien et à un moindre degré dans le cas algérien. En conséquence, les transferts par leur impact sur le taux de change n'ont pas d'incidence négative sur la compétitivité prix des trois pays du Maghreb. L'usage des transferts par les familles récipiendaires, les caractéristiques contracycliques des transferts des migrants, le rôle du secteur financier et la politique de change menée réduisent le risque de surévaluation du change, et le « syndrome hollandais » qui en découlerait.

Classification JEL
F22, F31, F40

Mots-clés
Transferts de fonds
Taux de change effectif réel
Syndrome hollandais
Migration

[*] Université Sorbonne Paris Nord, CEPN, CNRS, UMR 7234 ; nader.nefzi@univ-paris13.fr
[**] Université Sorbonne Paris Nord, CEPN, CNRS, UMR 7234 ; Institut des Migrations ; joel.oudinet@univ-paris13.fr
[***] Institut des Hautes Etudes Commerciales de Carthage, PS2D, Tunisie ; mouez.soussi@gmail.com

1. INTRODUCTION

Les flux de capitaux sous forme des transferts de fonds des migrants représentent une source stable, croissante et indispensable pour les pays en développement. Pour les pays du Maghreb, leurs montants dépassent largement les autres types d'entrées des devises comme l'investissement direct à l'étranger et l'aide publique au développement. Pour la Tunisie, les transferts atteignent en 2019, 1,936 milliard $ soit 5,3% du PIB et le poids est encore plus fort au Maroc (7,07 milliards $ et 5,8% du PIB). Même en Algérie, les transferts sont devenus la première source de capitaux depuis la chute des IDE en 2012 (voir figure 1). Le montant des envois est pourtant moindre que celui de leurs voisins (1,83 milliard $ et 1% du PIB) car une part, au moins, aussi importante des transferts n'est pas comptabilisée dans les statistiques des balances de paiement car elle passe par des canaux informels.

Les transferts des migrants ont un rôle reconnu dans la réduction de la pauvreté pour l'ensemble des pays récipiendaires à faible revenu (Adams et Page, 2005), dont ceux d'Afrique du Nord (Adams, 1991 ; Margolis et al., 2015). Par contre, leur impact positif sur l'éducation et la croissance du PIB est plus incertaine car elle dépend de la spécificité des pays (Barguellil et al., 2013 ; Giuliano et Ruiz-Arranz, 2009). En effet, l'impact des transferts des migrants sur la croissance passe par de nombreux canaux dont celui de la compétitivité et du taux de change effectif relatif (Barajas et al., 2010).

Les transferts constituent une source de devises plus stable que les autres flux de capitaux privés et présentent un caractère contra cyclique (Ratha, 2003). Mais ils peuvent aussi provoquer des effets négatifs, comme une augmentation des importations et des déficits de la balance commerciale de leur pays de destination (« effet boomerang »). De plus, quand le pays est fondé sur une monnaie non convertible, les tensions inflationnistes peuvent être source d'effets pervers (Euroisation, développement d'un marché des changes parallèle).

Enfin, les transferts de fonds risquent d'induire une augmentation de la demande supérieure à la capacité de production de l'économie. Si cela concerne des biens échangeables au sein du commerce international, cela peut provoquer une appréciation du taux de change effectif réel dans le pays qui réduirait à long terme la compétitivité des entreprises locales, redirigerait les ressources vers les biens non échangeables. Ce mécanisme nommé syndrome hollandais ou « Dutch disease » est connu pour des économies abondamment dotées en ressources naturelles et l'Algérie, avec son industrie pétrolière qui représente 97% de ses exportations et la moitié de ses recettes publiques, souffre déjà de ce syndrome.

Est-ce que les transferts de fonds des migrants, qui peuvent être aussi considérés comme une rente de devises, peuvent aussi déséquilibrer les monnaies, accroître un mésalignement du change réel et risquer de provoquer à terme ce même syndrome dans les pays du Maghreb?

Le taux de change réel a des conséquences négatives sur l'économie lorsqu'il est surévalué par rapport à son équilibre de long terme. En effet, cette surévaluation réduit la compétitivité-prix du pays vis-à-vis de ses principaux partenaires commerciaux.

La surévaluation (sous-évaluation) peut être expliquée soit par la dépréciation (appréciation) du taux de change réel d'équilibre, soit par l'appréciation (dépréciation) du TCER. Cette dernière peut elle-même être expliquée par l'appréciation (dépréciation) de la monnaie nationale par rapport aux monnaies des principaux partenaires commerciaux, ou par une inflation nationale plus élevée (faible) que celle des principaux pays partenaires.

Pour répondre à cette problématique, il faut donc examiner les effets des transferts de fonds des migrants sur le taux de change réel d'équilibre de long terme, et ensuite vérifier le mésalignement (surévaluation ou sous-évaluation) de la monnaie des trois pays du Maghreb, en comparant le TCER observé avec le taux de change réel d'équilibre estimé. Une surévaluation durable de la monnaie de ces trois pays risque, en effet, d'affecter la compétitivité-prix des industries de biens échangeables et provoquer un syndrome hollandais avec une disparition à long terme des entreprises nationales peu compétitives, une désindustrialisation au profit du secteur de biens non échangeables.

La seconde section de l'article présente une revue de littérature des études sur la relation entre les transferts de fonds et le taux de change effectif réel. Dans la section 3, nous présentons le modèle théorique décrivant les fondamentaux du taux de change effectif réel sur le long terme. La quatrième section est consacrée aux sources des données de panel et à la méthodologie économétrique choisie, des moindres carrés généralisés estimés réalisables (MCGE ou FGLS, « feasible generalized least squares »). Les résultats de l'estimation et de leur robustesse décrivant l'effet sur le taux de change d'équilibre de long terme sont commentés en section 5. La sixième section décrit l'impact des transferts sur le mésalignement et la conclusion synthétise les résultats et les recommandations.

Figure 1: Évolution des flux de capitaux des pays du Maghreb

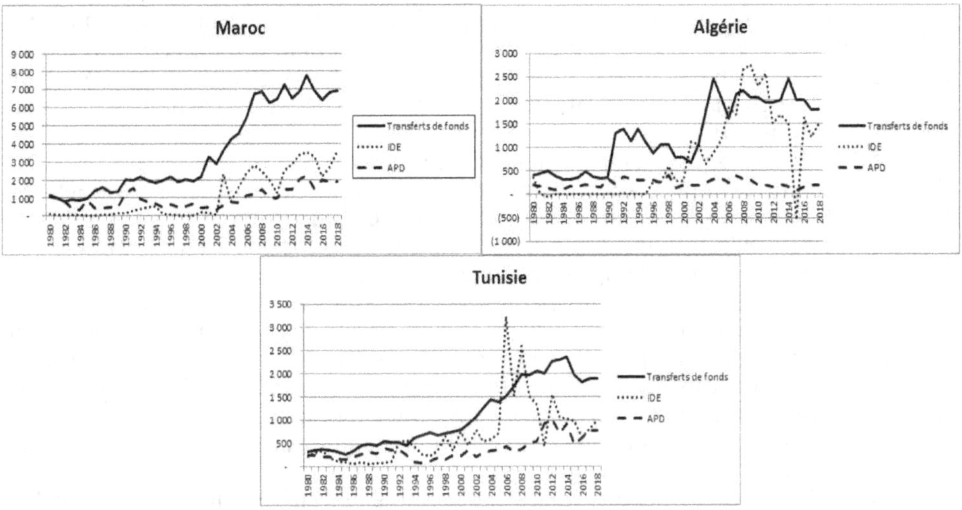

Source : auteurs.

2. L'IMPACT DES TRANSFERTS SUR LE TAUX DE CHANGE

La littérature montre que les effets des transferts de fonds des migrants sur le TCER diffèrent d'une économie à une autre selon les politiques de change, l'ouverture commerciale et la taille du pays (Barajas et al., 2010). Certains pays ont une appréciation de leur taux de change suite à l'afflux de devises quand d'autres pays voient leurs monnaies se déprécier, et pour d'autres pays, il n'y a pas d'effet significatif.

Parmi les études qui constatent que les transferts de devises des migrants provoquent une appréciation du TCER, on peut citer celle de Barajas et al. (2010) qui explique cette appréciation par un accroissement de la demande des biens d'importation et une baisse des biens de produits domestiques. Plusieurs études sur les pays d'Amérique latine confirment que les transferts des migrants sont à l'origine d'une appréciation du TCER (Amuedo-Dorantes et Pozo, 2004 ; Fuentes et Herrera, 2008 ;

Hassan et Holmes, 2013 ; Lopez et al., 2008). Des résultats similaires ont été obtenus pour le Cap-Vert (Bourdet et Falck, 2006) et pour les pays d'Asie du Sud (Roy et Dixon, 2015). Pour les pays de notre étude, on peut citer Chnaina et Makhlouf (2015) qui indiquent qu'une augmentation de 1% des transferts sur le PIB engendrait une appréciation de 0,39% du TCER en Tunisie. Mais ce résultat obtenu à l'aide d'un modèle à correction d'erreur est critiquable pour des variables qui ne sont pas de même ordre.

Par contre, d'autres études révèlent une relation négative entre les transferts des migrants et le taux de change réel. C'est le cas en Jamaïque, où les transferts de fonds provoquent une dépréciation du taux de change réel selon Barrett (2014), à partir d'un modèle intégrant les dépenses publiques, l'aide publique au développement et les termes de l'échange comme variables de contrôle. Un résultat identique a été trouvé pour la Tanzanie dans une étude centrée sur l'impact de l'aide au développement sur le TCER (Li et Rowe, 2007). C'est aussi dans le cas dans une étude récente sur un panel de neuf pays de la région MENA (Brahim et al., 2018).

Enfin, un certain nombre d'études ne trouvent pas de relation significative entre les transferts de fonds et le taux de change réel à long terme, comme pour les pays d'Amérique centrale (Izquierdo et Montiel, 2006 ; Vargas-Silva, 2009). Une étude de Mongardini et Rayner (2009), pour les pays d'Afrique subsaharienne, montre que les transferts de fonds n'induisent pas d'appréciation du TCER, et ne sont donc pas susceptibles de provoquer des effets du syndrome hollandais. Ils soulignent que les transferts de fonds peuvent être utilisés pour alléger les contraintes d'approvisionnement ou stimuler la productivité dans le secteur des biens non échangeables dans les économies bénéficiaires.

Toutes ces études économétriques sont centrées sur le rôle des transferts dans l'appréciation ou la dépréciation du taux de change réel. Enfin, certains articles analysent l'impact sur le mésalignement et d'autres ont directement estimé les effets des transferts sur la réduction du secteur non échangeable, second symptôme du syndrome hollandais avec l'appréciation du change.

Lartey et al. (2012) pour un panel de pays en développement et Mughal et Makhlouf (2013) pour le Pakistan, ont trouvé un risque de transfert des productions de biens marchands vers des biens non marchands. Lopez et al. (2008) estiment à travers un impact sur le mésalignement du change en Amérique latine qu'une partie de la variation est due aux transferts des migrants vers les pays d'Amérique.

On peut enfin citer deux articles qui étudient l'effet des transferts à l'aide de modèles bayésiens.

Rajan et Subramanian (2005) analysent directement le rôle de l'aide au développement et des transferts sur la compétitivité et la diminution de la part des industries à forte intensité de main d'œuvre sur un panel de 47 pays développés. Contrairement à l'aide au développement, les transferts des migrants n'affectent pas la compétitivité des pays récipiendaires.

Acosta et al. (2009) expliquent ce syndrome hollandais au Salvador par la baisse de l'offre de main-d'œuvre et l'augmentation de la demande de consommation qui est biaisée par rapport aux biens non échangeables mais, par contre, ils constatent que les transferts des migrants améliorent le bien-être des ménages et augmentent les niveaux de consommation et de loisirs.

Le rôle des politiques de change décidées par les pays est important car elles peuvent permettre d'éviter un syndrome hollandais (Chowdhury et Rabbi, 2011). Soulignons que les pays, pour lesquels, le risque d'appréciation a été montré, comme ceux d'Amérique du Sud, ont souvent des régimes de change flottants.

C'est pour cela que Singer (2010) montre que les envois de fonds des migrants poussent les gouvernements à l'adoption de régime de change fixe.

Dans les pays où le marché parallèle des devises est développé, les migrants ont la possibilité d'échanger leurs envois de fonds soit par le marché noir, soit par les canaux officiels. Cette décision dépend principalement de la différence qui existe entre les taux de change disponibles sur les deux marchés. Dans le cadre de l'Égypte, il semble que les transferts de fonds enregistrés étaient négativement corrélés avec le taux de change du marché noir (El-Sakka et McNabb, 1999).

Le développement financier du pays récepteur peut aussi atténuer cet effet : la pression à la hausse sur le taux de change réel, provoquée par les opportunités d'investissement dans les secteurs financiers, est plus faible si les marchés financiers sont plus profonds et plus sophistiqués (Lartey et al., 2012).

Les risques de syndrome hollandais peuvent être aussi affaiblis voire renversés selon plusieurs facteurs importants comme le degré d'ouverture, la mobilité des facteurs entre les secteurs nationaux, la contre-cyclicité des transferts de fonds, la part de la consommation dans les biens échangeables et la sensibilité d'un pays vis-à-vis de la prime de risque des envois de fonds (Barajas et al., 2010).

3. SPÉCIFICATION DU MODÈLE THÉORIQUE

Pour analyser les effets des principaux déterminants du taux de change réel sur le long terme dans les pays en développement, en mettant particulièrement l'accent sur le rôle des transferts de fonds des migrants, nous nous appuyons sur le modèle théorique de Baffes et al. (1999), Edwards (1989, 1994) et Williamson (1994), qui permet d'équilibrer simultanément la balance des paiements en termes d'échanges extérieurs et intérieurs. Leur modèle nous sert de point de départ, en intégrant ensuite les transferts de fonds comme des entrées de capitaux. On considère une petite économie ouverte avec trois types de biens – biens exportés, biens d'importés et biens non échangeables – en supposant que les entreprises nationales produisent à la fois des biens échangeables (exportés) et non échangeables et que les ménages consomment à la fois des biens échangeables (importés) et non échangeables.

Dans ce modèle, il est supposé que le pays n'échange qu'avec un seul pays dans un régime de changes flottants. Le taux de change réel (TCR) est défini comme le rapport entre les prix relatifs des biens échangeables et les prix des biens non échangeables multiplié par le taux de change nominal entre deux monnaies. Cette relation prend la forme suivante :

$$TCR = \frac{P_E}{P_N} * TCN \qquad (1)$$

où P_E représente les prix relatifs des biens échangeables, P_N, les prix relatifs des biens non échangeables et le TCN, le taux de change nominal[1]. Une augmentation de ce taux réel reflète une dépréciation réelle. Les prix relatifs des biens échangeables (P_E) comprennent les prix des biens importables (P_M) et des biens exportables (Px).

Le modèle doit assurer simultanément l'équilibre interne et externe de la balance des paiements d'un pays.

L'équilibre interne, qui correspond à l'équilibre sur le marché domestique des biens non échangeables est exprimé par l'équation 2 suivante :

$$C_M(P_M, Y) = Q_x(P_X, prod) \qquad (2)$$

[1] Le taux de change nominal TCN est côté au certain.

L'offre dépend des prix relatifs des biens exportables par rapport aux biens non échangeables et de la productivité *prod* :

$$Q_x(Px, prod) = Q_E + Q_N \qquad (2.a)$$

$$avec \left(\frac{d_{Q_X}}{d_{P_X}} < 0\right) et \left(\frac{d_{Q_X}}{d_{prod}} < 0\right) et\ Q'_E > 0\ et\ Q'_N < 0.$$

Q_x est la production totale des biens, (Q_E) la production des biens échangeables (exportables) et (Q_N) la production des biens non échangeables.

La demande de biens échangeables et non échangeables dépend des prix relatifs des biens importables et du revenu Y.

$$C_M(P_M, Y) = C_E + C_N \qquad (2.b)$$

$$avec \left(\frac{d_{C_M}}{d_{P_M}} > 0\right) et \left(\frac{d_{C_M}}{d_Y} > 0\right) et\ avec\ C_E < 0\ et\ C_N > 0.$$

C_M désigne la consommation totale des biens, (C_E) la consommation des biens échangeables (importables) et (C_N) la consommation des biens non échangeables.

L'équilibre externe qui est atteint lorsque la position créditrice nette du pays est en équilibre, prend la forme suivante :

$$F = BC + AEN + KI + \varDelta R \qquad (3)$$

où BC représente la balance commerciale, AEN, les actifs étrangers nets, KI les entrées de capitaux internationaux et $\varDelta R$, la variation des réserves de change du pays.

Pour assurer l'équilibre externe il faut que $F = 0$, on obtient :

$$\varDelta R = BC + AEN + KI \qquad (3.a)$$

Les réserves de change reflètent la position monétaire du pays vis-à-vis du reste du monde. Une baisse du compte courant ou financier se traduit par une diminution des réserves de change du pays.

Les entrées de capitaux internationaux (*KI*) comprennent trois types de flux de devises : les transferts de fonds des migrants (TF), l'aide publique au développement (APD) et les investissements directs à l'étranger (IDE) :

$$KI = APD + IDE + TF \qquad (3.b)$$

La balance commerciale est définie comme la différence entre l'offre et la demande des biens échangeables (du secteur public G_T et du secteur privé C_T). Une dépréciation réelle du change entraîne une augmentation de l'offre des biens échangeables. Cette augmentation de l'offre provoque un accroissement de la productivité exposée.

$$BC = Y_E(TCR, prod) - G_T - C_T \qquad (3.c)$$

$$avec\ \frac{d_{Y_E}}{d_{TCR}} < 0\ et\ \frac{d_{Y_E}}{d_{prod}} > 0.$$

En remplaçant les équations (3.b) et (3.c) dans l'équation de l'équilibre externe (3.a), on obtient la relation suivante :

$$\Delta R = Y_E(TCR, prod) - G_T - C_T + APD + IDE + TF = 0 \qquad (4)$$

Le taux de change réel d'équilibre permet d'assurer simultanément l'équilibre interne (équation 2) et externe (équation 3).

Deux autres variables, directement présentes dans la balance commerciale et les prix des produits échangeables, sont fondamentales dans la relation d'équilibre du taux de change réel : les termes de l'échange et l'ouverture commerciale (Montiel, 1999).

Les termes de l'échange d'un pays sont le ratio des prix des biens exportables aux prix des biens importables ($TE = \frac{P_X}{P_M}$) et l'ouverture commerciale (OC) est égale à la somme des exportations et des importations de biens échangeables et non échangeables mesurés par rapport au produit intérieur brut.

Pour analyser l'impact des transferts de fonds des migrants sur le taux de change réel d'équilibre, notre modèle intégrera toutes ces variables fondamentales.

$$TCRE = TCR(G, prod, IDE, APD, TF, AEN, TE, OC) \qquad (5)$$

Le taux de change réel d'équilibre TCRE dépend de la consommation publique (G), de la productivité ($prod$), de l'investissement direct étranger (IDE), de l'aide publique au développement (APD), des transferts de fonds (TF), de l'ouverture commerciale (OC), des termes de l'échange (TE) et des actifs étrangers nets(AEN). Les définitions sont en annexe (tableau A1).

Quels sont les effets attendus de ces variables sur le taux de change de long terme ?

En théorie, l'effet attendu sur le taux de change réel à long terme dépend de la nature de l'utilisation des *dépenses publiques (G)* et de la politique budgétaire adoptée par le pays. En effet, lorsque les dépenses publiques sont orientées vers la consommation de biens non échangeables, elles exercent une pression à la hausse sur les prix relatifs des biens non échangeables et provoquent ainsi une appréciation de la monnaie. A l'inverse, si elles sont orientées vers l'acquisition de biens échangeables, elles peuvent provoquer une dépréciation de la monnaie pour maintenir l'équilibre de la balance externe (Amuedo-Dorantes et Pozo, 2004 ; Hassan et Holmes, 2013 ; Lartey et al., 2012).

L'augmentation de la *productivité (prod)* dans les pays peut entraîner une augmentation des salaires et des prix à la consommation des biens non échangeables. Cette inflation sur le secteur non échangeable provoque une appréciation du taux de change réel. Ce phénomène est lié à un processus de rattrapage Balassa-Samuelson qu'on peut observer dans les économies en développement (Balassa, 1964 ; Samuelson, 1964).

L'ouverture commerciale (OC) permet de mesurer le degré d'ouverture d'un pays. Lorsqu'un pays augmente son commerce extérieur suite à une libéralisation des échanges et qu'il est soumis à un alignement progressif des prix des biens échangeables, cela entraîne une dépréciation du TCRE (Drine et Rault, 2005).

Dans la littérature économique, les *termes de l'échange (TE)* ont un impact ambigu sur le taux de change réel d'équilibre car deux effets interviennent, l'effet revenu et l'effet substitution, qui sont de sens opposé (Lartey et al., 2012). S'il y a une amélioration des termes de l'échange, le revenu national augmente et entraîne un accroissement de la demande des biens non échangeables (effet revenu) ; il s'ensuit une hausse du niveau général des prix des biens non échangeables qui se traduit par une appréciation réelle du taux de change. Mais dans le même temps, il y a une augmentation de la consommation de biens importés qui se fait au détriment des biens du secteur abrité, de biens non échangeables (effet substitution) ; il en résulte une baisse de la demande des biens non échangeables, qui se traduit par une dépréciation du taux de change réel. Ces deux effets, revenu et substitution, peuvent mutuellement s'annuler et expliquer la raison pour laquelle il n'y a pas d'impact pour certains pays (Amuedo-Dorantes et Pozo, 2004). Il faut aussi souligner que pour les pays dont les devises sont ancrées au dollar ou à l'euro, les mouvements de la devise affectent les taux de change réels des monnaies ancrées davantage encore que ne le font les termes de l'échange (Coudert et al., 2009).

La position extérieure nette représente les *actifs étrangers nets d'une économie (AEN)*. Ces avoirs sont détenus par les autorités monétaires et les banques, dont sont déduits leurs passifs à l'étranger. L'augmentation du niveau de la position extérieure nette d'un pays entraîne une dépréciation du taux de change réel de long terme (Macdonald et Ricci, 2005).

L'entrée de devises étrangères sous forme *d'investissements directs à l'étranger (IDE)* entraîne une augmentation du compte des capitaux. L'augmentation des réserves de change provoque une appréciation du taux de change réel (Chowdhury et Rabbi, 2011 ; Lartey et al., 2012).

L'aide publique au développement (APD) correspond aux versements de prêts concessionnels et de subventions des agences du Comité d'aide au développement, des institutions internationales et des pays. Si un pays en développement oriente trop cette aide vers le secteur des biens non échangeables, cela peut entraîner des problèmes macroéconomiques liés à une forte inflation et à l'appréciation du taux de change réel (Younger, 1992).

Contrairement aux IDE et à l'APD, les *transferts de fonds des migrants (TF)* sont utilisés par les ménages récipiendaires et non par les entreprises ou les Etats. L'utilisation par les ménages de ces fonds aura un rôle important pour estimer l'impact sur le taux de change réel.

Si les transferts sont destinés à la consommation de biens non échangeables (par exemple la santé ou l'éducation), ils vont confirmer l'appréciation déjà provoquée par les entrées de capitaux de l'étranger. Par contre, si l'argent envoyé par les migrants est consommé en biens importés, le déséquilibre de la balance commerciale peut conduire à une dépréciation du taux de change de long terme.

4. ESTIMATION ET MÉTHODOLOGIE ÉCONOMÉTRIQUE

Les définitions et les sources des données relatives aux variables des trois pays du Maghreb : la Tunisie, le Maroc et l'Algérie entre 1980 et 2015 sont détaillées dans le tableau A1 en annexe.

Le taux de change effectif réel (TCER) provient de la base du Fonds Monétaire International. Il est exprimé comme le taux de change nominal effectif en vigueur (une mesure de la valeur d'une devise face à une moyenne pondérée de plusieurs devises étrangères) divisé par un déflateur des prix ou un indice des coûts.

Pour les trois pays, ce taux de change est en baisse depuis les années quatre-vingt alors que les transferts des migrants sont en hausse sur cette période. La baisse du TCER est particulièrement forte en Algérie entre 1985 et 1995, de l'ordre de 50%. Les baisses sont beaucoup plus graduées dans les cas du Maroc et de la Tunisie, avec respectivement moins de 5% et 10% sur la période (voir en annexe figures A2).

Les transferts de fonds, l'aide au développement, la position nette des actifs extérieurs, l'ouverture commerciale, les dépenses publiques, les termes de l'échange et l'IDE viennent de la Banque mondiale. La productivité est extraite de la base du

Conference Board à Washington. Les statistiques descriptives de l'ensemble des variables utilisées sont présentées dans le tableau A2 en annexe.

Pour estimer l'impact des transferts de fonds sur le taux de change effectif réel, notre modèle estimé est formulé comme suit :

$$\log(TCER)_{it} = \beta_1 TF_{i,t} + \beta_2 IDE_{it} + \beta_3 prod_{it} + \beta_4 \log(TE)_{it} + \beta_5 G_{it} + \beta_6 AEN_{it} + \beta_7 OC_{it} + \beta_8 APD_{it} + \mu_i + \varepsilon_{it} \quad (6)$$

où $TCER$ est le taux de change effectif réel, TF est le montant des transferts de fonds des migrants en pourcentage du PIB, IDE l'investissement étranger direct en pourcentage du PIB, $Prod$ la productivité, TE les termes d'échange, G les dépenses publiques en pourcentage du PIB, AEN les actifs étrangers nets, OC l'ouverture commerciale en pourcentage du PIB, APD l'aide publique au développement.

μ_i est le coefficient qui capte les effets individuels de l'échantillon, γ_t est le coefficient qui capte les effets temporels et ε_{it} est le terme d'erreur du modèle.

Afin d'évaluer l'ordre d'intégration des variables, nous avons eu recours à trois tests de racine unitaire en panel qui prennent compte l'homogénéité (Levin et al., 2002), l'hétérogénéité (Im et al., 2003) et la dépendance entre les pays (Pesaran, 2007, 2015). Les résultats des tests montrent que toutes nos variables sont, soit stationnaires, soit intégrées au premier ordre (Tableau A3).

Les biais d'endogénéité peuvent être corrigés à l'aide de la méthode des moindres carrés généralisés réalisables (FGLS) en utilisant le décalage des variables explicatives comme instruments. Cette méthode permet de contrôler l'hétérogénéité des trois pays et l'autocorrélation des résidus. Ainsi, les politiques monétaires différentes, la vulnérabilité des pays aux crises financières et aux chocs externes sont prises en compte.

Le choix entre le modèle FGLS à effets fixes ou à effets aléatoires se fait grâce au test d'Hausman.

Le premier modèle à effets fixes, qui prend en compte l'hétérogénéité des pays représentés par des constantes μ_i , suppose que la relation entre le TCER et ses déterminants fondamentaux est identique pour tous les pays entre 1980 et 2015.

Le modèle théorique prend la forme suivante :

$$\log(TCER)_{it} = \beta_1 TF_{i,t} + \sum_{j=1}^{7} \beta_j X_{it} + \mu_i + \varepsilon_{it} \quad (7)$$

pour $i = 1, \ldots, N \; et \; t = 1, \ldots, Ti$

X_{it} désigne l'ensemble des variables de contrôle ; μ_i représente la spécificité individuelle, supposée fixe.

Le résultat de la régression du modèle, reproduit sur le tableau A4a, montre que la probabilité du test associée *p-value* est très largement supérieure au seuil de 5% (*p-value* = 0,244 > 5%). On ne rejette pas l'hypothèse nulle H_0 d'égalité des constantes μ_i ; il n'y a aucun effet individuel fixe.

Dans le modèle à effets aléatoires, le terme constant spécifique à l'individu μ_i se décompose en un terme fixe μ et en un terme aléatoire individuel α_i non observable pour contrôler l'hétérogénéité individuelle. Ces effets individuels peuvent être combinés dans notre modèle sous la forme suivante :

$$\log(TCER_{it}) = \beta_1 TF_{i,t} + \sum_{j=1}^{7} \beta_j X_{it} + \alpha_i + \mu + \varepsilon_{it} \quad (8)$$

pour $i = 1, \ldots, N \; et \; t = 1, \ldots, Ti$

Le résultat d'estimation des taux de change effectif réel et leurs déterminants nous permet de souligner la présence d'effets aléatoires dans nos données de panel (p-value = 0,000 < 5%, tableau A4b). Le test de spécification d'Hausman confirme cette présence des effets aléatoires dans notre échantillon (p-value = 0,9697 > 5%, tableau A4c).

L'étape suivante consiste à utiliser un ensemble des tests pour la détection de l'hétéroscédasticité et de l'autocorrélation des résidus dans le modèle. Le test de Breush-Pagan permet de tester l'hypothèse de l'hétéroscédasticité du terme d'erreur du modèle en supposant que la variance de l'erreur spécifique à l'individu est dépendante d'un ensemble de variables $\sigma^2{}_i \neq 0$. La probabilité confirme la spécification d'une structure à erreurs composées (tableau A5a en annexe). Une régression à variables multiples à l'aide de la méthode des moindres carrés généralisés (MCG) montre la présence d'une hétéroscédasticité des résidus (p-value = 0,000 < 5%, tableau A5b). Ce problème de corrélation entre les individus, pour une même période, est corrigé à l'aide de l'estimateur des moindres carrés généralisés réalisables (FGLS) qui est asymptotiquement non biaisé et cohérent (tableau A5c).

On teste la présence de l'autocorrélation des intra-individus dans le modèle avec le test de Wald (tableau A5d) ; le rejet de l'hypothèse nulle nous permet de conclure que les erreurs sont auto-corrélées ($E(e_{it}e_{is}) \neq 0 \; si \; t \neq s$). Pour corriger ce problème, nous ajustons la forme de la matrice de variance-covariance des erreurs ω.

L'analyse de la relation entre le taux de change effectif réel et ses déterminants fondamentaux sera basée sur le modèle de l'équation 8, à l'aide de l'estimateur des moindres carrés généralisés réalisables (FGLS) (tableau 1). Cette méthodologie génère des estimations qui capturent les effets dynamiques des transferts de fonds sur les TCER.

Plusieurs estimations complémentaires (en panel et par pays) ont été réalisées pour tester la *robustesse des résultats*, en particulier avec le modèle autorégressif à retards échelonnés ARDL qui permet d'établir une analyse entre la dynamique de court et de long terme (tableaux 7a et 7b). Il existe trois méthodes d'estimation avec un modèle ARDL : Pooled Mean Group (PMG), Mean Group (MG) et Dynamic Fixed Effects model (DEF). Comme les pays ont à court terme une vulnérabilité différente aux crises financières et aux chocs externes, aux politiques monétaires et de stabilisation, l'estimateur PMG est privilégié car il permet d'estimer d'une manière spécifique les variables à court terme alors qu'à long terme les coefficients structurels des variables sont assez homogènes entre les pays[2]. Nous utilisons aussi l'estimateur MG de Pesaran et Smith (1995). Ils partent de l'hypothèse que les pays étudiés sont hétérogènes sur le long et le court terme. Enfin, nous suivons la méthodologie de Chudik et Pesaran (2015). Ils proposent un estimateur des effets corrélés communs dynamiques (Dynamics Common Correlated Effects (DCCE)) qui prend en compte des facteurs communs non observables qui pourraient affecter les pays. Nous supposons que si les moyennes transversales ne sont pas incluses dans l'équation ou ne tiennent pas compte de toutes les dépendances entre les unités sectionnelles, le terme d'erreur contiendra une dépendance transversale. Par conséquent, il ne sera pas distribué de façon identique et indépendante comme le proposent Pesaran et al. (1999) pour l'estimateur PMG et Pesaran et Smith (1995) pour l'estimateur MG. Pour tester l'existence de facteurs communs dans nos séries, nous avons calculé le test de dépendance transversale proposé par Pesaran (2015). Le test a rejeté l'hypothèse nulle de faible dépendance transversale, ce qui signifie que l'équation (8)

[2] La méthode « Pooled Mean Group » (PMG) est préférée pour les échantillons de petite taille. L'estimateur CPMG ne peut être utilisé que pour des panels de grande taille et non pas seulement trois pays. Pour résoudre les problèmes d'endogénéité et d'hétérogénéité dans une spécification dynamique, on utilise les estimateurs fondés sur le PMG en système.

devrait également être estimée avec l'estimateur Dynamics Common Correlated Effects pour vérifier la robustesse des résultats du Pooled Mean Group.

Nous avons utilisé une méthode de robustesse supplémentaire qui consiste à effectuer des estimations spécifiques à chaque pays à l'aide d'un modèle ARDL de séries temporelles (tableau A6 en annexe).

Après l'estimation des paramètres de l'équation du taux de change d'équilibre de long terme, l'étape suivante est le calcul des mésalignements des taux de change effectifs réels. Ils sont calculés comme les différences entre les TCER observés et les taux de change réels d'équilibres estimés par le modèle FGLS. Pour notre problématique, il est important de savoir si une appréciation (dépréciation) conduit à une surévaluation (sous-évaluation) du taux de change réel.

Enfin, l'impact spécifique des transferts des migrants est analysé en comparant le mésalignement classique intégrant les flux des transferts, avec le mésalignement obtenu sans l'apport des transferts.

5. RÉSULTATS ET ROBUSTESSE

Les résultats de l'estimation du taux de change effectif réel et de ses déterminants fondamentaux, sont présentés au tableau 1. Notre principale constatation est qu'il existe une relation négative entre les fonds transférés par les migrants et le TCER. Le processus de rattrapage Balassa-Samuelson que l'on observe dans les économies en développement semble jouer pour les pays du Maghreb car la hausse de la productivité particulièrement dans le secteur des biens échangeables tend à apprécier le TCER. L'augmentation des actifs détenus à l'étranger par les autorités monétaires maghrébines conduit à une dépréciation de leur monnaie. L'augmentation du degré d'ouverture tend à affaiblir le TCER, comme souligné par Barajas et al. (2010). Les investissements directs à l'étranger, les termes de l'échange, l'aide publique au développement et la dépense publique ne sont pas statistiquement différents de zéro dans le modèle. Le signe de la corrélation est celui attendu théoriquement mais aucune de ces variables n'a un impact significatif sur le taux de change. Ainsi, l'effet non significatif des termes de l'échange sur les taux de change montre que les effets de revenu et de substitution se neutralisent. On peut penser aussi que les dépenses publiques sont dirigées autant vers les ménages que vers les investissements productifs, réduisant l'impact sur le change.

Le premier résultat important lié à notre problématique concerne l'effet négatif des transferts de fonds sur le TCER. Le fait que les transferts provoquent cette dépréciation du change ne conduit pas systématiquement à une surévaluation de la monnaie. Il nous faut, pour cela, analyser les mésalignements des taux de change effectifs réels et vérifier sur ces derniers le rôle des transferts de fonds.

Sur la base des résultats du modèle, une augmentation de 10% du ratio transferts de fonds en pourcentage du PIB vers les pays du Maghreb a pour conséquence une dépréciation de 0,37 % du TCER. L'impact n'est pas très élevé, mais reste significatif dans toutes les estimations supplémentaires réalisées pour évaluer la robustesse de ce résultat. En effet, les estimations des modèles PMG, MG et DCCE confirment la robustesse de ces résultats (voir tableaux A7 et A8 en annexe).

L'existence d'une relation de long terme entre le TCER et ses fondamentaux est confirmée pour les pays du Maghreb par l'estimateur PMG puisque le coefficient de force de rappel est significatif et négatif même si l'on remarque que l'ajustement vers les paramètres structurels est très lent (θ_i=-0,193, tableau A7 en annexe). La lenteur de l'ajustement peut s'expliquer par la présence des rigidités sur le marché des biens non échangeables et le rôle des interventions des autorités monétaires sur le marché de change pour stabiliser le taux de change (Barrett, 2014 ; Bouoiyour et al., 2004 ; El-Sakka et McNabb, 1999). L'élasticité des transferts des migrants reste négative et significative à long terme pour les trois pays et aussi à court terme sur l'évolution du TCER, où l'effet de substitution se confirme. Les trois autres variables explicatives du taux de change à long terme (productivité, actifs détenus à l'étranger et le degré d'ouverture) restent cohérentes avec l'estimation FGLS.

L'estimation du TCER par pays confirme l'impact négatif à long terme des transferts des migrants maghrébins, malgré quelques différences entre les trois pays (tableau A6). L'effet négatif est plus marqué pour l'Algérie : le TCER algérien baisse de 0,04% au bout de 6 ans suite à une augmentation de 10% de son ratio *TF/Pib* (voir fonctions de réponse impulsionnelle, figures A1a-b-c en annexe). Cela peut s'expliquer par le fait que les migrants algériens ont tendance à passer par le canal informel, qui alimente le marché parallèle du change et fragilise le marché officiel. Pour le Maroc et la Tunisie, où les envois utilisent bien plus les canaux formels, la dépréciation est moindre (respectivement 0,02% et 0,03%) et plus lente car atteinte après plus de dix ans.

Tableau 1 : Estimation FGLS pour les pays du Maghreb (*long terme*)

Régression transversale FGLS		Observations	108
Coefficients : moindres carrés généralisés		Nombre de pays	3
Panels: hétéroscédasticité		Observations par pays	36
Corrélation : coefficient AR(1) commun à tous pour les panels (0,7688)		Wald chi2(9)-statistique	52,06

TCER (log)	Coefficients	Écart-type	z-statistique	P>|z|	Intervalles de confiance 95%	
TF (% PIB)	-0,037***	0,01	-3,65	0	-0,057	-0,017
TE (log)	0,08	0,092	0,87	0,386	-0,101	0,261
IDE (% PIB)	0,003	0,006	0,51	0,612	-0,009	0,015
OC (X+M/PIB)	-0,002**	0,001	-2,07	0,039	-0,004	-0,0001
Prod	0,0007***	0,0002	3,26	0,001	0,0003	0,001
G (% PIB)	0,004	0,007	0,58	0,564	-0,009	0,0182
AEN (% PIB)	-0,031***	0,009	-3,17	0	-0,05	-0,0122
APD (% PIB)	0,007	0,008	0,91	0,362	-0,008	0,024
Constante	4,55***	0,45	9,88	0	3,619	5,406

Source : Calculs d'auteurs.
Note: La valeur-p est de 10% (*), 5% (**) et 1% (***).

Les réponses aux chocs positifs sur les transferts montrent une très légère appréciation la première année en Algérie, et les secondes au Maroc et en Tunisie, mais très vite il y a une légère dépréciation du TCER. L'augmentation de la consommation de biens importés, grâce à l'apport des envois d'argent, provoque bien un effet de substitution au détriment des biens du secteur abrité dans le court terme.

L'impact négatif sur le TCER perdure à long terme, lorsque les envois d'argent des migrants sont utilisés pour l'épargne et l'investissement, en particulier dans le secteur immobilier, la demande de main-d'œuvre augmente dans les services et les biens non échangeables. Cela entraîne une augmentation des prix des biens non échangeables par rapport aux prix des biens échangeables. En conséquence, les transferts de fonds n'ont pas d'impact à court terme sur le taux de change réel. Mais à long terme, la hausse du pouvoir d'achat des familles des migrants pousse vers une augmentation de la demande de biens importés. Ce qui tend à créer un déficit de la balance commerciale et donc une dépréciation de la monnaie locale.

Miotti et al. (2010, 2015) ont montré que pour les pays du Maghreb, les transferts étaient utilisés pour la construction ou l'aménagement des logements, au contraire des envois vers les pays d'Afrique subsaharienne, beaucoup plus utilisés dans les produits de consommation qui peuvent induire un effet inflationniste. Les transferts de fonds ont des effets positifs sur l'augmentation des investissements et l'offre de main d'œuvre pour stimuler la production locale (FMI, 2005). Pour favoriser ces investissements, la taille et la stabilité du secteur financier, en particulier au Maroc et en Tunisie, sont primordiales[3].

Notre argument pour expliquer cette relation négative entre les transferts de fonds et le TCER est basé sur la politique de contrôle des changes menée par la majorité des pays en développement. Cette politique de change conduit souvent à une dévaluation monétaire. Dans les pays du Maghreb, plusieurs facteurs limitent les mouvements de capitaux. Les restrictions menées par les autorités monétaires sur les mouvements de devises et la complexité des sorties de devises. Le sous-développement des marchés financiers, l'asymétrie de l'information et le coût élevé des transferts de fonds. Tous ces facteurs n'encouragent pas les détenteurs de capitaux à faire des placements en considérant les différentiels de taux d'intérêt entre les pays. De ce fait, les transferts de fonds ne créent pas de spéculation massive des capitaux et provoquent une appréciation de la monnaie locale. C'est plutôt un moyen pour la banque centrale de faire face à la déstabilisation du taux de change créée par l'inflation, le déficit de la balance commerciale et le chômage élevé dans ces trois pays du Maghreb.

6. IMPACT SUR LE MÉSALIGNEMENT

Dans la section précédente, nous avons montré que les transferts de fonds entraînent une dépréciation du TCER estimé sur le long terme. Cependant, nous ne pouvons pas conclure de ce résultat l'impact éventuel sur la compétitivité-prix des pays qui affecterait leur secteur échangeable. Il nous faut pour cela analyser le mésalignement du taux de change effectif réel, calculé comme la différence entre le TCER observé et le taux de change réel d'équilibre de long terme estimé sur la base de ces fondamentaux économiques de chaque pays, en intégrant ou pas les transferts. Les évolutions respectives pour les trois pays du Maghreb des TCER observés et ses valeurs d'équilibre entre 1980 et 2015 sont en annexe (figure A2).

Une surévaluation (sous-évaluation) peut être expliquée soit par la dépréciation (appréciation) du taux de change réel d'équilibre, soit par l'appréciation (dépréciation) du TCER. Cette dernière peut elle-même être expliquée par l'appréciation (dépréciation) de la monnaie nationale par rapport aux monnaies des principaux partenaires commerciaux, ou par une inflation nationale plus élevée (faible) que celle des principaux pays partenaires (Hinkel et Montiel 1999).

L'évolution des mésalignements (avec ou sans les transferts) permet de voir les effets des transferts dans les cas de surévaluation et de sous-évaluation. Un signe négatif de mésalignement indique une sous-évaluation (figure 2).

Les monnaies des trois pays sont surévaluées à la fin du vingtième siècle pour ensuite connaître un recul significatif de leur taux de change réel.

Durant ces périodes de monnaie surévaluée (jusqu'en 1985 pour le Maroc, 1990 pour l'Algérie et la Tunisie), les transferts de migrants tendent à réduire ce mésalignement. En effet, la surévaluation est moindre si on prend en compte les transferts.

Les monnaies des trois pays sont ensuite sous-évaluées : à partir de 1985 pour le Maroc, 1990 pour l'Algérie et seulement 2001 en Tunisie (entre 1990 et 2001, le taux de change du dinar tunisien est à son niveau d'équilibre). Durant ces périodes de monnaies sous-évaluées, les transferts des migrants ont tendance à légèrement accentuer cet effet. Une exception concerne le Maroc sur la période 1985-1993, où

[3] Slama, Belhedi, et Labidi (2015) ont montré que les secteurs monétaire et financier des pays du Sud et de l'Est de la Méditerranée étaient peu sensibles aux turbulences de la crise financière internationale. Pour la plupart des pays, les réponses aux différents chocs externes sont faibles.

les transferts réduisent la sous-évaluation. Il semble que ces périodes de sous-évaluation soient plutôt dues à une dépréciation du TCER (en particulier une dépréciation de la monnaie nationale) qu'à une modification du taux d'équilibre. En effet, les politiques de change de ces pays ont été plus contrôlées par les autorités monétaires durant ces périodes. Ainsi, si l'on reprend la classification des régimes de change d'Ilzetzki, Reinhart et Rogoff [4], l'Algérie est passée d'un régime flottant à un régime fixe géré (+/-2%) à partir de 1994. Le même type de régime existe au Maroc depuis 1993 et encore avant pour la Tunisie.

Figure 2: Les mésalignements de taux de change effectifs réels

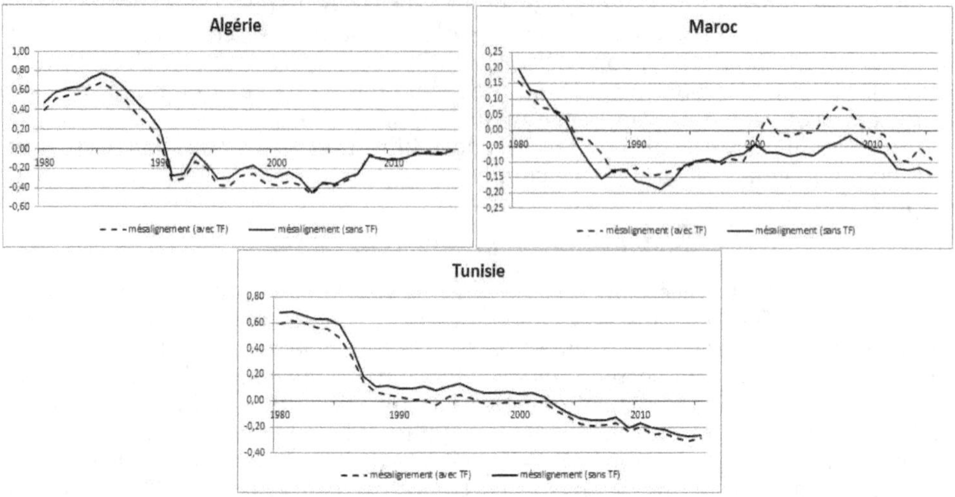

Source : auteurs.

Sur la période récente, les évolutions des monnaies des trois pays du Maghreb divergent. Si la monnaie tunisienne continue d'être sous-évaluée depuis 2001, le dinar algérien voit son change réel remonter vers un niveau d'équilibre depuis 2003. L'impact des transferts sur cette évolution est très faible. C'est en effet, en Algérie que les envois d'argent par les canaux informels et l'utilisation du taux de change officieux sont les plus importants. A l'inverse, l'effet des transferts est beaucoup plus fort au Maroc. Les migrants marocains préfèrent utiliser les voies formelles, en particulier par les banques nationales qui leur proposent des frais de transferts moins élevés et des avantages financiers. C'est aussi pour cela qu'il n'y a que très peu de différence entre le taux de change officiel et officieux. Entre 2000 et 2010, le dirham marocain serait sous-évalué sans l'apport des transferts.

Rajan et Subramanian (2011) ont trouvé une relation inverse entre les pays qui avaient surévalué leur taux de change et les transferts de fonds. Le caractère contra cyclique des transferts des migrants vis-à-vis du taux de change diminue le risque de syndrome hollandais (Barajas et al., 2010). Lorsque le change n'est pas intéressant, les migrants en provenance des pays du Maghreb tendent à retarder leurs envois ou bien à passer par des canaux informels avec un taux de change parallèle (Mouhoud et al., 2008).

---

[4] http://carmenreinhart.com

7. CONCLUSION

Les transferts de fonds, qui sont stables et croissants, peuvent être considérés comme une rente et avoir des effets pervers si les pays récipiendaires en deviennent dépendants. Si l'on compare avec le cas des pays pétroliers, l'arrivée de devises peut tirer vers le haut le taux de change, réduire la compétitivité internationale des entreprises locales non liées à l'industrie du pétrole et ainsi conduire à une désindustrialisation. Le secteur productif végète tandis que prospèrent les importations et le commerce. Tabler sur le ruissellement de la richesse provenant du pétrole aux autres secteurs ne marche pas naturellement car les ressources sont absorbées par des dépenses publiques ou placées à l'étranger. Cela explique que peu de pays ont réussi à profiter dans le long terme de cette rente.

Le risque d'une perte de compétitivité liée à l'arrivée de devises en provenance des migrants, avec un scénario proche du syndrome hollandais, est la question que l'on s'est posée pour nos trois pays du Maghreb. L'appréciation du change due aux transferts des migrants a été observée, en particulier dans certains pays d'Amérique latine, mais la relation n'est pas claire dans beaucoup d'autres pays, en particulier si le change est contrôlé.

Dans cet article, nous étudions l'impact des transferts de fonds sur le TCER pour un panel de trois pays du Maghreb, la Tunisie, le Maroc et l'Algérie entre 1980 et 2015, à l'aide d'un modèle de régression linéaire par les estimateurs FGLS, PMG, MG et DCCE. Les résultats montrent que l'afflux de capitaux sous forme de transferts de fonds entraîne, non pas une appréciation, mais une légère dépréciation du taux de change effectif réel.

Cet effet négatif a eu des effets différents selon les périodes. Lorsque leur monnaie était surévaluée, soit jusqu'en 1985 pour l'Algérie et 1990 pour la Tunisie et le Maroc, cela diminue cette surévaluation. Sans l'apport des transferts, les monnaies des trois pays du Maghreb seraient encore plus surévaluées, avec le risque d'une perte de compétitivité accrue du secteur des biens échangeables, exposé à la concurrence internationale. Le caractère contra cyclique des transferts des migrants vis-à-vis du taux de change explique en partie ce phénomène.

Par contre, depuis les années 1990, les autorités monétaires ont conduit des dévaluations successives, avec une volonté de sous-évaluer leur monnaie afin de stimuler leur croissance et compenser les différentiels d'inflation défavorables. Cela a été particulièrement le cas en Algérie et à un degré moindre en Tunisie. Durant ces périodes de monnaies sous-évaluées, les transferts de fonds ont très légèrement accentué l'effet négatif, facilitant la politique de change définie.

Sur la période récente, les politiques et les effets divergent entre les trois pays. En Tunisie, la politique d'un dinar sous-évalué reste identique depuis 2001, et les transferts accompagnent ce mouvement. En Algérie, pour lutter contre une forte inflation, les autorités ont réduit le mésalignement depuis 2003, et on ne voit plus aucun effet des transferts, car ceux-ci utilisent de plus en plus les canaux informels, avec un taux de change sur le marché parallèle. Si les autorités marocaines ont, elles aussi, réduit la dépréciation du Dirham, elles ont par contre reçu un apport non négligeable des devises en provenance des migrants, car la majorité d'entre elles sont transférées via les banques et les institutions financières.

En conclusion, les envois de fonds par leur impact négatif sur le taux de change n'ont pas provoqué de surévaluation de la monnaie, ni d'incidence négative sur la compétitivité des trois pays du Maghreb.

Plusieurs raisons peuvent être avancées pour expliquer cet effet sur le change, et l'usage des envois d'argent par les familles récipiendaires est la première. Quand ces transferts sont destinés à l'épargne ou à l'investissement, le risque d'inflation importée et d'appréciation du change induite est plus faible. Les envois des migrants vers les pays du Maghreb sont aussi sensibles aux variations de change, et seront accélérés, voire augmentés, en cas de dépréciation des taux de change nominaux.

La politique de change à un impact sur la lenteur des ajustements mais le gouvernement peut aussi réagir par des moyens traditionnels en augmentant le taux d'intérêt pour contrôler l'inflation locale, avec toutefois le risque de rendre plus couteux le crédit et de réduire à terme les investissements. Le rôle du secteur bancaire est fondamental, d'autant plus que l'afflux d'actifs liquides liés aux envois réduit le besoin d'un marché interbancaire (Barajas et al., 2018). Sur ce point, le Maroc est plus avancé, avec un taux de bancarisation proche de 70%, alors qu'il atteint seulement 50% en Tunisie et 30% en Algérie.

Enfin, si les défis de la mise en œuvre d'une politique monétaire efficace se révèlent trop difficiles à moyen terme, il semble nécessaire de maintenir un régime de change plus géré. Sur ce point, il faudra analyser à l'avenir les effets de la décision récente des autorités marocaines de libéraliser leur régime de change.

Même si les caractéristiques contra-cycliques des envois de devises via les transferts engendrent un risque moindre de syndrome hollandais que les devises issues des ressources naturelles, la réponse politique et institutionnelle reste indispensable pour accompagner le développement. Ainsi, les seuls pays avec des ressources naturelles qui ne sont pas tombés dans la maladie hollandaise, comme le Botswana ou la Norvège, sont ceux qui ont su utiliser les entrées de devises pour développer des entreprises suffisamment nombreuses et diversifiées afin de prendre le relais une fois que les ressources naturelles seront épuisées (Arezki et Gylfason, 2012). Les pouvoirs publics ont donc un rôle essentiel dans une telle diversification en mettant en place des règles incitatives. Les recettes peuvent être utilisées pour financer de nouvelles infrastructures propres à accroître les rendements et encourager l'investissement privé. Le secteur financier peut également jouer un rôle dans ce processus de diversification et, de ce point de vue, le Maroc et la Tunisie ont un avantage pour développer certains secteurs stratégiques comme le tourisme, les télécommunications ou l'industrie agroalimentaire. Mais, il semble encore plus important d'associer et d'aider les migrants et leurs familles récipiendaires des fonds à participer à ces investissements de développement par l'intermédiaire de la microfinance.

REFERENCES

Acosta, P. A., Lartey, E. K., Mandelman, F. S., 2009, Remittances and the Dutch disease. *Journal of International Economics*, 79(1), 102–116.

Adams, R. H., 1991, The effects of international remittances on poverty, inequality, and development in rural Egypt. Washington, D.C: International Food Policy Research Institute.

Adams, R. H., Page, J., 2005, Do international migration and remittances reduce poverty in developing countries? *World Development*, 33(10), 1645–1669.

Amuedo-Dorantes, C., Pozo, S., 2004, Workers' Remittances and the Real Exchange Rate: A Paradox of Gifts. *World Development*, 32(8), 1407–1417.

Arezki, R., Gylfason, T. S., 2012, *Beyond the curse: policies to harness the power of natural resources*. Washington, D.C: International Monetary Fund.

Baffes, J., Elbadawi, A. I., O'Connell, S. A., 1999, Single-equation of the equilibrium Real Exchange Rate, in L. E. Hinkle and P. J. Montiel (eds.), 'Exchange Rate Misalignment: Concepts and Measurement for Developing Countries'. *World Bank Research Publication*, 405-464.

Balassa, B., 1964, The Purchasing-Power Parity Doctrine: A Reappraisal, *Journal of Political Economy*, 72, 584-596.

Barajas, A., Chami, R., Ebeke, C., Oeking, A., 2018, What's different about monetary policy transmission in remittance-dependent countries?, *Journal of Development Economics*, 134, 272-288.

Barajas, A., Chami, R., Hakura, D. S., Montiel, P., 2010, Workers' Remittances and the Equilibrium Real Exchange Rate: Theory and Evidence. International Monetary Fund, Working Paper, 10/287.

Barguellil, A., Zaiem, M. H., Zmami, M., 2013, Remittances, Education and Economic Growth A Panel Data Analysis. *Journal of Business Studies Quarterly*, 4(3).

Barrett, K., 2014, The effect of remittances on the real exchange rate: the case of Jamaica. *The Caribbean Centre for Money and Finance*, Working Paper.

Bouoiyour, J., Marimoutou, V., Rey, S., 2004, Taux de change réel d'équilibre et politique de change au Maroc: une approche non paramétrique. *Economie Internationale*, (97), 81–104.

Bourdet, Y., Falck, H, 2006, Emigrants' remittances and Dutch Disease in Cape Verde. *International Economic Journal*, 20(3), 267–284.

Brahim, M., Nefzi, N., Sambo, H., 2018, Les transferts de fonds des migrants influencent-ils le taux de change réel d'équilibre? Cas des pays de la région MENA. *Revue d'économie du développement*, *26*(3), 65-119.

Chnaina, K., Makhlouf, F., 2015, Impact des transferts de fonds sur le taux de change réel effectif en Tunisie. *African Development Review*, 27, pp. 145–160.

Chowdhury, M. B., Rabbi, F., 2011, Workers' Remittances and Real Exchange Rate in Bangladesh: A Cointegration Analysis, Manuscript, University of Western Sidney.

Chudik, A., Pesaran, M. H., 2015, Common Correlated Effects Estimation of Heterogeneous Dynamic Panel Data Models with Weakly Exogenous Regressors, *Journal of Economics*, 188, 393-420.

Coudert, V., Couharde, C., Mignon, V., 2009, Termes de l'échange et taux de change: un lien troublé par les politiques d'ancrage. *La Lettre du CEPII* N°285.

Drine, I., Rault, C., 2005, Déterminants de long terme des taux de change réels pour les pays en développement : une comparaison internationale, *Revue d'économie du développement*, 13 (1), 123-150.

Edwards, S., 1989, *Real Exchange Rates: Devaluation and Adjustment: Exchange Rate Policy in Developing Countries*. MIT Press, Cambridge, MA.

Edwards, S., 1994, Real and Monetary Determinants of Real Exchange Rate Behavior: Theory and Evidence from Developing Countries, in J. Williamson (ed.), *Estimating Equilibrium Exchanges Rates*, Institute for International Economics, Washington.

El-Sakka, M. I., McNabb, R., 1999, The Macroeconomic Determinants of Emigrant Remittances. *World Development*, 27(8), 1493–1502.

Fuentes, J. C., Herrera, J. C., 2008, Emigrant remittances and the real exchange rate in Guatemala: an adjustment-costs story. Bank of Guatemala, XXI, 31–71.

Giuliano, P., Ruiz-Arranz, M., 2009, Remittances, financial development, and growth. *Journal of Development Economics*, 90(1), 144–152.

Hassan, G. M., Holmes, M. J., 2013, Remittances and the real effective exchange rate. *Applied Economics*, 45(35), 4959–4970.

Hinkle, L. E., Montiel, P. J., 1999, *Exchange rate misalignment: concepts and measurement for developing countries.* New York: Oxford University Press.

Im, K. S., Pesaran, M. H., Shin, Y., 2003, Testing for unit roots in heterogeneous panels. *Journal of Econometrics*, 115(1), 53–74.

Izquierdo, A., Montiel, P. J., 2006, Remittances and Equilibrium Real Exchange Rates in Six Central American Countries. Inter-American Development Bank. mimeo. Jones, LE.

Lartey, E. K. K., Mandelman, F. S., Acosta, P. A., 2012, Remittances, Exchange Rate Regimes and the Dutch Disease: A Panel Data Analysis. *Review of International Economics*, 20(2), 377–395.

Levin, A., Lin, C.-F., James Chu, C.-S., 2002, Unit root tests in panel data: asymptotic and finite-sample properties. *Journal of Econometrics*, 108(1), 1–24.

Li, Y., Rowe, F., 2007, Aid Inflows and the Real Effective Exchange Rate in Tanzania. Policy Research Working Paper. World Bank, Washington, DC.

Lopez, H., Molina, L., Bussolo, M., 2008, Remittances, the real exchange rate, and the Dutch disease phenomenon. Remittances and Development Lessons from Latin America. Washington, D.C, World Bank.

Macdonald, R., Ricci, L. A., 2005, Estimation of the equilibrium real exchange rate for South Africa. *South African Journal of Economics*, 72(2), 282–304.

Margolis, D. N., Miotti, L., Mouhoud, E. M., Oudinet, J., 2015, To Have and Have Not: International Migration, Poverty, and Inequality in Algeria: International migration, poverty, and inequality in Algeria. *The Scandinavian Journal of Economics*, 117(2), 650–685.

Miotti, L., Mouhoud, E. M., Oudinet, J., 2010, Determinants and Uses of Remittances to Southern and Eastern Mediterranean Countries: Insights from a New Survey. SSRN *Electronic Journal.*

Miotti, L., Mouhoud, E. M., Oudinet, J., 2015, La diversité des transferts des migrants en France : quand le contexte et l'histoire comptent. In L. Lévêque, Ph. Bonfils, Y. Kocoglu, Th. Santolini, D. van Hoorebeke (Éds.), *L'Espace euro-méditerranéen entre conflits et métissages - Rencontres, échanges, représentations*, L'Harmattan.

Mongardini, J., Rayner, B., 2009, Grants, Remittances, and the Equilibrium Real Exchange Rate in Sub-Saharan African Countries. International Monetary Fund Working Papers, 09(75), 1.

Montiel, P. J., 1999, Determinants of the Long-run Equilibrium Real Exchange Rate: An Analytical Model, in L. Hinkle and P. Montiel (eds.), *Exchange Rate Misalignment: Concepts and Measurement for Developing Countries*, Oxford University Press, Oxford.

Mouhoud, E. M., Oudinet, J., Unan, E., 2008, Macroeconomic Determinants of Migrants' Remittances in the Southern and Eastern Mediterranean Countries. *Working Paper CEPN.* February 2008, presented at 6th International Conference of the MEEA, Dubai 14-16 March 2007.

Mughal, M., Makhlouf, F., 2013, Remittances, Dutch disease, and competitiveness: a Bayesian analysis. *Journal of Economics Development*, 38(2), 67–97.

Pesaran, M. H., 2015, Testing Weak Cross-Sectional Dependence in Large Panels. *Econometric Review*. 34, 1089–1117.

Pesaran, M.H., 2007, A simple panel unit root test in the presence of cross-section dependence. *Journal of Applied Econometrics*. 22, 265–312.

Pesaran, M. H., Shin, Y., Smith, R.P., 1999, Pooled Mean Group Estimation of Dynamic Heterogeneous Panels. *Journal of the American statistical Association*, 94, 621–634.

Pesaran, M. H., Smith, R., 1995, Estimating long-run relationships from dynamic heterogeneous panels. *Journal of Econometrics*, 68, 79–113.

Rajan, R. G., Subramanian, A., 2011. Aid, Dutch disease, and manufacturing growth. *Journal of Development Economics*, 94(1), 106–118.

Rajan, R. G., Subramanian, A., 2005, What Undermines Aid's Impact on Growth? Washington, D.C: International Monetary Fund, Working Paper 05/126.

Ratha, D., 2003, Workers' Remittances: An Important and Stable Source of External Development Finance (Vol. Ch.7). World Bank.

Roy, R., Dixon, R., 2015, Workers' remittances and the Dutch disease in South Asian countries. *Applied Economics Letters*, 1–4.

Samuelson, P. A., 1964, Theoretical Notes on Trade Problems, *Review of Economics and Statistics*, 46 (2), 145-154.

Singer, D. A., 2010, Migrant Remittances and Exchange Rate Regimes in the Developing World. *American Political Science Review,* 104(02), 307–323.

Slama, I., Belhedi, M., Labidi, M., 2015, International Transmission of Monetary and Financial Shocks: Case of the Mena Region. *European Journal of Economics, Finance and Administrative Sciences,* Issue 70, December, 94–115.

Vargas -Silva, C., 2009, The Tale of Three Amigos: Remittances, Exchange Rates, and Money Demand in Mexico. *Review of Development Economics,* 13(1), 1–14.

Williamson, J., 1994, *Estimating equilibrium exchange rates,* Peterson Institute.

Younger, S. D., 1992, Aid and the Dutch Disease: Macroeconomic Management when Everybody Loves You, *World Development,* 20(11), 1587-1597.

ANNEXE

Tableau A1: Source de données et définitions

Variables	Définition	Source
Taux de change effectif réel ($TCER$)	Somme pondérée du taux de change effectif nominal TCEN divisé par un déflateur des prix au sens du FMI. La pondération est calculée sur la base des principaux partenaires commerciaux.	FMI
Transferts de fonds des migrants (*TF*)	Ils représentent les transferts personnels des migrants vers leur pays d'origine. Ils comprennent les transferts courants en espèces ou en nature reçus par les ménages résidents à destination.	Banque mondiale
Termes de l'échange (*TE*)	L'indice des termes de l'échange nets est le rapport entre les prix à l'exportation et les prix à l'importation, mesuré par rapport à l'année de référence 2000.	Banque mondiale
Investissement direct étranger (*IDE*)	Il représente les entrées nettes d'investissements en vue d'acquérir une participation de gestion durable (10% ou plus des droits de vote) dans une entreprise opérant dans une économie autre que celle de l'investisseur. Cette variable est également définie comme les capitaux propres, le réinvestissement des bénéfices et les autres capitaux à long terme, tels qu'ils figurent dans la balance des paiements.	Banque mondiale
Ouverture commerciale (*OC*)	Somme des exportations et des importations de biens mesurés par rapport au produit intérieur brut.	Banque mondiale
Productivité (*prod*)	Indice de la production manufacturière par travailleur, mesuré par rapport à l'année de base de 2011. Cette variable est utilisée comme une approximation du progrès technologique, utilisée par Edwards (1989).	Conference Board International Comparisons
Dépenses publiques (*G*)	Elles comprennent toutes les dépenses publiques courantes en biens et services (y compris la rémunération des salariés). Elles comprennent également la plupart des dépenses de défense et de sécurité nationales, mais excluent les dépenses militaires gouvernementales qui font partie de la formation du capital gouvernemental.	Banque mondiale
Actifs étrangers nets (*AEN*)	Ils représentent les avoirs étrangers nets détenus par les autorités monétaires et les banques de dépôt, moins leurs dettes extérieures.	Banque mondiale
Aide publique au développement (*APD*)	Il comprend les dons des organismes officiels des membres du Comité d'aide au développement (CAD), des institutions multilatérales et des pays non membres du CAD promouvoir le développement économique. Les donateurs officiels du CAD sont des pays les plus avancés d'Europe centrale et orientale et certains pays en développement avancés.	Banque mondiale

Le taux de change effectif réel $TCER$ est la somme pondérée du taux de change effectif nominal $TCEN$ divisé par un déflateur des prix au sens du FMI. La pondération est calculée sur la base des principaux partenaires commerciaux.

$$TCER_{i,t} = \sum TCR_{i,t} = TCEN_{i,t} * \frac{P^*}{P} = \sum TCN_{i,t} * \frac{P^*{}_{i,t}}{P_{i,t}}$$

$TCER_{i,t}$ est le taux de change effectif réel est la somme pondérée des taux de changes bilatéraux réels $TCR_{i,t}$, $TCEN_{i,t}$ est la somme pondérée des taux de change bilatéraux nominaux $TCN_{i,t}$, et, P et P* sont les indices des prix de l'économie locale et de l'étranger.

Le taux de change réel $TCR_{i,t}$ entre deux monnaies est calculé en multipliant le taux de change nominal $TCN_{i,t}$par le ratio des prix entre deux pays :

$$TCR_p = TCN_{i,t} * \frac{P^*}{P}$$

Dans notre analyse, le taux de change nominal TCN est côté au certain. Il représente le nombre d'unités de monnaie étrangère par unité de monnaie locale.

Tableau A2 : Statistiques descriptives

Variables	Observations	Moyenne	Écart type	Minimum	Maximum
TCER (log)	108	4,861	0,386	4,551	6,101
TF (% PIB)	108	4,005	2,145	0,540	8,515
TE (log)	108	4,647	0,341	3,930	5,672
IDE (% PIB)	108	1,487	1,495	2e-06	9,424
OC (X+M/PIB)	108	69,110	18,238	32,68	115,4
Prod	108	344,132	174,801	146,317	713,460
G (% PIB)	108	16,959	2,221	11,231	24,143
AEN (% PIB)	108	1,934	4,651	-0,961	19,362
APD (% PIB)	108	1,445	1,236	0,069	5,869

Source : calculs des auteurs.

Tableau A3 : Tests de racine unitaire

Variables	Levin-Lin-Chu		Im-Pesaran et Shin		Pesaran		Concl.
	Niveau	Différence I	Niveau	Différence I	Niveau	Différence I	
TCER (log)		0,001***	0,047**			0,005***	I(1)
TF (% PIB)	0,045**		0,077*			0,000***	I(1)
TE (log)		0,000***	0,000***			0,000***	I(1)
IDE (% PIB)	0,002***		0,014***		0,002***		I(0)
OC		0,000***	0,000***			0,000***	I(1)
Prod		0,000***	0,000***			0,000***	I(1)
G (% PIB)		0,000***		0,000*		0,000***	I(1)
AEN (% PIB)		0,021**		0,000***		0,004***	I(1)
APD (% PIB)	0,079*		0,058**			0,000***	I(1)

Source : calculs des auteurs.
Notes : *, ** et *** : seuil de significativité respectivement de 10%, 5% et 1%.

Tableau A4a : Modèle à effets fixes

Régression à effets fixes
Observations = 108
Nombre de pays = 3

Observations par pays = 36
F-statistique (8,97) = 22,75
Probabilité > F-statistique = 0,000

TCER (log)	Coefficient	Écart type	t-statistique	P>|t|	Intervalles de confiance 95%	
TF (% PIB)	-0,090***	0,030	-3,01	0,003	-0,150	-0,030
TE (log)	0,761***	0,120	6,32	0,000	0,522	1,001
IDE (% PIB)	0,023	0,019	1,22	0,225	-0,014	0,060
OC (X+M/PIB)	-0,013***	0,002	-4,77	0,000	-0,019	-0,008
Prod	0,001**	0,0005	2,20	0,030	0,0001	0,002
G (% PIB)	0,044***	0,011	4,01	0,000	0,022	0,065
AEN (% PIB)	-0,076***	0,010	-7,20	0,000	-0,097	-0,055
APD (% PIB)	0,038	0,023	1,63	0,107	-0,008	0,085
Constante	1,543***	0,563	2,74	0,007	0,425	2,661
$Sigma_u$			0,180			
$Sigma_e$			0,207			
Rho-statistique			0,430			

F-statistique $u_i = 0$ ... F (2, 97) = 1,44
Probabilité > F-statistique = 0,241

Source : calculs des auteurs.
Notes : L'hypothèse nulle est qu'il n'y a pas d'effet individuel H_0 : μ_i=0.
, ** et * : seuil de significativité respectivement de 10%, 5% et 1%.*

Tableau A4b : Modèle à effets aléatoires

Régression à effets aléatoires			Observations par pays = 36			
Observations = 108			Wald chi2-statistique (9) = 268,61			
Nombre de pays = 3			Probabilité > chi2-statistique = 0,000			
TCER (log)	Coefficient	Écart type	z-statistique	P>|z|	Intervalles de confiance 95%	
TF (% PIB)	-0,102***	0,019	-5,37	0,000	-0,141	-0,065
TE (log)	0,819***	0,109	7,52	0,000	0,605	1,032
IDE (% PIB)	0,024	0,019	1,28	0,200	-0,012	0,061
OC	-0,011***	0,001	-6,13	0,000	-0,014	-0,007
Prod	0,0004	0,0002	1,62	0,114	-0,00008	0,0009
G (% PIB)	0,051***	0,010	5,10	0,000	0,031	0,071
AEN (% PIB)	-0,088***	0,007	-11,33	0,000	-0,103	-0,072
APD (% PIB)	0,035	0,023	1,52	0,129	-0,010	0,081
Constante	1,271***	0,534	2,38	0,017	0,224	2,319
$Sigma_u$	0,000					
$Sigma_e$	0,207					
Rho-statistique	0,000					

Source : calculs des auteurs.
Notes : L'hypothèse nulle est qu'il n'y a pas d'effet aléatoire $H_0 : \delta_t = 0$.
, ** et * : seuil de significativité respectivement de 10%, 5% et 1%.*

Tableau A4c : Spécification d'Hausman

Régression Hausman	Coefficients			
TCER (log)	(b)	(B)	Différence (b-B)	Écart type
TF (% PIB)	-0,090	-0,102	0,011	0,023
TE (log)	0,761	0,819	-0,057	0,051
IDE (% PIB)	0,023	0,024	-0,001	0
OC (X+M/PIB)	-0,013	-0,011	-0,002	0,002
Prod	0,001	0,0004	0,0006	0,0004
G (% PIB)	0,044	0,051	-0,007	0,004
AEN (% PIB)	-0,076	-0,088	0,012	0,007
APD (% PIB)	0,038	0,035	0,002	0

b = consistant sous Ho et Ha
B = inconsistant sous Ha, efficace sous Ho
Test : Ho : différence de coefficients non systématique
Chi2(7) = 2,89
Probabilité > chi2-statistique = 0,9411

Source : calculs des auteurs.

Tableau A5a : Test de l'hétéroscédasticité

Source	SS	df	MS	
Modèle	1182,567	8	147,820	Observations = 108 F (8, 99) = 8799,63 Probabilité > F-statistique = 0,0000
Résiduel	1,663	99	0,016	R carré = 0,9986 R carré ajusté = 0,9985
Total	1184,230	107	11,067	Erreur quadratique moyenne = 0,1296

Résidu carré	Coefficient	Écart type	t-statistique	P>t	Intervalles de confiance 95%	
TF (% PIB)	-0,958***	0,011	-80,66	0,000	-0,981	-0,934
TE (log)	8,480***	0,067	125,18	0,000	8,346	8,614
IDE (% PIB)	0,236***	0,011	19,96	0,000	0,213	0,260
OC (X+M/PIB)	-0,111***	0,001	-99,95	0,000	-0,114	-0,109
Prod	0,005***	0,0001	31,36	0,000	0,004	0,005
G (% PIB)	0,502***	0,006	80,08	0,000	0,489	0,514
AEN (% PIB)	-0,889***	0,004	-184,09	0,000	-0,899	-0,880
APD (% PIB)	0,352***	0,014	24,08	0,000	0,323	0,381
Constante	-13,715***	0,332	-41,30	0,000	-14,374	-13,056

Source : calculs des auteurs.
Notes : L'hypothèse nulle d'homoscédasticité, pas d'autocorrélation $H_0 : \sigma_{it} = \sigma^2$.
La valeur-p est de 10% (*), 5% (**) et 1% (***).

Tableau A5b : Test de l'homoscédasticité

Régression transversale FGLS — Observations = 108
Coefficients : moindres carrés généralisés — Nombre de pays = 3
Log-vraisemblance = 20,749 — Observations par pays = 36
Wald chi2(9)-statistique = 293,03 — Probabilité > chi2-statistique= 0,00

TCER (log)	Coefficient	Écart-type	z-statistique	P>|z|	Intervalles de confiance 95%	
TF (% PIB)	-0,102***	0,018	-5,61	0,000	-0,138	-0,066
TE (log)	0,819***	0,104	7,85	0,000	0,614	1,023
IDE (% PIB)	0,024	0,018	1,34	0,181	-0,011	0,060
OC (X+M/PIB)	-0,011***	0,001	-6,40	0,000	-0,014	-0,007
Prod	0,0004*	0,0002	1,69	0,091	-0,00007	0,0009
G (% PIB)	0,051***	0,009	5,33	0,000	0,0325	0,070
AEN (% PIB)	-0,088***	0,007	-11,83	0,000	-0,102	-0,073
APD (% PIB)	0,035	0,022	1,58	0,113	-0,008	0,079
Constante	1,271***	0,511	2,49	0,013	0,268	2,274

Source : calculs des auteurs.
Notes: La valeur-p est de 10% (*), 5% (**) et 1% (***).

Tableau A5c : Correction de la corrélation à l'aide de la régression transversale (FGLS)

Régression transversale FGLS	Observations = 108
Coefficients : moindres carrés généralisés	Nombre de pays = 3
Log-vraisemblance = 20,749	Observations par pays = 36
Wald chi2(9)-statistique = 237,47	Probabilité > chi2-statistique = 0,00

TCER (log)	Coefficient	Écart type	z-statistique	P>|z|	Intervalles de confiance 95%	
TF (% PIB)	-0,090***	0,016	-5,59	0,000	-0,122	-0,058
TE (log)	0,637***	0,108	5,86	0,000	0,424	0,850
IDE (% PIB)	0,024	0,016	1,47	0,142	-0,008	0,056
OC (X+M/PIB)	-0,009***	0,001	-6,08	0,000	-0,012	-0,006
Prod	0,0004*	0,0002	1,88	0,060	-0,00001	0,0008
G (% PIB)	0,055***	0,009	5,66	0,000	0,036	0,074
AEN (% PIB)	-0,075***	0,007	-9,66	0,000	-0,091	-0,060
APD (% PIB)	0,014	0,019	0,71	0,476	-0,024	0,053
Constante	1,928***	0,539	3,58	0,000	0,871	2,985

Source : calculs des auteurs.
Notes: La valeur-p est de 10% (*), 5% (**) et 1% (***).

Tableau A5d : Test d'autocorrélation intra-individuelle

Test d'autocorrélation de Wooldridge
H0: pas d'autocorrélation de premier ordre
F (1, 2) = 166.418
Probabilité > F-statistique = 0.0060

Source : calculs des auteurs.

Tableau A6 : Estimations ARDL pour l'Algérie, le Maroc et la Tunisie (*long terme*)

	Durée Variable (t): 1980 à 2015					
	Algérie		Maroc		Tunisie	
TCER (log)	Coefficient	Écart type	Coefficient	Écart type	Coefficient	Écart type
TF (% PIB)	-0,164***	-4,45	-0,092***	-3,04	-0,162***	-46,09
IDE (% PIB)	0,090	1,48	0,075**	2,16	0,0005	0,94
Prod	0,008***	7,56	0,001	0,56	-0,001***	-39,42
G (% PIB)	0,053***	3,50	-0,031*	-2,04	0,0005	0,14
AEN (% PIB)	0,033	0,16	-0,317	-1,05	0,207*	2,77
APD (% PIB)	1,100**	2,51	-0,047**	-2,31	0,023***	35,70
Constante	-0,500	-0,58	1,788***	4,44	30,007***	9,03
Terme de correction d'erreurs	-0,891***	-4,32	-0,312***	-4,91	-0,5239***	-8,69
Erreur quadratique moyenne	0,075		0,013		0,002	
R carré ajusté	0,605		0,796		0,991	
Observations	34		33		28	
Log-vraisemblance	52,287		111,629		160,692	

Source : calculs des auteurs.
Notes: La valeur-p est de 10% (*), 5% (**) et 1% (***).

Tableau A7 : Estimation PMG pour les pays du Maghreb (*long terme*)

Régression PMG | Observations =105
Log-vraisemblance = 218,027 | Nombre de pays = 3
Observations par pays = 35

TCER (log)	Coefficients	Écart type	:-statistique	P>|z|	Intervalles de confiance 95%	
TF (% PIB)	-0,050***	0,021	-2,37	0,018	-0,092	-0,008
TE (log)	0,082	0,065	1,25	0,212	-0,046	0,210
IDE (% PIB)	0,024	0,029	0,84	0,402	-0,032	0,081
OC (X+M/PIB)	-0,006**	0,003	-2,12	0,034	-0,013	-0,0005
Prod	0,005***	0,0004	12,87	0,000	0,004	0,006
G (% PIB)	0,004	0,008	0,47	0,642	-0,013	0,021
AEN (% PIB)	-0,013*	0,007	-1,86	0,063	-0,028	0,0007
APD (% PIB)	0,026	0,017	1,50	0,133	-0,008	0,061
Terme de correction d'erreurs	-0,193**	0,098	-1,97	0,049	-0,385	-0,0008
TF (% PIB)	-0,052**	0,027	-1,91	0,056	-0,107	0,001
TE (log)	-0,092	0,127	-0,73	0,465	-0,342	0,156
IDE (% PIB)	-0,007	0,007	-1,08	0,282	-0,021	0,006
OC (X+M/PIB)	-0,002	0,001	-1,21	0,228	-0,005	0,001
Prod	-0,0005	0,0004	-1,19	0,235	-0,001	0,0003
G (% PIB)	0,007	0,004	1,51	0,130	-0,002	0,017
AEN (% PIB)	0,031	0,023	1,32	0,185	-0,014	0,077
APD (% PIB)	0,032	0,056	0,57	0,568	-0,079	0,144
Constante	0,451***	0,155	2,91	0,004	0,147	0,756

Source : calculs des auteurs.
Notes: La valeur-p est de 10% (*), 5% (**) et 1% (***).

Tableau A8 : Estimations PMG, MG et DCCE pour les pays du Maghreb *(long terme)*

Variables	Durée Variable (t) : 1980 à 2015		
	XTPMG[a]	XTDCCE (MG)[b]	XTDCCE (DCCE)[c]
TF (% PIB)	-0,048* (-1,91)	-0,043* (-1,78)	-0,047** (-2,25)
OC (X+M/PIB)	-0,013*** (-3,50)	0,001 (0,33)	0,0007 (0,23)
Prod	0,006*** (10,99)	0,004*** (3,57)	0,001 (1,18)
IDE (% PIB)	0,068** (2,15)	0,012 (0,66)	0,007 (0,47)
AEN (% PIB)	-2,951*** (-16,14)	-1,025* (-1,74)	-0,776 (-1,50)
G (% PIB)	0,032** (1,96)	0,062*** (3,09)	0,031* (1,73)
TE (log)	0,455*** (3,18)	0,001 (0,01)	-0,238* (-1,92)
Constante	0,121 (1,62)	1,209*** (12,17)	0,267 (0,27)
Terme de correction d'erreur	-0,513*** (-4,22)	-0,369*** (-5,84)	-0,389*** (-5,04)
R carré ajusté	0,76	0,74	0,79
Log-vraisemblance	210,175		
Observations	105	102	102
Nombre de pays	3	3	3
Valeur critique	0,000	0,000	0,000

Source : calculs des auteurs.

Notes: statistiques t entre parenthèses. La valeur-p est de 10% (*), 5% (**) et 1% (***).

(a) Le PMG permet aux coefficients à court terme, y compris les interceptions, la vitesse d'ajustement aux valeurs d'équilibre à long terme et les variances d'erreur d'être hétérogènes par pays, tandis que les coefficients à long terme se limitent à être homogènes entre les pays.

(b) La technique (MG) introduite par Pesaran et Smith (1995) consiste à estimer des régressions distinctes pour chaque pays et à calculer les coefficients comme une moyenne des coefficients estimés pour chaque pays. Il n'y a pas de restrictions. Elle permet à tous les coefficients de varier et d'être hétérogènes à long terme et à court terme.

(c) CCE estime un modèle de coefficients hétérogènes dans un panel dynamique avec dépendance d'unités transversales.

Figure A1a: Fonction de réponse impulsionnelle, un choc de plus 10% du ratio TF/PIB sur le TCER du dinar algérien

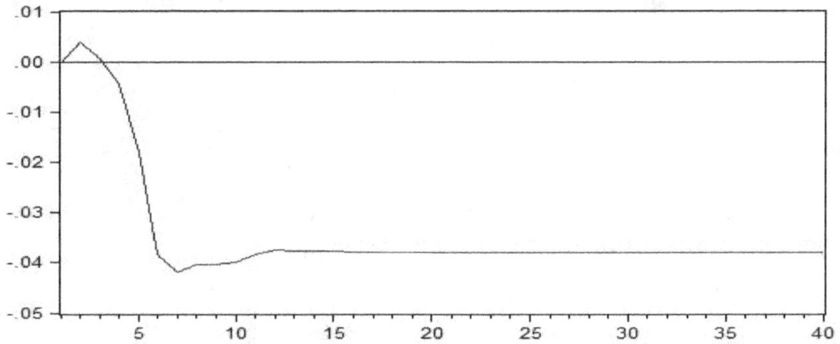

Figure A1b: Fonction de réponse impulsionnelle, un choc de plus 10% du ratio TF/PIB sur le TCER du dirham marocain

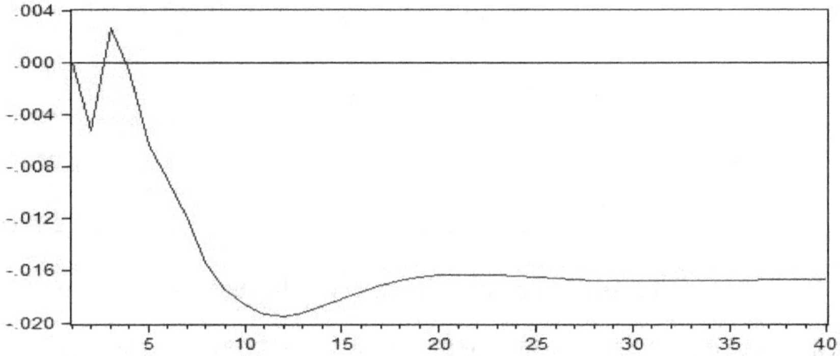

Figure A1c: Fonction de réponse impulsionnelle, un choc de plus 10% du ratio TF/PIB sur le TCER du dinar tunisien

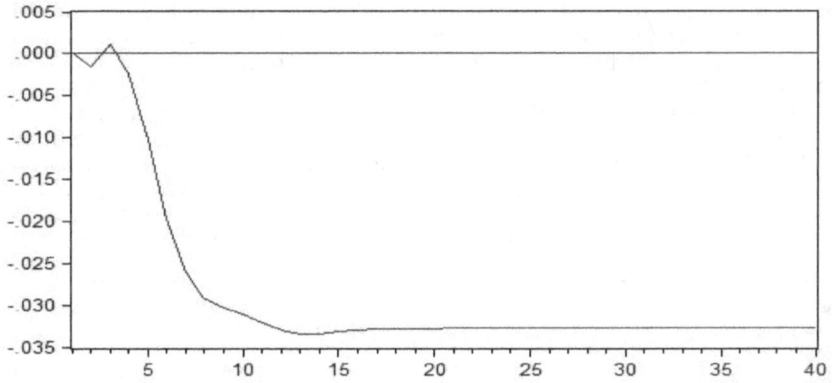

Figure A2: Évolution du TCER observé et du TCR d'équilibre dans les pays du Maghreb

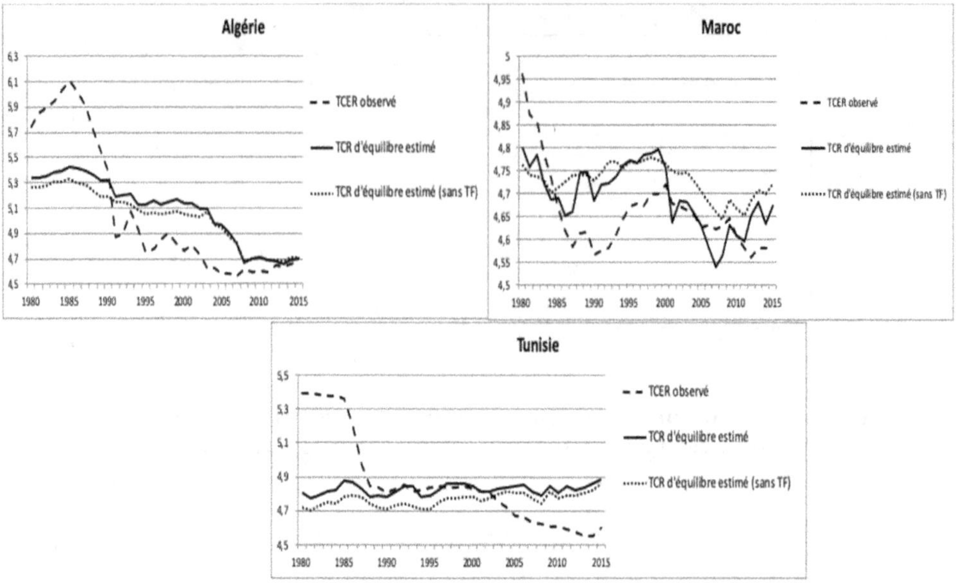

Migrant remittances and real exchange misalignment

Abstract - The impact of migrants' remittances on the real effective exchange rate REER is analyzed for a panel of three Maghreb countries, Tunisia, Morocco and Algeria, between 1980 and 2015, using the feasible generalized least squares (FGLS) to obtain consistent and efficient estimates and reduces the bias. The results show that the inflow of remittances does not lead to an appreciation but to a very slight depreciation of the REER in the long run, contrary to what is found for Latin American countries. This equilibrium real effective exchange rate, which is estimated on the basis of its macroeconomic fundamentals allowed the calculation of its misalignment with the observed REER. In periods of overvaluation, migrant remittances tend to reduce this misalignment. Indeed, the overvaluation is less if remittances are taken into account. In recent periods of undervaluation, remittances tend to accentuate this effect in the case of Tunisia and, to a lesser extent, the case of Algeria. As a result, remittances through their impact on the exchange rate do not have a negative impact on the price competitiveness of the three Maghreb countries. The use of remittances by recipient families, the counter-cyclical characteristics of migrant remittances, the size of the financial sector and the exchange rate policy adopted reduce the risk of overvaluation of the exchange rate and the Dutch disease.

Key-words

Remittances
Real effective exchange rate
Dutch Disease
Migration
Maghreb

Région et Développement

n° 51-2020

www.regionetdeveloppement.org

Les transferts des migrants améliorent-ils l'inclusion financière dans les pays récipiendaires ?

Chrysost BANGAKE*
Jude EGGOH**

Résumé - Cet article analyse l'impact des transferts de fonds des migrants sur l'inclusion financière. Nous utilisons différentes variables d'inclusion financière et l'analyse porte sur un large panel de 111 pays sur la période 2004-2017. Les résultats obtenus à l'aide des modèles à effets fixes et sur panel dynamique suggèrent que les transferts de fonds des migrants améliorent l'inclusion financière des pays récipiendaires. Par ailleurs, l'impact de ces transferts sur l'inclusion financière est non linéaire, car ils sont plus efficaces dans les pays où le système financier est peu performant. Cet effet de seuil est confirmé lorsque l'endogénéité des transferts de fonds est prise en compte à l'aide de l'estimateur des GMM *system* et la relation non linéaire est estimée par la méthode PTR (*Panel Threshold Regression*).

Classification JEL
E22, F24, O16

Mots-clés
Transferts de fonds des migrants
Inclusion financière
Panel dynamique
Panel à seuils

* Lille Economie et Management (LEM), UMR 9221 CNRS, Université d'Artois ; chrysost.bangake@univ-artois.fr

** Groupe de Recherche ANgevin en Economie et Management (GRANEM), Université d'Angers ; FASEG, Université d'Abomey-Calavi ; jude.eggoh@univ-angers.fr

INTRODUCTION

Les migrations internationales sont l'un des facteurs qui conditionnent les relations entre les pays développés et les pays en développement (PED). En 2017, on estimait qu'environ 258 millions de personnes, soit à peu près 3,4 % de la population mondiale, vivaient et travaillaient hors de leur pays de naissance (Nations Unies, 2018). Les fonds rapatriés par ces travailleurs migrants ont des répercussions sur les PED d'Asie, d'Afrique, d'Amérique latine et du Moyen-Orient. D'après la Banque mondiale (2019), les transferts de fonds des migrants (TFM) sont, désormais, la première source de financement extérieur pour les PED, loin devant les investissements directs étrangers (IDE). Au total, ils s'élevaient en 2018 à 529 milliards de dollars US, alors que les IDE ont atteint seulement 344 milliards de dollars US. Cette forte croissance soutenue dans le temps, a amené la communauté internationale à s'intéresser de plus en plus aux effets des TFM sur les économies récipiendaires.

De façon générale, l'impact des TFM sur les économies récipiendaires est ambigu. En effet, de nombreuses études ont montré leurs effets bénéfiques, notamment à travers la réduction de la pauvreté (Gupta et al., 2009 ; Adams et Page, 2005) et le lissage de la consommation (Combes et Ebeke, 2011). En relâchant la contrainte financière des ménages, les TFM sont susceptibles d'encourager l'investissement (Woodruff et Zenteno, 2007) et la croissance économique (Eggoh et al. 2019 ; Singh et al., 2010). En revanche, les TFM peuvent également déclencher un phénomène similaire au syndrome hollandais *(Dutch disease)*, se traduisant par une appréciation de la monnaie nationale avec pour corollaire une perte de compétitivité (Amuedo-dorantes et Pozo, 2004 ; Acosta et al., 2009). Ils peuvent aussi renforcer les inégalités et la corruption (Ahmed, 2013 ; Berdiev et al., 2013 ; Abdih et al., 2012).

Malgré l'importance croissante des transferts internationaux, rares sont les analyses de leur incidence sur l'inclusion financière des PED. Pourtant, plus de la moitié de la population des jeunes au niveau mondial n'a pas accès aux services financiers formels, et ce, en dépit des efforts considérables faits pour accroître la portée des banques, des assurances et des institutions de microfinance (World Bank, 2014). Cette situation est renforcée dans les pays en développement où les ménages sont souvent exclus du système bancaire classique (Guérineau et Jacolin, 2014 ; Demirgüç-Kunt et Klapper, 2012). L'inclusion financière serait alors favorable à une croissance inclusive (Demirgüç-Kunt, Klapper et Singer, 2017) et aurait de nombreux impacts bénéfiques pour le développement (Dissaux, 2019). Dans un tel contexte, analyser le lien entre les TFM et l'inclusion financière revêt un intérêt tout particulier. En effet, les chercheurs et les praticiens travaillant sur les questions de développement international et de réduction de la pauvreté considèrent l'inclusion financière comme un objectif de premier plan. Par exemple, les Objectifs de Développement Durable (ODD) des Nations Unies pour 2030 citent l'inclusion financière comme un fondement essentiel du développement économique. En particulier, 5 des 17 ODD mentionnent spécifiquement la nécessité d'un accès amélioré ou universel aux services financiers.

La littérature identifie deux canaux à travers lesquels les TFM peuvent affecter l'inclusion financière. Premièrement, les TFM pourraient accroître la demande d'instruments d'épargne, car les ménages pourraient avoir besoin d'épargner une partie des transferts reçus. Deuxièmement, il se peut que les TFM augmentent potentiellement les chances des ménages d'obtenir un prêt (Anzoategui et al., 2014). Sur le plan empirique, la plupart des études sont d'ordre microéconomique (Demirgüç-Kunt et al., 2011 ; Anzoategui et al., 2014 ; Ambrosius et Cuecuecha 2016 ; Ajefu et Ogebe, 2019). Au niveau macroéconomique, l'impact des TFM sur l'inclusion financière reste peu exploré. L'absence de données internationales fiables et comparables entre les pays et dans le temps sur la mesure de l'inclusion financière en est la principale raison (Karlan et Morduch, 2009). Néanmoins, les données relatives à l'inclusion financière à des fins de comparaisons internationales se sont récemment enrichies grâce à la multiplication d'enquêtes de la Banque mondiale (*Global Findex database*) et du Fonds Monétaire International (*Financial Access Survey*).

La présente étude s'inscrit dans cette perspective, en évaluant l'impact des remises de fonds des migrants sur l'inclusion financière des pays récipiendaires, à partir d'un large panel de 111 pays, sur la période 2004-2017. En raison du rôle déterminant joué par le système financier dans le transfert des ressources des migrants, nous prenons en compte le développement financier dans l'estimation du lien entre TFM et inclusion financière. Plusieurs contributions ressortent ainsi de cette étude. Premièrement, contrairement aux travaux antérieurs qui utilisent souvent deux ou trois mesures d'inclusion financière, nous mobilisons plusieurs indicateurs captant à la fois la pénétration, l'accès et l'utilisation des services financiers, en particulier à travers le *mobile banking*. Deuxièmement, nous recourons aux régressions de panel à effets fixes qui présentent l'avantage de prendre en compte l'hétérogénéité individuelle de l'inclusion financière au cours de ces dernières années. Troisièmement, un biais potentiel d'endogénéité peut également affecter les estimations : les TFM sont en effet endogènes, en raison du fait que leur ampleur peut être liée au degré d'inclusion financière des ménages. La causalité inverse, les facteurs communs affectant à la fois les TFM et l'inclusion financière et les erreurs de mesure sont également des sources potentielles d'endogénéité. Afin de traiter ces biais, nous utilisons la méthode des moments généralisés en système (*GMM system*) sur panel dynamique pour estimer la relation entre les TFM et l'inclusion financière. Quatrièmement, pour tester la robustesse des résultats, nous utilisons la méthode PTR (*Panel Threshold Regression*) proposée et développée par Hansen (1999). En effet, bien que la spécification précédente permette la prise en compte de la non-linéarité, elle suppose que l'effet marginal des TFM sur l'inclusion financière est linéaire. Une telle hypothèse implique une perte d'information par rapport au modèle PTR où l'élasticité de l'inclusion financière par rapport aux TFM est spécifique sur chaque régime de développement financier. En outre, la méthode de détermination du seuil est fondée sur un processus d'optimisation, ce qui conduit à des seuils cohérents.

L'article comporte trois sections. Après l'introduction, la section 1 fait brièvement le point sur la littérature traitant de l'impact des TFM sur le développement financier et sur l'inclusion financière. Les données, la stratégie empirique et les résultats sont présentés dans les deux sections suivantes.

1. UN BREF APERÇU DE LA LITTÉRATURE

La littérature analysant les effets macroéconomiques des TFM s'est longtemps focalisée sur le lien entre TFM et croissance économique. Il ressort de cette littérature que les TFM promeuvent la croissance économique, mais ce résultat reste fragile et fortement conditionné par le niveau du développement financier, la qualité des institutions des pays récipiendaires, la composition des échantillons ainsi que les méthodes d'estimation utilisées. Par ailleurs, l'adoption de la déclaration du « millénaire » par les Nations Unies et les Objectifs de Développement Durable (ODD) qui considèrent l'inclusion financière comme un fondement essentiel du développement économique, ont progressivement incité les chercheurs à évaluer l'impact des TFM sur l'inclusion financière. La discussion qui suit se veut une synthèse de cette littérature. Nous présentons d'abord les résultats des travaux relatant le lien entre les TFM et le développement financier, ensuite nous examinons ceux qui ont abordé la relation entre les TFM et l'inclusion financière.

1.1. Transferts de fonds de migrants et développement financier

La relation entre TFM et développement financier a donné lieu à une littérature abondante[1], qui fournit des résultats controversés. D'une part, comme le mentionnent Orozco et Fedewa (2006) et Aggarwal et al. (2011), les TFM permettent aux ménages d'accéder aux services financiers. En outre, dans la mesure où les TFM semblent également être plus stables que les autres flux de capitaux étrangers et évoluent souvent de façon contra-cyclique, ils peuvent accroître les fonds prêtables des banques et par ce biais, le crédit intérieur. D'autre part, en relâchant la contrainte financière des ménages, les TFM sont susceptibles de réduire la demande de crédit et réduire le développement de ce marché. Dans ce cas, les TFM apparaissent comme un substitut au développement financier. En raison de la divergence des arguments théoriques existants, l'étude du lien entre les TFM et le développement financier devient une question empirique.

Cette littérature empirique a pris deux principales directions. La première, la plus significative, réside dans l'analyse des effets du développement financier sur la relation entre TFM et croissance économique. De façon générale, les résultats de ces études débouchent sur la conclusion selon laquelle les effets des TFM sur la croissance ne sont pas directs, mais qu'ils transitent plutôt par le canal du développement financier. La relation entre TFM et croissance ne serait pas linéaire, mais conditionnelle aux situations différentes dans lesquelles se trouvent les économies. Ainsi, Giuliano et Ruiz-Arraz (2009) font apparaître des effets de seuil, en fonction du niveau de développement financier. Prenant appui sur un échantillon de 100 pays en développement, les auteurs parviennent à la conclusion que les TFM promeuvent la croissance économique dans les pays où le secteur financier est peu développé. Plus récemment, Sobiech (2019) montre que les TFM peuvent favoriser la croissance, mais l'effet n'est significatif qu'à condition que les pays récipiendaires présentent de faibles niveaux de développement financier. Ces résultats confortent les travaux de Giuliano et Ruiz-Arranz (2009), qui ont constaté que les TFM et le développement financier peuvent être des substituts. Olayungbo et Quadri (2019) aboutissent à des conclusions similaires en ayant recours à des régressions de type *Pooled Mean Group* (PMG) sur un échantillon de 20 pays d'Afrique subsaharienne sur la période 2000-2015. En revanche, Bettin et Zazzaro (2012) prennent en compte l'interaction entre TFM et efficience bancaire, et trouvent plutôt que les TFM sont complémentaires au développement financier. Des résultats semblables sont obtenus par El Hamma (2018), qui met en évidence une complémentarité entre TFM et développement financier à partir d'une étude portant sur un échantillon de 14 pays du Moyen-Orient et d'Afrique du Nord et basée sur la méthode des doubles moindres carrés ordinaires pour traiter une éventuelle endogénéité des TFM. De même, l'étude menée par Bangaké et Eggoh (2019) sur un échantillon de 60 pays en développement plaide pour la complémentarité entre TFM et développement financier. Ainsi, les TFM promeuvent la croissance économique dans les pays où le secteur financier est relativement développé.

La seconde direction prise par la littérature empirique concerne l'effet direct des TFM sur le développement financier. Ainsi, Gupta et al. (2009) utilisent un panel de 44 pays en Afrique subsaharienne et testent l'impact direct des TFM sur le développement financier. Après avoir contrôlé l'endogénéité potentielle des TFM dans leurs estimations économétriques, ils trouvent que les TFM affectent positivement le dé-

---

[1] Pour plus de détails, se référer à Sobiech (2019), Bangake et Eggoh (2019), Olayungbo et Quadri (2019), Bhattacharya et al. (2018), Nyamongo et al. (2012), Bettin et Zazzaro (2011), et Aggarwal et al. (2011).

veloppement financier. Aggarwal et al. (2011) trouvent également une relation positive entre les TFM et le développement financier pour les économies en développement sur la période 1975 et 2007. A partir de données portant sur dix-neuf (19) économies africaines, Coulibaly (2015) fait également apparaître une relation positive et significative entre le secteur bancaire et les TFM sur la période 1980-2010.

Malgré leur intérêt, ces études fournissent peu d'informations sur la relation entre TFM et inclusion financière. Le développement financier dans les PED est également un processus comprenant de multiples facettes, qui s'appuie sur le système bancaire, les institutions de microcrédit, etc. Or dans ces pays, la bancarisation des populations y est faible, et l'exclusion financière touche à des degrés différents les ménages les plus vulnérables. Dans ce cadre, un domaine d'intérêt particulier pour les chercheurs et les décideurs politiques a été d'étudier directement l'impact potentiel des TFM sur l'inclusion financière.

1.2. Transferts de fonds de migrants et inclusion financière

Sur le plan théorique, la relation entre TFM et inclusion financière est insuffisamment développée. Néanmoins, Anzoategui et al. (2014) identifient deux canaux à travers lesquels les TFM peuvent affecter l'inclusion financière. Premièrement, les TFM pourraient créer un besoin en produits financiers parmi les ménages récipiendaires, et rendre ces personnes éligibles pour accéder aux produits d'épargne proposés par les institutions financières. Deuxièmement, les TFM augmenteraient la probabilité pour les ménages récipiendaires d'obtenir des prêts. En effet, en réduisant les problèmes d'asymétrie d'information entre prêteurs et emprunteurs, les institutions financières seraient plus disposées, et plus aptes à consentir des prêts aux bénéficiaires des TFM. Cela peut donc améliorer l'inclusion financière des ménages récipiendaires. Dans cette configuration, Anzoategui et al. (2014) montrent que les TFM augmentent d'au moins 11 % la probabilité d'ouvrir un compte bancaire.

Sur le plan empirique peu d'études se sont intéressées aux déterminants de l'inclusion financière et en particulier à sa relation avec les TFM. Une partie de ces travaux a été menée dans le contexte sud-américain et au niveau microéconomique. A titre d'exemple, Demirgüç-Kunt et al. (2011) montrent à partir d'une enquête conduite au Mexique que les TFM contribuent à augmenter très sensiblement la profondeur financière, en particulier le nombre d'agences et de comptes bancaires par habitant ainsi que le montant des dépôts. Dans la même veine, Ambrosius et Cuecuecha (2016) étudient l'effet des TFM sur l'utilisation des services financiers formels et informels en utilisant les données des ménages mexicains. Les auteurs trouvent des effets positifs et statistiquement significatifs des TFM sur l'ouverture des comptes d'épargne et les emprunts bancaires. Dans le cas d'El Salvador, Anzoategui et al. (2014) s'appuient sur les données d'enquête auprès des ménages pour apprécier l'impact des TFM sur l'inclusion financière. Les auteurs concluent que les TFM ont un impact positif sur l'inclusion financière en favorisant l'utilisation des comptes de dépôts. En Afrique, l'essentiel des travaux existants porte sur le Nigéria. Ainsi, Uchenna et al. (2015) utilisent une régression logistique pour analyser le lien entre TFM et inclusion financière. Les résultats débouchent sur la conclusion que les TFM n'augmentent pas la demande de services bancaires. En revanche, les travaux d'Ajefu et Ogebe (2019) réalisés au Nigéria à partir des données d'enquête ménages montrent que les TFM augmentent la probabilité d'utiliser des services financiers formels, tels que les comptes de dépôts, les services bancaires par internet, ou le *mobile banking*.

Malgré la croissance en volume des TFM ces dernières années, peu de travaux ont analysé l'impact des TFM sur l'inclusion financière au niveau macroéconomique. Néanmoins, sur des périodes récentes, les données relatives à l'inclusion financière sont fournies par la Banque mondiale et par le Fonds Monétaire International. Elles ont ainsi permis l'occurrence de quelques rares études sur l'impact des TFM sur l'inclusion financière. Dans cette perspective, Inoué et Hamori (2016) analysent l'impact des TFM sur l'accès aux services financiers formels en prenant appui sur 38 pays en développement d'Asie et d'Océanie entre 2001 et 2012. Leurs résultats indiquent que les TFM contribuent à élargir le réseau national des banques commerciales. Dans la même perspective, à partir d'un échantillon de 61 pays en développement, Machasio (2018) conclut également que les TFM ont un impact positif sur l'inclusion financière. L'étude montre que les TFM augmentent l'inclusion financière d'environ 2,49 %. En revanche, les résultats de Gautam (2019) remettent en cause la capacité des TFM à stimuler l'inclusion financière dans les pays en développement. Son étude porte sur 107 pays et débouche sur des conclusions pessimistes. Les TFM entraînent une baisse importante de la demande de comptes de dépôts auprès des institutions financières officielles. Par ailleurs, ils n'ont pas d'effet significatif sur la demande de crédit de ces institutions.

2. MÉTHODOLOGIE ET DONNÉES

2.1. Approche méthodologique

L'analyse de la relation entre l'inclusion financière et les TFM est basée sur un modèle de régression en panel, prenant en compte l'hétérogénéité individuelle, dont la forme générale se présente comme suit :

$$IF_{it} = \alpha_i + \beta TM_{it} + \varphi' Z_{it} + \varepsilon_{it} \tag{1}$$

où IF_{it} est un indicateur d'inclusion financière (dans le cadre de cette analyse, nous mobilisons 10 indicateurs d'inclusion financière), TM_{it}, le rapport au PIB des transferts de fonds des migrants, et Z_{it}, une matrice de variables de contrôle. α_i, représente les effets fixes individuels et ε_{it} le terme d'erreur. L'équation (1) est estimée à l'aide des modèles à effets fixes et aléatoires. Le test de Hausman permet de discriminer entre ces deux modèles.

Un certain consensus a émergé dans la littérature, concernant l'impact non linéaire du développement financier et des TFM sur les performances macroéconomiques[2]. L'impact des TFM sur l'inclusion financière est susceptible d'être non linéaire en raison notamment du niveau de développement financier des pays récipiendaires. En effet, de nombreux ménages dans les pays en développement ont des contraintes de financement liées à la taille du secteur financier. Les TFM peuvent desserrer les contraintes de financement en permettant aux récipiendaires d'accéder aux produits financiers proposés par les institutions financières classiques. Afin d'explorer l'effet du développement financier sur la relation entre TFM et inclusion financière, nous introduisons une variable d'interaction entre les TFM et le développement financier dans l'équation précédente, qui peut se réécrire sous la forme suivante :

$$IF_{it} = \alpha_i + \beta TM_{it} + \delta DF_{it} + \theta TM_{it} * DF_{it} + \varphi' Z_{it} + \varepsilon_{it} \tag{2}$$

où DF_{it} est un indicateur de développement financier. Les modèles en panel statique présentent la limite de ne pas prendre en compte les effets d'hystérésis de la variable endogène. En effet, l'inclusion financière peut dépendre de son niveau à la date précédente. La dynamique de l'inclusion financière est prise en compte à travers l'estimation de l'équation suivante :

---

2 Voir Giuliano et Ruiz-Arraz (2009), Bettin et Zazzaro (2012), Sobiech (2019) et Bangake et Eggoh (2019).

$$IF_{it} = \alpha_i + \lambda IF_{i,t-1} + \beta TM_{it} + \theta X_{it} + \varphi' Z_{it} + \varepsilon_{it} \qquad (3)$$

avec $X_{it} = TM_{it} * DF_{it}$ représente la variable d'interaction entre les TFM et l'inclusion financière. L'estimateur du modèle à effets fixes *within*, appliqué à une spécification dynamique, fournit des estimateurs biaisés et non convergents, compte tenu de la corrélation entre la variable endogène retardée $IF_{i,t-1}$ et ε_{it}, lorsque les termes d'erreur sont autorégressifs. La spécification en différence première, proposée par Arellano et Bond (1991), peut contenir cette limite.

$$\begin{aligned} IF_{it} - IF_{i,t-1} = {} & \lambda(IF_{i,t-1} - IF_{i,t-2}) + \beta(TM_{it} - TM_{i,t-1}) \\ & + \theta(X_{it} - X_{i,t-1}) + \varphi'(Z_{it} - Z_{i,t-1}) + (\varepsilon_{it} - \varepsilon_{i,t-1}) \end{aligned} \qquad (4)$$

Bien que cette spécification permette d'éliminer les effets fixes individuels, elle fait apparaître, par construction, un potentiel biais, du fait de la corrélation entre $IF_{i,t-1} - IF_{i,t-2}$ et $\varepsilon_{it} - \varepsilon_{i,t-1}$. La méthode la plus robuste pour traiter ce problème est l'utilisation de l'estimateur des GMM *system* en deux étapes, proposé par Blundell et Bond (1998), qui combine l'équation en niveau (Eq. 3) et l'équation en différence première (Eq. 4). Les instruments proposés pour traiter les sources potentielles d'endogénéité sont les variables retardées. Pour apprécier la pertinence des instruments retenus, plusieurs tests ont été effectués : le test de sur-identification de Hansen et les tests d'autocorrélation d'ordre un et deux.

Afin de fournir des preuves de robustesse aux résultats précédemment obtenus à partir des modèles quadratiques, nous utilisons une régression de panel à seuil (*Panel Threshold Regression*, PTR) de Hansen (1999), qui peut être considérée comme une extension de la spécification linéaire. Considérons le cas le plus simple d'un PTR avec deux régimes extrêmes :

$$IF_{it} = \alpha_i + \beta_1 TM_{it} I(DF_{it} \le \gamma) + \beta_2 TM_{it} I(DF_{it} > \gamma) + \varphi' Z_{it} + \varepsilon_{it} \qquad (5)$$

où γ est le seuil de développement financier. Les observations sont divisées en deux régimes selon que le niveau de développement financier (variable de seuil) est plus petit ou plus grand que le paramètre γ. Les régimes se distinguent par des pentes de régression différentes respectivement, pour le régime bas et le régime haut.

La première étape de notre méthode d'estimation consiste à tester l'hypothèse nulle (H0) de linéarité, contre l'hypothèse alternative d'un modèle à un seuil décrit par l'équation (5). Sous l'hypothèse nulle, le seuil γ n'est pas identifié, en conséquence, les tests classiques ont donc une distribution non standard. Le test de linéarité doit donc être construit en considérant ce paramètre comme étant fixé à sa valeur estimée. Pour chaque valeur possible de γ, la statistique du test du rapport de vraisemblance est calculée et, par la suite, les inférences sont basées sur la valeur de γ, où la statistique est maximale. Le test du rapport de vraisemblance de H0 est basé sur la statistique $F = (S_0 - S_1(\hat{\gamma}))/\hat{\sigma}^2$, où S_0 est la somme des résidus au carré du modèle linéaire, $S_1(\hat{\gamma})$ la somme des résidus au carré du modèle à un seuil et où $\hat{\sigma}^2 = S_1(\hat{\gamma})/N(T-1)$.

Malheureusement, la distribution asymptotique de la statistique n'est pas standard et dépend en général des moments de l'échantillon. Étant donné que la valeur critique ne peut pas être tabulée, Hansen (1996) suggère la méthode *bootstrap* pour simuler la distribution asymptotique du test du rapport de vraisemblance. Si l'hypothèse d'un seuil unique est acceptée, la même procédure peut être appliquée au modèle général afin de déterminer le nombre de seuils requis pour purger toute la non-linéarité. La nouvelle hypothèse nulle consiste à tester une spécification avec r régimes contre une spécification à $r+1$ régimes. La procédure s'arrête lorsque l'hypothèse nulle n'est pas rejetée.

2.2. Données et statistiques descriptives

La présente étude couvre un panel de 111 pays en développement[3], sélectionnés en fonction de la disponibilité des données, sur la période 2004-2017. Nos données proviennent de différentes sources : World Development Indicators (World Bank, 2019a), Global Financial Inclusion (World Bank, 2019b), et Financial Access Survey (International Monetary Fund, 2019). Plusieurs indicateurs ont été proposés dans la littérature pour mesurer l'inclusion financière. Malheureusement, la plupart des mesures captent soit la pénétration, soit l'accès aux services financiers. Dans le cadre de cette analyse, nous mobilisons 10 indicateurs d'inclusion financière qui mesurent à la fois l'accès aux services financiers, la pénétration des services financiers, l'usage des services financiers et le *mobile banking.* La digitalisation des services financiers est un phénomène récent dans les pays en développement, qui a favorisé l'inclusion financière d'une grande partie de la population disposant de téléphones mobiles, mais n'ayant pas accès aux services financiers. Ainsi, à travers le téléphone mobile, ces populations peuvent faire des opérations de transfert d'agent, des règlements et bénéficier des services financiers tels que l'assurance, l'épargne, le crédit, etc. Les TFM peuvent être également effectués par le *mobile banking.*

Tableau 1. Définition des variables

Variables	Définition de la variable
Les indicateurs d'accès aux services financiers	
Bankadult	Nombre d'agences bancaires pour 100 000 adultes.
Bankkm2	Nombre d'agences bancaires pour 1000 km2.
Dabadult	Nombre de distributeurs automatiques de billets (DAB) pour 100 000 adultes.
Dabkm2	Nombre de distributeurs automatiques de billets (DAB) pour 1000 km2.
Indicateurs de pénétration des services financiers	
Comptebk	Nombre de comptes bancaires auprès des banques commerciales pour 1000 adultes.
Emprunt	Nombre d'emprunteurs auprès des banques commerciales pour 1000 adultes.
Indicateurs d'usage des services financiers	
Cartecred	Nombre de cartes de crédit pour 1000 adultes.
Cartedeb	Nombre de cartes de débit pour 1000 adultes.
Indicateurs de mobile banking	
Mobilebn	Nombre de transactions bancaires mobiles et internet pour 1000 adultes.
Mobilebv	Valeur des transactions bancaires mobiles et internet (% du PIB).
Variables exogènes	
Remit	Transferts des fonds des migrants en pourcentage du PIB.
Findev	Ratio au PIB des engagements exigibles i.e. de la masse monétaire au sens large (M3).
Gdpppc	Produit intérieur brut (PIB) par habitant exprimé en dollar constant de 2010.
Trade	Taux d'ouverture mesuré par le rapport au PIB de la somme des importations et des exportations.
Schoolpr	Taux brut de scolarisation dans le primaire.

Notre principale variable exogène est le rapport au PIB des envois de fonds des migrants. Ces envois de fonds comprennent les transferts courants en espèces ou en nature reçus par les ménages résidents et les rémunérations des travailleurs frontaliers ou saisonniers employés dans une économie où ils ne sont pas résidents. Le développement financier est également une variable exogène d'intérêt, puisqu'elle

[3] La liste des pays est présentée en Annexe.

est utilisée comme variable de transition dans la relation entre l'inclusion financière et les TFM. Le tableau 1 présente la liste des variables ainsi que leur définition.

Les statistiques descriptives sur des données moyennes par pays sont présentées au tableau 2. Sur l'échantillon étudié, le niveau moyen des TFM dépasse 5 % du PIB, soit 6,12 %. L'ampleur de ces fonds dans les PED suggère que ces derniers peuvent avoir un impact sur l'activité économique et sociale, en facilitant l'accès aux services financiers des populations les plus défavorisées.

Tableau 2. Statistiques descriptives

Variables	Observations	Moyenne	Ecart-type	Minimum	Maximum
Bankadult	111	11,171	11,858	0,643	72,864
Bankm2	111	8,838	16,739	0,027	110,238
Dabadult	111	21,191	21,840	0,364	112,796
Dabkm2	111	15,462	28,896	0,029	196,270
Comptebk	88	717,539	640,443	27,679	3588,285
Emprunt	77	109,2142	122,705	1,423	746,475
Cartecred	59	107,791	122,743	0	495,860
Cartedeb	63	526,099	505,066	0,443	2803,355
Mobilebn	29	18295,4	35504,2	60,864	170437,1
Mobilebv	28	439,245	1463,489	0,473	7835,325
Remit	111	5,492	6,891	0,028	34,693
Findev	111	42,655	32,061	8,605	260,683
Gdpppc	111	3708,037	3605,304	229,853	20125,54
Trade	111	80,582	31,862	19,414	173,395
Schoolpr	111	104,753	14,557	61,835	142,682

De façon globale, les pays en développement ont enregistré une évolution croissante des indicateurs d'inclusion financière, au cours de la dernière décennie. Par exemple, le nombre d'agences bancaires pour 100 000 adultes est passé de 9,93 en 2010 à 12,71 en 2017. Sur la même période, l'accès aux distributeurs automatiques de billets pour 100 000 adultes a augmenté, passant de 21,31 à 32,82. La progression la plus remarquable a été réalisée au niveau du *mobile banking*, où le montant des opérations rapportées au PIB est passé de 144,73 % en 2010 à 506,63 % en 2017. Cette évolution met en évidence l'amélioration de l'accès aux services financiers, rendue possible, grâce à la téléphonie mobile.

Toutefois, la dynamique des indicateurs d'inclusion financière reste caractérisée par une forte variabilité individuelle et temporelle, suggérant en conséquence, l'existence d'une potentielle non linéarité avec les TFM. En ce qui concerne les autres variables de contrôle, les valeurs obtenues restent bien proches des tendances moyennes suggérées par la plupart des études (Barro et Sala-i-Martin, 2004 ; Levine et al. 2000 ; Bahadir et Valev, 2015).

3. RÉSULTATS ET IMPLICATIONS

L'estimation de la relation entre l'inclusion financière et les TFM est réalisée en deux étapes. Dans un premier temps, nous testons l'effet des TFM sur l'inclusion financière, à travers un modèle à effets fixes individuels et sur panel dynamique, prenant en compte l'interaction entre TFM et développement financier. Ensuite, nous utilisons un modèle PTR pour déterminer les seuils de développement financier et mettre en évidence les effets marginaux sous chaque régime.

Tableau 3. Relation non linéaire entre inclusion financière et TFM : résultats du modèle à effets fixes

Notes : Les écarts-types entre parenthèses. *** p<0,01 ; ** p<0,05 ; * p<0,1. Toutes les variables exogènes sont en logarithme népérien.

	(1)	(2)	(3)	(4)	(5)	(6)	(7)	(8)	(9)	(10)
Variables	Bankadult	Bankm2	Dabadult	Dabkm2	Comptebk	Emprunt	Cartcred	Cartdeb	Mobilebn	Mobilebv
Remit	0,131**	0,195***	0,754***	0,831***	0,533***	0,583***	0,771**	0,569***	0,933***	0,794**
	(0,057)	(0,064)	(0,099)	(0,105)	(0,097)	(0,133)	(0,353)	(0,241)	(0,303)	(0,360)
Findev	0,184***	0,278***	0,722***	0,795***	0,486***	0,789***	0,702***	0,251	1,070**	-0,113
	(0,052)	(0,058)	(0,084)	(0,089)	(0,087)	(0,134)	(0,209)	(0,164)	(0,446)	(0,518)
Findev*Rem	-0,031*	-0,047***	-0,172***	-0,192***	-0,134***	-0,146***	-0,269***	-0,288***	0,206	0,427
	(0,016)	(0,017)	(0,026)	(0,028)	(0,026)	(0,040)	(0,095)	(0,065)	(0,331)	(0,392)
Gdppc	1,074***	1,479***	3,898***	4,311***	2,189***	2,554***	2,504***	3,697***	4,185***	2,716**
	(0,082)	(0,092)	(0,138)	(0,147)	(0,133)	(0,188)	(0,328)	(0,265)	(0,981)	(1,156)
Trade	0,028	0,028	0,087	0,202*	0,206***	0,122**	0,184	0,194	1,751***	-0,734
	(0,030)	(0,034)	(0,099)	(0,106)	(0,043)	(0,048)	(0,222)	(0,164)	(0,588)	(0,845)
Schoolpr	0,713***	0,874***	1,141***	1,146***	0,584**	0,436	3,158***	2,143***	3,226*	3,260
	(0,148)	(0,165)	(0,278)	(0,296)	(0,281)	(0,358)	(0,727)	(0,572)	(1,799)	(2,178)
Constante	-10,43***	-15,34***	-35,70***	-39,62***	-14,49***	-19,99***	-34,89***	-34,29***	-8,796	-0,518
	(0,855)	(0,956)	(1,723)	(1,834)	(1,639)	(2,126)	(4,487)	(3,594)	(12,330)	(15,780)
Test de Hausman	36,06***	29,67***	228,96***	396,21***	87,33***	111,86***	19,54***	207,01***	14,38**	12,93**
Observations	1 086	1 086	994	994	726	568	346	384	133	125
R^2 *within*	0,295	0,382	0,659	0,675	0,456	0,546	0,475	0,634	0,501	0,196
Nombre de pays	102	102	100	100	73	60	49	54	23	22

Tableau 4. Relation non linéaire entre inclusion financière et TFM : estimation sur panel dynamique

	(1)	(2)	(3)	(4)	(5)	(6)	(7)	(8)	(9)	(10)
Variables	Bank-adult	Bankm2	Dabadult	Dabkm2	Comp-tebk	Emprunt	Cartcred	Cartdeb	Mobilebn	Mobilebv
IF_{it-1}	0,905***	0,989***	0,757***	0,853***	0,871***	0,750***	0,564***	0,750***	0,925***	0,898***
	(0,005)	(0,003)	(0,004)	(0,005)	(0,009)	(0,007)	(0,007)	(0,005)	(0,098)	(0,014)
Remit	0,033***	0,028***	0,145***	0,104***	0,086***	0,073***	0,661***	0,084***	0,369***	0,705***
	(0,006)	(0,004)	(0,011)	(0,011)	(0,009)	(0,013)	(0,158)	(0,021)	(0,063)	(0,262)
Findev	0,009**	0,028***	0,311***	0,286***	0,029	0,187***	0,300***	0,136***	-0,160	0,026
	(0,004)	(0,002)	(0,017)	(0,011)	(0,019)	(0,026)	(0,063)	(0,028)	(0,196)	(0,065)
Findev*Rem	-0,008***	-0,005***	-0,025***	-0,009***	-0,022***	-0,041***	-0,124***	-0,016**	0,186	0,170**
	(0,001)	(0,001)	(0,002)	(0,003)	(0,002)	(0,003)	(0,044)	(0,006)	(0,121)	(0,083)
Gdppc	0,087***	0,059***	0,348***	0,155***	0,136***	0,356***	1,070***	0,136***	0,731**	0,421***
	(0,014)	(0,003)	(0,006)	(0,012)	(0,019)	(0,017)	(0,029)	(0,012)	(0,315)	(0,070)
Trade	0,055***	0,064***	0,195***	0,372***	0,055***	0,151***	0,930***	0,365***	0,501**	0,138
	(0,002)	(0,002)	(0,009)	(0,008)	(0,003)	(0,005)	(0,039)	(0,016)	(0,209)	(0,172)
Schoolpr	1,099***	0,691***	0,040	0,107	0,544***	0,226***	5,142***	1,196***	-0,948	0,327
	(0,019)	(0,016)	(0,046)	(0,072)	(0,063)	(0,046)	(0,442)	(0,053)	(0,710)	(0,861)
Constante	-5,118***	-2,845***	-1,933***	-1,938***	-2,849***	-2,746***	-36,19***	-7,109***	14,28**	2,116
	(0,105)	(0,089)	(0,297)	(0,429)	(0,339)	(0,177)	(2,198)	(0,229)	(5,753)	(4,542)
AR1 (*p-value*)	0,043	0,039	0,003	0,002	0,002	0,048	0,029	0,024	0.207	0,163
AR2 (*p-value*)	0,829	0,838	0,733	0,722	0,679	0,315	0,312	0,531	0.059	0,415
Test de Hansen (*p-value*)	0,463	0,423	0,431	0,481	0,747	0,796	0,713	0,591	1,000	1,000
Observations	1 006	1 006	913	913	663	514	305	339	111	104
Nombre de pays	101	101	98	98	73	60	47	52	22	21

Notes : Les écarts-types entre parenthèses. *** p<0,01 ; ** p<0,05 ; * p<0,1. Toutes les variables exogènes sont en logarithme népérien.

3.1. Quels effets du développement financier sur la relation entre TFM et inclusion financière ?

L'estimation de la relation entre les indicateurs d'inclusion financière et les TFM est décrite à travers les tableaux 3 et 4, qui présentent respectivement les coefficients obtenus à partir d'un modèle à effets fixes et sur panel dynamique.

Les résultats fournis par l'estimation sur panel statique (tableau 3) présentent un bon pouvoir explicatif, compte tenu des valeurs de R^2 *within*. Par ailleurs, le test de Hausman rejette l'hypothèse nulle en faveur du modèle à effets aléatoires. Les résultats obtenus à travers le modèle à effets fixes, bien que soutenant une relation favorable entre les deux variables, peuvent être soumis au biais d'endogénéité en raison d'une relation inverse entre TFM et inclusion financière. En effet, l'accroissement des TFM peut également être perçu comme le signe d'une bonne inclusion financière des ménages, se traduisant par l'efficacité du système bancaire à acheminer les envois de fonds vers leurs bénéficiaires. Pour contenir ce biais et prendre en compte la persistance dans la dynamique d'inclusion financière, nous proposons une estimation de la relation entre inclusion financière et TFM sur panel dynamique à l'aide des GMM *system* en deux étapes. Les résultats obtenus sont présentés au tableau 4. Le test de sur-identification, de Hansen (1982), ainsi que les tests d'autocorrélation d'ordre 1 et 2 confirment la validité des instruments.

Les résultats obtenus, suite à l'estimation d'un panel dynamique à l'aide de l'estimateur du *GMM system* en deux étapes, sont globalement concordants avec ceux obtenus sur panel statique, avec toutefois des divergences de faibles ampleurs au niveau de certains coefficients, en raison du traitement de l'endogénéité. En conséquence, l'analyse se basera essentiellement sur les résultats obtenus à partir de l'estimateur des *GMM system*, sauf pour ce qui concerne les variables de *mobile banking*, où le test de validité des instruments n'est pas concluant en raison du faible nombre de données disponibles.

De façon globale, les TFM stimulent l'inclusion financière, dans toutes ses dimensions. En effet, le coefficient du ratio au PIB des TFM est positivement associé aux dix (10) indicateurs d'inclusion financière. Les TFM améliorent significativement la couverture bancaire. Ces résultats confortent les travaux de Demirgüç-Kunt et al. (2011) et de Anzoategui et al. (2014) qui montrent dans le cas du Mexique, que les TFM contribuent à augmenter sensiblement la profondeur financière, en particulier le nombre d'agences et de comptes bancaires par habitant, ainsi que le montant des dépôts. En revanche, ils contrastent fortement avec ceux de Gautam (2019) qui trouve un impact négatif et significatif des TFM sur les demandes de comptes de dépôts auprès des institutions financières officielles. La régularité des TFM par les canaux formels, peut conduire à une extension des activités bancaires dans les zones où se situent les bénéficiaires de ces transferts. Cette extension des activités bancaires se traduit par l'ouverture de nouvelles agences bancaires, afin de rapprocher les services financiers de la clientèle. Les bénéficiaires des TFM, en fonction de leur profil, peuvent ouvrir un compte bancaire ou pas. Par exemple, en partenariat avec les institutions financières, Western Union et MoneyGram permettent aux bénéficiaires de retirer les transferts dans des agences bancaires, sans détenir de compte bancaire. Pour les clients disposant de comptes bancaires, ces transferts internationaux peuvent s'effectuer de compte à compte, avec des coûts relativement faibles, incitant ainsi les bénéficiaires à ouvrir un compte bancaire. En conséquence, les TFM favorisent l'accès aux comptes bancaires des ménages bénéficiaires, et stimulent les différentes opérations bancaires associées : dépôts, crédits bancaires, et assurance par exemple. L'inclusion financière est également accrue par l'accroissement des distributeurs automatiques de billets pour faciliter les retraits des transferts par les bénéficiaires.

En dehors les canaux bancaires traditionnels à travers lesquels l'inclusion financière est facilitée, cette dernière est accélérée par le *mobile banking*. En effet, les TFM ont dans une certaine mesure amplifié l'utilisation de la téléphonie mobile à des fins bancaires. Les estimations suggèrent qu'un accroissement de 1 % des TFM contribue à augmenter le nombre des transactions bancaires mobiles et par internet pour 1000 adultes de 0,93 % et la valeur des transactions bancaires mobiles et par internet (en % du PIB) de 0,79 %. Les TFM se révèlent être un accélérateur de l'inclusion financière à travers le *mobile banking*. De surcroît, les TFM stimulent plus les indicateurs de finance digitale que ceux du secteur bancaire, mettant ainsi en évidence, le rôle déterminant que joue la téléphonie mobile dans l'inclusion financière des populations, qui n'ont pas accès au secteur bancaire.

Les résultats des tableaux 3 et 4 indiquent un impact favorable du développement financier, mesuré par la masse monétaire au sens large (M3) en pourcentage du PIB, sur les différents indicateurs d'inclusion financière. Les coefficients obtenus sont positifs et significatifs au seuil conventionnel de 1 % dans la plupart des cas[4]. L'approfondissement financier stimule principalement l'inclusion financière à travers l'accès aux cartes de crédit, les emprunts bancaires et la couverture en distributeurs automatiques de billets. Toutefois, le développement financier reste faiblement associé *au mobile banking*, mettant en évidence un effet de substitution entre les deux indicateurs. En effet, le développement de la banque mobile supplée aux insuffisances du secteur bancaire traditionnel et favorise l'inclusion financière.

En raison de la relation concomitante entre le développement financier et la croissance économique, soutenue par une abondante littérature (Beck et al., 2000 ; Bangaké et Eggoh, 2011), le PIB par tête est positivement associé à l'inclusion financière. La nécessité de soutenir l'expansion à travers le financement des activités économiques explique cette liaison. En conséquence, l'accroissement de la production s'accompagnera d'une inclusion plus grande des ménages, dont l'objectif est de soutenir l'activité économique. Ces résultats sont en cohérence avec ceux obtenus par Chinoda (2020) qui montre, à partir d'un échantillon de 30 pays africains sur la période 2004-2017, que la croissance économique stimule l'inclusion financière. De même, Thi-Hong Van et al. (2019) mettent en évidence une relation positive entre l'inclusion financière et la croissance économique, dans les pays à faible revenu.

L'un des coefficients d'intérêt dans la régression est celui de la variable d'interaction obtenue à partir du produit des TFM et du développement financier. Le coefficient de la variable d'interaction est négatif et significatif dans les modèles à effets fixes et sur panel dynamique pour toutes les variables d'inclusion financière, à l'exception des variables de *mobile banking*, où l'insuffisance de données n'a pas permis d'avoir des résultats fiables. Le signe négatif et significatif de la variable d'interaction suggère une relation non linéaire entre les TFM et l'inclusion financière, par rapport au développement financier. En effet, pour de faibles niveaux de développement financier, les TFM favorisent l'inclusion financière. Un effet de substitution des TFM au développement financier dans les économies financièrement sous-développées apparaît à ce niveau, déjà mis en évidence par Giuliano et Ruiz-Arranz (2009) et Sobiech (2019). Dans le même temps, l'impact des TFM sur l'inclusion financière diminue à mesure que le niveau de développement financier s'améliore, au-delà d'un seuil donné. Ce résultat se justifie par le fait qu'une fois le secteur financier est

---

[4] Ce résultat reste robuste en utilisant différents indicateurs de développement financier : ratio au PIB des crédits ou des dépôts bancaires. Par souci de concision, nous ne présentons pas ces résultats ici. Ils peuvent être fournis au lecteur intéressé sur demande adressée aux auteurs.

développé, une large proportion de la population a accès aux services financiers ; ce qui va faciliter l'attractivité des TFM.

Nos résultats mettent également en évidence une liaison positive et significative entre le taux brut de scolarisation dans le primaire et les différentes mesures d'inclusion financière. En effet, l'accès au compte bancaire et ses services dérivés et à la finance digitale est facilité lorsque la population a un niveau d'éducation, qui lui permet de s'approprier aisément ces outils. Ces résultats s'inscrivent dans la littérature empirique, qui soutient que le capital humain stimule le développement financier. Dans la même perspective, Atkinson et Messy (2013) soulignent l'importance de l'éducation dans la promotion de l'inclusion financière.

Enfin, nos résultats suggèrent une relation positive et significative entre l'inclusion financière et l'ouverture commerciale, en particulier sur les estimations réalisées sur panel dynamique. En effet, les populations, lorsqu'elles sont plus impliquées dans les échanges internationaux, peuvent éprouver le besoin d'effectuer des règlements à l'étranger ou de recevoir des fonds du reste du monde. La détention de comptes bancaires et le recours aux infrastructures financières et digitales deviennent donc une nécessité, à mesure qu'un pays s'insère dans le commerce international. Des résultats concordants ont été obtenus par Hajilee et Niroomand (2019) qui montrent à partir d'un échantillon de 18 économies émergentes sur la période 1980-2014 que l'ouverture commerciale est positivement associée à l'inclusion financière, aussi bien à court terme qu'à long terme.

Comme mentionné ci-dessus, les pays bénéficiaires des TFM ayant le même niveau d'envois de fonds peuvent avoir des degrés d'inclusion financière différents, notamment en raison du niveau de développement financier. À cet égard, la sous-section qui suit évalue les effets marginaux des TFM sur l'inclusion financière, sous les différents régimes de développement financier, et en conséquence propose une analyse de robustesse des résultats précédents.

3.2. Une analyse de la robustesse à partir du modèle PTR

Le tableau 5 présente les tests de non-linéarité et l'estimation des paramètres du modèle PTR[5]. Le résultat de test de non linéarité rejette l'hypothèse nulle de linéarité au seuil conventionnel de significativité de 5% pour toutes les régressions. Dans le même temps, le test du modèle PTR à un seuil (H0) contre le modèle alternatif à deux seuils est en faveur de l'hypothèse nulle. En conséquence, les tests fournissent la preuve d'une relation non linéaire entre les TFM et l'inclusion financière, conditionnellement au développement financier. En particulier, un PTR à un seuil (deux régimes) est suffisant pour purger la non linéarité entre les deux variables et ce seuil de développement financier estimé est compris entre 44,78 % et 55,25 %[6].

En fonction du régime du développement financier, un impact différencié des TFM sur l'inclusion financière est obtenu (tableau 5). En effet, pour les pays disposant d'un niveau de développement inférieur au seuil (premier régime), les TFM améliorent l'inclusion financière, tandis que la relation est non significative sous le second régime. Ce résultat est robuste aussi bien pour la couverture des agences bancaires qu'en ce qui concerne les distributeurs automatiques de billets. Dans un

[5] Nous retenons dans le cadre de cette analyse de robustesse uniquement les 4 indicateurs d'inclusion financière, dont les valeurs sont disponibles pour tous les pays de l'échantillon sur la période d'étude, afin d'obtenir des estimateurs des paramètres robustes sur les différents régimes.

[6] L'utilisation d'indicateurs alternatifs de développement financier comme variable de transition fournit des résultats proches.

contexte de faible développement financier, les TFM favorisent donc l'inclusion financière. Par ailleurs, pour les pays disposant d'un secteur financier développé, l'inclusion financière est déjà réalisée, en conséquence les TFM ne jouent plus un rôle déterminant. L'effet différencié des TFM sur l'inclusion financière, en fonction du niveau de développement financier, corrobore nos résultats obtenus au paragraphe précédent, à partir des estimations réalisées sur panel dynamique. Enfin, les coefficients des variables de contrôle apparaissent significatifs dans la plupart des régressions, avec des signes conformes à nos précédentes estimations.

Tableau 5. Test de non linéarité et estimation du modèle PTR

	(1) Bankadult	(2) Bankm2	(3) Dabadult	(4) Dabkm2
Seuil de DF et test non linéarité				
Seuil de DF (γ)	55,25 %	55,25 %	48,89 %	44,78 %
Test de Fisher (F1)	84,41***	64,67**	47,83**	42,98**
Test de Fisher (F2)	30,21	33,93	16,57	18,81
Transferts des migrants				
Régime 1 ($DF_{it} \leq \gamma$)	0,041***	0,048***	0,109***	0,117***
	(0,010)	(0,012)	(0,018)	(0,020)
Régime 2 ($DF_{it} > \gamma$)	0,015	0,024	0,065	0,077
	(0,035)	(0,040)	(0,039)	(0,048)
Variables de contrôle				
Findev	0,165***	0,236***	0,599***	0,662***
	(0,026)	(0,031)	(0,045)	(0,049)
Gdpppc	0,955***	1,339***	2,939***	3,245***
	(0,057)	(0,066)	(0,097)	(0,106)
Trade	-0,015	0,072**	0,304***	0,371***
	(0,027)	(0,031)	(0,045)	(0,049)
Schoolpr	0,636***	0,844***	0,754***	0,863***
	(0,114)	(0,133)	(0,194)	(0,211)
Constant	-9,001***	-14,020***	-24,900***	-28,780***
	(0,645)	(0,747)	(1,093)	(1,189)
Observations	1 554	1 554	1 554	1 554
R^2 *within*	0,251	0,322	0,499	0,507
Nombre de pays	111	111	111	111

Notes : Les écarts-types sont entre parenthèses. *** p<0,01 ; ** p<0,05 ; * p<0,1. Toutes les variables exogènes sont en logarithme népérien. F1 est le test de Fisher du modèle linéaire (H0) contre un PTR à un seuil, et F2 est le test de Fisher du PTR à un seuil (H0) contre un PTR à 2 seuils.

CONCLUSION

Le rôle des transferts de fonds des migrants dans la croissance économique dans les pays en développement, la réduction des inégalités et l'assouplissement de la contrainte financière ont été largement discutés au cours de ces dernières années. Toutefois, les effets en termes d'inclusion financière ont été très peu explorés dans la littérature empirique. Cet article analyse la relation entre les TFM et l'inclusion financière sur un panel de 111 pays. De surcroît, nous prenons en compte l'influence du développement financier dans la relation entre TFM et inclusion financière. L'analyse mobilise 10 indicateurs d'inclusion financière et prend en compte des indicateurs de *mobile banking*, vecteurs d'inclusion financière dans de nombreux pays en développement au cours de ces dernières années. Sur le plan méthodologique, l'étude repose sur des estimations sur des modèles à effets fixes, les GMM *system* sur panel dynamique et les panels à seuils (*Panel Threshold Regression* – PTR) de Hansen (1999).

Les résultats obtenus suggèrent que les TFM favorisent l'inclusion financière dans ses différentes dimensions, avec des effets amplifiés en matière de *mobile banking*. Par ailleurs, la relation entre TFM et inclusion financière est non linéaire : l'impact des TFM sur l'inclusion financière n'est significatif que dans les pays caractérisés par un faible niveau de développement financier. Ces effets différenciés des TFM sur l'inclusion montrent que les TFM apparaissent comme un substitut au développement financier dans les pays où le secteur financier est peu performant. En conséquence, les politiques visant une inclusion financière large des populations doivent rendre le cadre réglementaire et institutionnel favorable aux TFM dans les pays récipiendaires.

REFERENCES

Abdih, Y., Chami R., Dagher, J., 2012, Remittances and Institutions: Are Remittances a Curse, *World Development*, 40, 657-666.

Acosta, P., Lartey K., Mandelman, F., 2009, Remittances and the Dutch Disease, *Journal of International Economics*, 79, 102-116.

Adams R.H., Page J., 2019, Migrant Remittances and Financial Inclusion among Households in Nigeria, *Oxford Development Studies*, 47(3), 319-335.

Afeju J.B., Ogebe J., 2005, Do International Migration and Remittances Reduce Poverty in Developing Countries? *World Development*, 33(10), 1645-1669.

Aggarwal, R., Demirgüç-Kunt, A., Peria M., 2011, Do Remittances Promote Financial Development? *Journal of Development Economics*, 96, 255-264.

Ahmed, F.Z., 2013, Remittances Deteriorate Governance, *Reviews of Economics and Statistics*, 95 (4), 1166-1182.

Ambrosius, C., Cuecuecha, A., 2016, Remittances and the Use of Formal and Informal Financial Services, *World Development*, 77, 80-98.

Ambrosius, C., Fritz, B., Stiegler, U., 2014, Remittances for Financial Access: Lessons from Latin American Microfinance, *Development Policy Review*, 32 (6), 733-753.

Amuedo-Dorantes, C., Pozo, S., 2004, Remittances and Insurance Evidence from Mexican Migrants, *Journal of Population Economics*, 19 (2), 227–254.

Anzoategui, D., Demirgüç-Kunt., D, Martinez Peria M., S., 2014, Remittances and Financial Inclusion: Evidence from El Salvador, *World Development*, 54, 338-349.

Arellano, M., Bond, S., 1991, Some Tests of Specification for Panel Data: Monte Carlo Evidence and an Application to Employment Equations, *Review of Economic Studies*, 58, 277-297.

Atkinson A., Messy F., 2013, Promoting financial Inclusion through Financial Education: OECD/INFE Evidence, Policies and Practice, *OECD Working Papers on Finance, Insurance and Private Pensions*, N°34, OECD Publishing.

Bahadir B., Valev N., 2015, Financial Development Convergence, *Journal of Banking and Finance*, 56, 61-71.

Bangake, C., Eggoh, J., 2011, Further Evidence on Finance-Growth Causality: A Panel Data Analysis, *Economic Systems*, 35, 176-188.

Bangake, C., Eggoh, J., 2019, Financial Development Thresholds and the Remittances-Growth Nexus, *Journal of Quantitative Economics*, DOI: 10.1007/s40953-019-00188-6.

Banque mondiale, 2019, Migration and Remittances. Recent Development and Outlook" Migration and Development Brief 31, Washington DC.

Barro, R., Sala-i-Martin, X., 2004, Economic growth. Second Edition. The MIT Press.

Beck, T., Levine, R., Loayza, N., 2000, Finance and the Sources of Growth, *Journal of Financial Economics* 58 (1-2), 261-300.

Berdiev, A.N, Kim Y., Chang, C-P., 2013, Remittances and Corruption, *Economics Letters*, 118, 182-185.

Bettin, G., Zazzaro A., 2012, Remittances and Financial Development: Substitutes or Complements in Economic Growth? *Bulletin of Economic Research*, 64 (4), 509-536.

Bhattacharya, M., Inekwe J., Paramatti S.R., 2018, Remittances and Financial Development: Empirical Evidence from Heterogeneous Panel of Countries, *Applied Economics,* 50 (38), 4099-4112.

Blundell, R., Bond, S., 1998, Initial Conditions and Moment Restrictions in Dynamic Panel Data Models, *Journal of Econometrics*, 87 (1), 115-143.

Chinoda T., 2020, The Nexus between Financial Inclusion, Trade and Economic Growth in Africa? *Transnational Corporations Review,* DOI: 10.1080/19186444.2020.1742065

Combes J-L., Ebeke C., 2011, Remittances and Household Consumption Instability in Developing Countries, *World Development*, 39(7), 1076-1089.

Coulibaly, D, 2015, Remittances and Financial Development in Sub-Saharan Countries: A System Appraoch, *Economic Modelling*, 45, 249-258.

Demirguc-Kunt A., Klapper L., Singer, D., 2017, Financial Inclusion and Inclusive Growth: A Review of Recent Empirical Evidence. Policy Research Working Paper, N°WPS 8040. Washington, D.C.: World Bank Group.

Demirgüç-Kunt, A., Córdov, E., Pería, M., Woodruff, C., 2011, Remittances and Banking Sector Breadth and Depth: Evidence from Mexico, *Journal of Development Economics*, 95 (2), 229-241.

Demirgüç-Kunt, A., Klapper L. F., 2012, Measuring Financial Inclusion: The Global Findex Database, *World Bank Policy Research Working Paper* 6025.

Dissaux, T., 2019, Inclusion Financière et Liens Sociaux: La Monnaie entre Marchandisation et Mise en Commun au Kenya, *Mondes en Développement*, 185 (1), 83-108.

Eggoh J., Bangake C., Semedo G., 2019, Do Remittances Spur Economic Growth? Evidence From Developing Countries, *The Journal of International Trade & Economic Development*, 28 (4), 391-418.

El Hamma, I., 2018, Migrant Remittances and Economic Growth: The Role of Financial Development and Institutional Quality, *Economie et Statistique*, 503-504, 123-142.

Gautam, D, P., 2009, Do Remittances Promote Financial Inclusion? in J. C. Hall, S. Harper (eds.), Economic and Political Institutions and Development, Washington DC.

Giuliano, P., Ruiz-Arranz, M., 2009, Remittances, Financial Development, and Growth, *Journal of Development Economics*, 90, 144-152.

Guérineau, S., Jacolin, M., 2014, L'inclusion Financière en Afrique Subsaharienne: Faits Stylisés et Déterminants, *Revue d'Economie Financière*, 116, 57-80.

Gupta, S., Patillo, C., Wagh, S., 2009, Effect of Remittances on Poverty and Financial Development in Sub-Saharan Africa, *World* Development, 37 (1), 104-115.

Hajilee M., Niroomand, F., 2019, On the Link between Financial Market Inclusion and Trade Openness: An Asymmetric Analysis, *Economic Analysis and Policy*, 62, 373-381.

Hansen, B.E., 1996, Inference when a Nuisance Parameter Is Not Identified under the Null Hypothesis, *Econometrica*, 64, 413-430.

Hansen, B.E., 1999, Threshold Effects in Non-Dynamic Panels: Estimation, Testing, and Inference, *Journal of Econometrics*, 93, 334-368.

Hansen, L.P., 1982, Large Sample Properties of Generalized Method of Moments estimators, *Econometrica* 50 (4), 1029-1054.

Inoue T., Hamori S., 2016, Do Workers' Remittances Promote Access to Finance? Evidence from Asia-Pacific Developing Countries, *Emerging Finance Market and Trade*, 52 (3) 765-774.

International Monetary Fund, 2019, Financial Access Survey (FAS). Statistics Department. International Monetary Fund. Washington, D.C.

Karlan, D., Morduch, J., 2009, Access to Finance in D. Rodrik and M. Rosenzweig, eds. *Handbook of Development Economics*, Volume 5. Amsterdam: Elsevier, 4704-4784.

Levine, R., Loayza, N., Beck, T., 2000, Financial Intermediation and Growth: Causality and Causes, *Journal of Monetary Economics*, 46, 31-77.

Machasio, I., 2018, Do Remittance Flows Promote Financial Inclusion. *Joint Discussion Paper Series in Economies*, No. 26, Philipps-University Marburg, School of Business and Economics.

Nations Unies, 2018, International Migration Report 2017, Population Division, Department of Economic and Social Affairs (DESA).

Nyamongo, E. M., Misati, R. N., Kipyegon, L., Ndirangu, L., 2012, Remittances, Financial Development and Economic Growth in Africa, *Journal of Economics and Business*, 64, 240-260.

Olayungbo, D.O, Quadri, A., 2019, Remittances, Financial Development and Economic Growth in Sub-Saharan Africa Countries: Evidence from a PMG-ARDL Approach, *Financial Innovation,* 5 (1), 1-25.

Oroeco, M., Fedewa, R., 2006, Leveraging Efforts on Remittances and Financial Intermediation, INTAL-ITD: Inter-American Development Bank.

Singh R.J., Haacker M., Lee K.W., Le Goff M., 2010, Determinants and Macroeconomic Impact of Remittances in Sub-Saharan Africa, *Journal of African Economies*, 20 (2), 312-340.

Sobiech, I., 2019, Remittances, finance and growth: Does Financial Development Foster the Impact of Remittances on Economic Growth? *World Development*, 113, 44-59.

Thi-Hong Van L., The Vo A., Thien Nguyen N., Hong Vo, D., 2019, Financial Inclusion and Economic Growth: An International Evidence, *Emerging Markets Finance and Trade.*

Uchenna, E., Evans, O. S., Stephen, O., 2015, One Dollar, One Bank Account: Remittances and Bank Breadth in Nigeria, *Journal of International Migration and Integration*, 16, 761–781.

Woodruff C., Zenteno C., 2007, Migration Networks And Micro-Enterprises in Mexico, *Journal of Development Economics*, 82 (2), 509-528.

World Bank, 2014, Financial inclusion. Global Finance Development Report, Washington DC.

World Bank, 2019a, World Development Indicators (WDI). Washington, D.C.

World Bank, 2019b, Global Financial Inclusion (Global Findex) Database. Washington, D.C.

ANNEXE

Tableau A2. Liste des 111 pays

Afghanistan, Algérie, Angola, Arménie, Azerbaïdjan, Bangladesh, Biélorussie, Belize, Bénin, Bhoutan, Bolivie, Bosnie-Herzégovine, Botswana, Brésil, Bulgarie, Burkina Faso, Burundi, Cap-Vert, Cambodge, Cameroun, République Centrafricaine, Tchad, Colombie, Comores, Congo, République Démocratique du Congo, Costa Rica, Côte d'Ivoire, Dominique, République Dominicaine, Équateur, Égypte, El Salvador, Guinée Equatoriale, Eswatini, Éthiopie, Fidji, Gabon, Géorgie, Ghana, Guatemala, Guinée, Guinée-Bissau, Guyane, Honduras, Inde, Indonésie, Iran, Irak, Jamaïque, Jordanie, Kazakhstan, Kenya, Kirghize, Laos, Lesotho, Libéria, Libye, Madagascar, Malawi, Malaisie, Maldives, Mali, Mauritanie, Maurice, Mexique, Moldavie, Mongolie, Monténégro, Maroc, Mozambique, Myanmar, Namibie, Népal, Nicaragua, Niger, Nigéria, Macédoine, Pakistan, Papouasie-Nouvelle-Guinée, Paraguay, Pérou, Philippines, Russie, Rwanda, Samoa, Sénégal, Serbie, Sierra Leone, Iles Salomon, Afrique du Sud, Soudan du Sud, Sainte-Lucie, Soudan, Suriname, Syrie, Sao Tomé-et-Principe, Tadjikistan, Tanzanie, Thaïlande, Togo, Tonga, Tunisie, Turquie, Ouganda, Ukraine, Venezuela, Vietnam, Yémen, Zambie, et Zimbabwe.

Do remittances improve financial inclusion in recipient countries?

Abstract - This paper analyzes the impact of remittances on financial inclusion. We use different financial inclusion variables and the study covers a large sample of 111 countries over the period 2004-2017. Using fixed effects and dynamic panel models, we find that remittances improve financial inclusion in recipient countries. Moreover, our results reveal evidence of significant non linear effects. Specifically, remittances will be more likely to contribute to financial inclusion in countries with less developed financial system. This threshold effect is confirmed when the endogeneity of remittances is taken into account using the GMM system estimator and the non-linear relationship is estimated with PTR (Panel Threshold Regression) method.

Key-words

Remittances
Financial inclusion
Dynamic panel
Panel threshold regression

Région et Développement
n° 51-2020
www.regionetdeveloppement.org

NOTE ET DOCUMENT

Les migrations internationales des Maliens

Sandrine MESPLÉ-SOMPS*
Bjorn NILSSON**

Résumé – Les enquêtes effectuées au Mali auprès des ménages en 2011 et 2016 montrent que les migrants maliens s'orientent dorénavant plus vers des pays africains non limitrophes avec le Mali et vers la Côte d'Ivoire, destination historique, que vers la France et les pays européens. Les transferts de fonds des migrants vont relativement plus vers les ménages aisés, renforçant ainsi les inégalités, mais ils demeurent, même s'ils sont d'un poids limité, un facteur non négligeable de réduction de la pauvreté.

Classification JEL
F22, F24

Mots-clés
Migration internationale
Transfert de fonds des migrants
Mali

* DIAL, LEDa, IRD, CNRS, Université Paris Dauphine ; mespledial.prd.fr
** Université Paris Sud ; nilsson@dial.prd.fr

INTRODUCTION

En 2011 et 2016, les dispositifs d'enquêtes mis en place par l'Institut National de la Statistique du Mali (enquêtes EMOP 2011 et 2016)[1] ont permis d'apprécier différentes caractéristiques du phénomène migratoire des citoyens maliens et les transferts de fonds opérés par les Maliens installés à l'étranger. L'objet de cette note est de présenter un panorama des migrations maliennes et comparer les migrations de la région de Kayes avec celles de l'ensemble du pays. Plusieurs études depuis une trentaine d'années ont en effet montré qu'au Mali la grande majorité des migrants qui résident en France proviennent de la région de Kayes, située à l'ouest du pays à la frontière avec le Sénégal, la Mauritanie et la Guinée[2].

L'Institut de la Statistique du Mali mesure les flux migratoires à partir des déclarations des ménages enquêtés au Mali, sélectionnés de manière aléatoire sur l'ensemble du territoire. Les migrants internationaux sont définis comme les individus qui proviennent des ménages enquêtés et qui vivent dans un pays étranger depuis plus de 6 mois. Ces migrants sont censés s'installer avec les membres du ménage enquêté en cas de retour au pays. Il convient cependant de noter que cette enquête ne permet pas de dénombrer de façon exhaustive les Maliens établis à l'étranger. Par exemple, les enfants des migrants ainsi que les personnes ayant migré avec toute leur famille ne sont pas comptabilisés. Cette définition restrictive entraîne des différences significatives avec les statistiques affichées par la Banque mondiale qui estime le nombre de Maliens vivant à l'étranger à partir des recensements dans les pays de destination.

Selon l'enquête EMOP 2016 de l'Institut de la Statistique malien, les Maliens de l'extérieur seraient au nombre de 325 000 individus, tandis que la Banque mondiale les estime à 1,01 million en 2000 et le Recensement administratif à caractère électoral (RACE), mis en place par le Ministère de l'Administration territoriale à 920 000. Cependant, les enquêtes EMOP 2011 et 2016 fournissent des informations originales sur les migrants maliens comme la répartition de leur région d'origine et leur pays de destination ainsi que les pratiques en matière de transferts monétaires (Sougane, 2015).

Dans un premier temps, cette note propose d'identifier les dynamiques migratoires au Mali, après avoir rappelé leurs origines historiques, puis, dans un second temps, de dresser un diagnostic sur les apports financiers de la migration.

1. LES MIGRATIONS MALIENNES : VERS DE NOUVELLES DESTINATIONS

Du point de vue historique, la position géographique du Mali – à l'intersection des grands axes marchands entre les pays du Maghreb au nord et les pays d'Afrique subsaharienne au sud – a favorisé des mobilités importantes par le commerce de produits (sel, bétail, or) mais aussi par les trafics d'esclaves. Le climat de la zone soudano-sahélienne est également un facteur important des comportements migratoires séculaires dans cette partie de l'Afrique subsaharienne, car les populations

---

[1] Les enquêtes EMOP 2011 et 2016 (Enquête modulaire et permanente auprès des ménages) sont des enquêtes représentatives au niveau national mises en œuvre par l'Institut National de la Statistique du Mali. Elles ont été adressées respectivement à 7 095 et 5 984 ménages sur l'ensemble du territoire. Le module portant sur les migrations a été conçu par Chauvet, Gubert et Mesplé-Somps (IRD) et a été financé par l'Agence Nationale de la Recherche (Programme POLECOMI) et le programme NOPOOR du FP7 Framework Programme for Research of the European Union –SSH.2011.4.1-1: Tackling poverty in a development context, Collaborative project/Specific International Cooperation Action. Grant Agreement No. 290752.

[2] Voir Quiminal (1991, 1997), Timera (1996), Gonin (1997), Daum (1998), Lima (2003), Manchuelle (2004).

pastorales et agricoles recherchant des points d'eau étaient obligées d'entreprendre des déplacements réguliers. Les modes d'utilisation de l'espace, comme partout dans les territoires sahélo-sahariens, se caractérisent par l'agriculture extensive, le nomadisme et la transhumance. Ces pratiques, grandes consommatrices d'espace, occasionnent alors de fréquents changements de résidence (Ouallet, 2008 ; Sougane, 2015).

Parmi les habitants de la partie sahélienne du Mali, les Soninké, originaires essentiellement de la région de Kayes, se distinguent par le fait qu'ils pratiquent depuis longtemps des mobilités saisonnières régulières. En dehors de la saison agricole, ces populations vivant à la frontière du Sahel allaient vers le Sud pour vendre le surplus de leur production agricole ainsi que leur bétail (Manchuelle, 2004). Ces nomades ont constitué les principaux commerçants itinérants saisonniers de l'Afrique de l'Ouest.

La colonisation a constitué un puissant facteur de déplacements. Les besoins en main-d'œuvre nécessaires à la construction des infrastructures telles que les routes et les chemins de fer ont été un premier levier de développement des mobilités maliennes. Ensuite, viennent les besoins d'ouvriers dans les ports tels que Dakar et Abidjan ainsi que les migrations forcées des zones frontalières avec la Côte d'Ivoire (actuelle région de Sikasso) vers les zones côtières et forestières de la région du fait des besoins en main-d'œuvre exigés par les cultures du café et du cacao. Le maillage des réseaux de transport ainsi que les pratiques migratoires initiales ont favorisé les mobilités après les indépendances.

D'importants besoins de main-d'œuvre, durant les années 1960 et 70, ont contribué à orienter les migrations vers la France. Elles proviennent essentiellement de la région de Kayes, du fait de la proximité du chemin de fer Bamako–Dakar et des migrations, déjà existantes durant la période coloniale, de ces populations vers Dakar, port d'embarquement vers la France (Gubert, 2007 ; Gonin et Kotlok, 2013 ; Sougane, 2015)[3].

Figure 1. Répartition des régions d'origine des migrants internationaux maliens, 2016

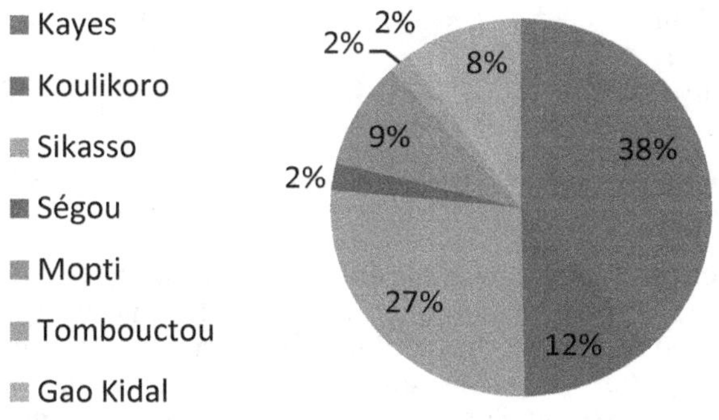

Source : EMOP 2016, INSTAT et IRD, calcul des auteurs.

Ces facteurs historiques façonnent encore les flux migratoires contemporains. D'après les enquêtes EMOP 2011 et 2016, les deux régions les plus pourvoyeuses de migrants sont celles de Kayes et de Sikasso : 38% des Maliens actuellement à l'étranger, soit 121 000 personnes, sont originaires de la région de Kayes (alors que cette

[3] Les facteurs historiques des migrations maliennes ne sont pas sensiblement différents de ceux des autres pays de la zone soudano-sahélienne (Bensaâd, 2002, et Ndiaye et Robin, 2010).

région ne représente que 14% de la population du pays), et 27% d'entre eux, soit 86 000 personnes, proviennent de la région de Sikasso (qui représente seulement 18% de la population nationale) (Figure 1). En termes de taux d'émigration, Kayes arrive en tête, avec un taux d'émigration de 4,7%, suivi de Sikasso (2,7%), tandis que les autres régions maliennes affichent des taux d'émigration de moins de 1%. Au niveau national, le taux d'émigration s'établit à 1,8%. 80% des migrants sont des personnes originaires des zones rurales.

Si les régions historiquement pourvoyeuses de migrants demeurent encore les principales régions d'émigration, cela tient à l'importance des réseaux de migrants, mais aussi, voire surtout, au fait que la migration est constitutive du mode de fonctionnement économique et social dans ces régions. Les migrations sont une étape importante d'émancipation sociale et économique et un facteur essentiel de diversification des sources de revenus et d'assurance face aux aléas climatiques et économiques.

Au regard des pays de destination, les enquêtes confirment la persistance de certaines destinations historiques. La Côte d'Ivoire reste le premier pays de destination des migrants maliens. La France, ou plus largement les pays européens, ne sont pas les principales destinations des migrants maliens, y compris pour les ressortissants de la région de Kayes. Seulement 14% des migrants kayesiens résident en France, à peine 11% dans d'autres pays européens, alors que 75% des migrants de cette région séjournent dans un pays africain, mais la Côte d'Ivoire est une destination moins privilégiée que pour les Maliens en général (Tableau 1).

Tableau 1. Destinations des migrants de la région de Kayes et du Mali, 2016 (en %)

	Kayes	Mali
France	13,9	8,5
Autre Europe	10,6	8,4
Amérique	0	0
Côte d'Ivoire	12,0	31,6
Burkina Faso, Mauritanie, Niger, Sénégal	17,3	12,9
Gabon	9,3	6,2
Libye	5,4	2,5
Autre Afrique	28,6	28,3
Autre	2,9	1,7
	100	*100*

Source : EMOP 2016, INSTAT et IRD, calcul des auteurs.

Loin des projections telles que celles énoncées par Smith (2018), il n'est pas observé une « ruée vers l'Europe ». Comme le souligne Héran (2018), « l'impression ou la représentation que se font certains d'un déferlement d'Africains de l'Ouest sur l'Europe n'est pas corroborée par les analyses démographiques ». Sur les 325 000 émigrés recensés en 2016 par l'enquête EMOP, 61 000 résident dans un pays du Nord (soit 17% du total) tandis que 264 000 séjournent dans un autre pays africain (81% du total) : 32% d'entre eux vivent en Côte d'Ivoire, les pays frontaliers (Burkina Faso, Mauritanie, Niger et Sénégal) en accueillent environ 13% (voir Tableau 1).

Lorsqu'on tente d'examiner la dynamique des migrations de long terme, certaines constantes sont observées mais de réelles inflexions tendent à se manifester.

La comparaison des flux migratoires entre 2011 et 2016 avec ceux observés durant les 5 années précédentes (2006-2011) montre que les comportements des émigrés maliens ont sensiblement changé, s'adaptant à de multiples contraintes, parmi lesquelles les contextes politiques et économiques des pays de destination. Par exemple, la crise politique des années 2000 et les conflits de la fin de la présidence de Laurent Gbagbo ont particulièrement empêché les Maliens de se rendre en Côte d'Ivoire, voire ont conduit au retour de certains migrants au Mali. Le retour à une situation politique plus stable et moins adverse aux populations émigrées des pays voisins a rendu, à nouveau, cette destination attractive, pour les ressortissants maliens (Figure 2).

Figure 2. Pays d'accueil des migrants maliens (Kayes et Mali) 2011-2016

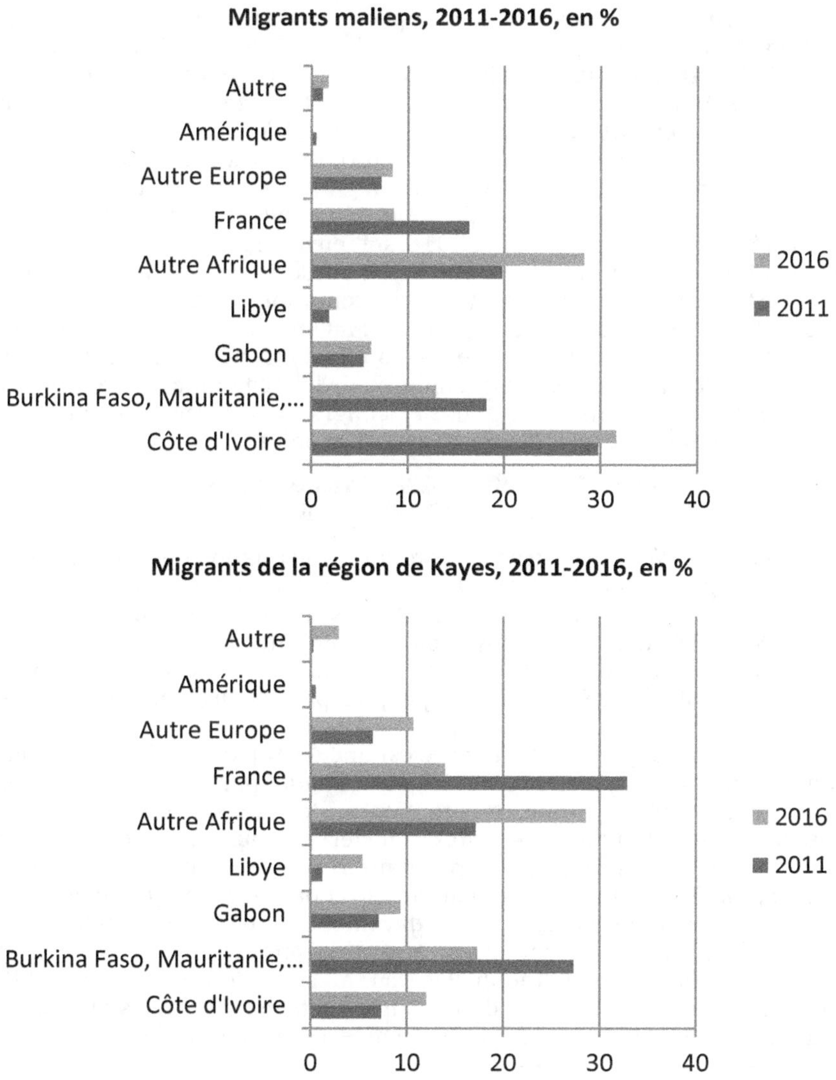

Source : EMOP 2016, INSTAT et IRD, calcul des auteurs.

D'autres changements sont également observés dans les choix de destination des migrants maliens. Les départs vers d'autres pays africains ont fortement augmenté, passant de 20 % à 28 % pour l'ensemble du Mali et de 17 % à 29 % pour la région de Kayes. Ces nouvelles destinations semblent se développer au détriment des pays sahéliens limitrophes du Mali – Burkina Faso, Mauritanie, Niger et Sénégal. Les Maliens émigrent désormais de plus en plus vers des pays africains non frontaliers.

Un autre changement important que l'on peut observer est une forte diminution des flux d'émigration vers la France. Ce phénomène est particulièrement significatif pour les migrants de Kayes : un tiers des migrants de Kayes sont allés en France dans la période d'avant 2011, contre seulement 14 % après. Cette baisse s'est produite alors que l'émigration a augmenté vers des pays africains plus éloignés et, dans une moindre mesure, vers d'autres pays européens que la France. En conséquence, l'émigration totale vers les pays européens a diminué de manière marquée. Alors que 24 % des émigrants maliens vivaient dans des pays européens en 2011, leur proportion n'est plus que de 16 % en 2016. Le pourcentage de migrants originaires de Kayes qui vivent en Europe est passé de 40 % à 25 %.

Ces nouvelles dynamiques migratoires internationales n'ont pas été concomitantes de changements significatifs dans les migrations internes. La proportion de personnes quittant leur village d'origine pour aller vivre dans un autre endroit au Mali est restée la même entre 2011 et 2016, soit environ 3 %.

S'il est difficile d'identifier précisément les ressorts de ces nouvelles orientations, qui certes réagissent aux évolutions des conditions d'accueil, il est permis de penser qu'elles reflètent la nécessité pour les Maliens de trouver de nouvelles opportunités, les destinations traditionnelles étant moins à même de répondre aux besoins financiers des membres de leur famille ou de leur communauté restés au pays. L'examen des transferts financiers issus de l'émigration malienne à destination des ménages non-migrants permet d'étayer ce dernier point.

2. LES TRANSFERTS DES MIGRANTS : UNE CONTRIBUTION LIMITÉE ET INÉGALE SUR LES NIVEAUX DE VIE AU MALI

Le graphique 3 présente les transferts totaux à destination des ménages maliens par zones d'émigration en 2011 et 2016. Les transferts sont estimés à partir des montants déclarés par les ménages figurant dans les enquêtes EMOP. Il s'agit uniquement des transferts privés envoyés par les migrants à leurs familles d'origine, quels que soient les canaux de transmission. Sont exclus les transferts collectifs[4] ainsi que l'ensemble des rémunérations perçues par les migrants dont le séjour à l'étranger a été de moins d'un an[5].

Il apparaît d'abord que la Côte d'Ivoire est une destination qui n'occasionne pas des transferts élevés : même si la reprise économique post-conflit dans ce pays a généré un quasi-doublement du montant total des transferts vers le Mali, ces sommes ne représentent que 14% des transferts totaux. Alors que le montant moyen des transferts par ménage récipiendaire reste stable (de l'ordre de 110 000 FCFA par an, soit 50 centimes d'euro par famille et par jour), leur doublement entre 2011 et 2016 s'explique par le fait que davantage de migrants résidant en Côte d'Ivoire sont désormais en mesure d'effectuer des transferts.

Les autres destinations traditionnelles (la France, les autres pays de la CEDEAO, mais aussi la Libye) sont des pays dont les montants des transferts ont nettement baissé. En revanche, les transferts en provenance des autres pays africains hors

[4] Les envois destinés à financer des investissements collectifs transitent essentiellement par les associations de migrants (Daum, 1998 ; Chauvet et al., 2015).

[5] Ceci explique les écarts de 1 à 3 entre les montants des EMOP et ceux comptabilisés dans la balance des paiements.

CEDEAO ont quasiment doublé, passant de 14% à 39% sur la période considérée. Cette évolution est corrélée à l'augmentation du nombre de migrants maliens vers ces destinations, même si le montant moyen des transferts envoyés a également augmenté, passant de 325 000 à 386 000 FCFA par an (soit une hausse de 16%). Il semble que les pays d'Afrique centrale – tels le Gabon, la République du Congo ou la Guinée équatoriale – mieux lotis économiquement que les pays de la CEDEAO soient de plus en plus convoités par la jeunesse malienne[6]. La France a rétrogradé à la deuxième place, après les autres pays africains hors CEDEAO, sa part dans les transferts totaux reçus restant toutefois importante (28%). En montant moyen par ménage, les transferts en provenance de France restent élevés : ils sont 4 fois supérieurs à ceux en provenance de Côte d'Ivoire, avec un montant moyen de l'ordre de 444 000 FCFA en 2016.

Figure 3. Origine géographique des transferts de fonds des migrants reçus par les ménages maliens 2011-2016 (en milliards FCFA)

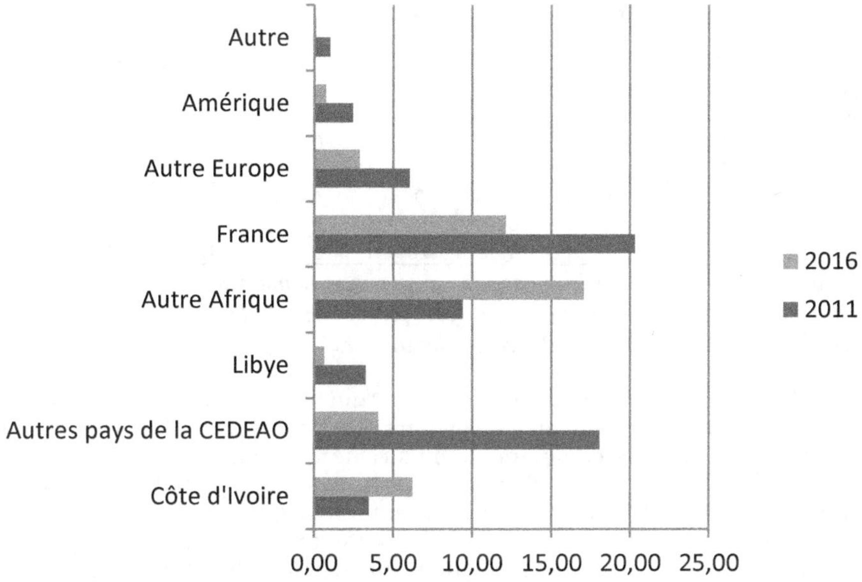

Source : EMOP 2016, INSTAT et IRD, calcul des auteurs.

Au total, près de 10% des habitants du Mali reçoivent des transferts depuis l'étranger, soit environ 1,8 million de personnes sur une population totale de 17,6 millions d'habitants (tableau 2). Ce ratio est nettement inférieur à la proportion d'individus ayant au moins un migrant dans leur famille (près de 29 % au niveau national). Ceci signifie que tous les migrants n'envoient pas de fonds à leur ménage d'origine ou qu'ils le font très occasionnellement. La région de Kayes, avec le taux d'émigration le plus élevé dans le pays et comptant le plus de migrants résidant en France, est celle qui reçoit le plus de transferts : 48% des envois de fonds totaux vers le Mali en 2016. Les personnes résidant à Kayes sont les plus dépendantes des envois de fonds, puisque 44 % d'entre elles vivent dans un ménage comptant au moins

[6] L'intérêt grandissant pour ces pays fut souligné par l'Organisation internationale pour les migrations en 2009 (OIM, 2009), et la tendance s'est poursuivie après.

un migrant et 26 % dans un ménage qui reçoit des fonds. 14% des habitants de cette région vivent dans un ménage dont au moins un membre a émigré dans un pays de l'OCDE et 13 % reçoivent des transferts de fonds d'un pays de l'OCDE, contre seulement 3,4 % et 3 % respectivement au niveau national. À la lumière de ces résultats, il apparaît que les migrants de cette région, qu'ils vivent dans un pays de l'OCDE ou ailleurs, ont une plus grande propension à envoyer des fonds que les autres migrants maliens. Cela s'explique par le niveau relativement élevé des rémunérations en France et dans les pays de l'OCDE et en parallèle vraisemblablement par une pression sociale plus forte incitant à la redistribution.

Tableau 2. Part des individus vivant dans un ménage avec un migrant et recevant des transferts par destination en 2016 (en %)

	Population totale		Avec migrants internationaux		Avec migrants internationaux vivant dans un pays de l'OCDE		Avec migrants internes	
	(1)	*(2)*	*(1)*	*(2)*	*(1)*	*(2)*	*(1)*	*(2)*
Kayes	44	26	35	26	14	13	18	5
Koulikoro	26	6	12	6	3	2	21	4
Sikasso	54	12	23	12	2	1	42	6
Ségou	19	3	4	3	1	1	17	2
Mopti	22	5	8	5	0	0	16	3
Tombouctou	5	4	3	4	0	0	2	0
Gao	15	7	10	7	0	0	8	3
Bamako	13	9	8	9	4	5	6	2
Rural	32	10	16	9	4	4	23	4
Urbain	20	9	10	10	3	3	12	2
National	29	10	14	10	3	3	20	4

(1) % d'individus vivant dans un ménage avec au moins un migrant.
(2) % d'individus vivant dans un ménage qui reçoit des transferts.
Source : EMOP 2016, INSTAT et IRD, calcul des auteurs.

Le tableau 3 indique le nombre de ménages qui reçoivent des transferts de fonds par quintile de consommation au Mali et dans la région de Kayes (le premier quintile étant le plus pauvre et le cinquième le plus riche). Les ménages qui reçoivent des transferts de fonds sont équitablement répartis tout au long de la distribution des niveaux de vie. Les transferts représentent environ 2% de la consommation moyenne dans chaque quintile. Cependant, lorsqu'on mesure la part des transferts dans la consommation des ménages bénéficiaires, ce sont les ménages du quintile le plus riche qui en bénéficient le plus : les transferts représentent 18,6% de la consommation des ménages de ce groupe contre 10%, en moyenne, pour les quatre autres quintiles. Dans la région de Kayes, les transferts sont nettement ciblés vers les ménages du haut de la distribution. Seulement 8,4 % et 22,1 % des ménages des premier et deuxième quintiles reçoivent des transferts de fonds contre 33 % des ménages des troisième et quatrième quintiles et 25,6 % des ménages du cinquième quintile. En outre, les ménages aisés reçoivent davantage d'envois de fonds que les ménages pauvres : les envois de fonds représentent moins de 2 % de la consommation totale des ménages pauvres, contre environ 10,7 % des ménages du cinquième quintile. La part des transferts de fonds dans la consommation augmente considérablement si l'on considère uniquement les ménages qui reçoivent ces transferts : elle s'élève à environ 10 % pour les ménages des quatre premiers quintiles contre 39 % pour les ménages du dernier quintile. Par conséquent, les transferts de fonds ont tendance à augmenter relativement les inégalités.

Tableau 3. Transferts par quintile de consommation par tête en 2016

	1st quintile	2nd quintile	3rd quintile	4th quintile	5th quintile
Mali					
% des ménages recevant des transferts	15	14,9	15,1	15,2	11,5
Part des transferts dans le total de la consommation par tête	1,9	1,5	1,7	2,3	1,4
Part des transferts dans la consommation des ménages recevant des transferts	12,3	10,2	11,5	9	18,6
Number of observations	1217	1217	1217	1217	1217
(weighted)	84 126	75 330	70 610	65 047	45 061
Kayes					
% des ménages recevant des transferts	8,4	22,1	33,0	33,2	25,6
Part des transferts dans la consommation par tête	1,2	1,9	3,1	3,6	10,7
Part des transferts dans la consommation des ménages recevant des transferts	9,2	10,1	11	10,5	38,6
Number of observations	177	176	177	176	176
(weighted)	6 067	12 990	16 065	15 767	10 735

Source : EMOP 2016, INSTAT et IRD, calcul des auteurs.

Toutefois, si l'on veut évaluer rigoureusement l'impact des transferts de fonds sur les niveaux de vie et sur la pauvreté, il ne suffit pas de les soustraire aux niveaux de consommation des ménages et d'examiner la nouvelle répartition des niveaux de vie obtenue. Il est également nécessaire de prendre en compte ce que les ménages perdent et gagnent en termes de revenus du fait du départ des migrants, en parallèle des transferts qu'ils reçoivent. Gubert et al. (2010) ont entrepris une telle analyse dans le cas du Mali à partir de données collectées en 2006. Ils montrent que les transferts de fonds des migrants ne ciblent prioritairement pas les Maliens les plus pauvres. Cependant, les transferts des migrants constituent un facteur important de réduction de la pauvreté. En estimant les niveaux de vie des familles en l'absence de migration, Gubert et al. (2010) montrent que le nombre de personnes qui sortent de la pauvreté grâce aux revenus de la migration s'élève 300 000, ce qui représente une réduction de 2,4 points de pourcentage du taux de pauvreté national. Ils observent également que l'impact des transferts de fonds sur la réduction de la pauvreté est plus prononcé à Kayes que dans le reste du pays.

CONCLUSION

Cette étude, basée sur les dernières enquêtes auprès des ménages de 2011 et 2016, met l'accent sur quelques aspects qui semblent marquer le comportement récent des immigrés maliens et de ceux de la région de Kayes, région où les flux en matière de migration sont les plus importants.

Il apparaît d'abord que de nouvelles destinations autres que la France et l'Europe deviennent importantes, outre la Côte d'Ivoire destination historique, en particulier une migration vers des pays africains non limitrophes du Mali.

Il apparaît ensuite que les transferts de fonds envoyés par les migrants concernent un nombre relativement important de ménages, notamment dans la région de Kayes, même si leur contribution au revenu des ménages reste dans l'ensemble limitée. On constate un envoi croissant de fonds vers les ménages les plus aisés, renforçant de ce point de vue les inégalités, mais les envois des migrants demeurent un facteur non négligeable de réduction de la pauvreté auprès des ménages bénéficiaires.

REFERENCES

Bensaâd A. (2002) La grande migration africaine à travers le Sahara, *Méditerranée*, 99, 3-4, 41-52.

Bocquier P. (1998) L'immigration ouest-africaine en Europe : une dimension politique sans rapport avec son importance démographique, *La chronique du CEPED*, 30, 1-4.

Chauvet L., F. Gubert, M. Mercier, S. Mesplé-Somps (2015) Migrants' Home Town Associations and Local Development in Mali, *Scandinavian Journal of Economics*, 117(2), 686-722.

Chauvet, L., F. Gubert, T. Jaulin, S. Mesplé-Somps, E. Smith (2018) Qui sont les électeurs à distance ? Exemples du Mali, Sénégal et de la Tunisie, in Chauvet, L., F. Gubert, T. Jaulin, S. Mesplé-Somps (éds.), *Les migrants, acteurs des changements politiques en Afrique ?*, deboeck supérieur, 69-86.

Daum C. (1998) *Les associations de Maliens en France. Migration, développement et citoyenneté*, Karthala, Paris.

Dedieu J.P. (2013) Mali's Scattered Democracy. How Migrants from Paris to Guangzhou Influence the Vote, *Foreign Affairs*, 12 août. Version en français révisée « La globalisation des élections africaines, Le vote des émigrés maliens », *La vie des idées*, 3 octobre. http://www.laviedesidees.fr/IMG/pdf/20131003_mali.pdf

Gonin P. (1997) D'entre-deux territoires, circulations migratoires et développement entre le bassin du fleuve Sénégal et la France, Université des sciences et technologie de Lille, Laboratoire de géographie humaine.

Gonin P., Kotlok N. (2013) Maliens de l'étranger, *in* P. Gonin et al., *La tragédie malienne*, Vendémiaire, Paris.

Gubert F., T. Lassourd, S. Mesplé-Somps (2010) Transferts de fonds des migrants, pauvreté et inégalités au Mali. Analyse à partir de trois scenarii contrefactuels, *Revue Economique*, 61(6), 1023-1050.

Gubert F. (2007) Migration and Development: mixed evidence from western Mali, *Development*, 50(4), 94-100.

Héran F. (2018) Comment se fabrique un oracle. La prophétie de la ruée africaine sur l'Europe, *La vie des idées*, 18 septembre.

Lima S. (2003) *Découpage entre espace et territoire : la fin des limites ? La fabrication des territoires communaux dans la Région de Kayes, Mali*, Université de Poitiers, thèse de géographie.

Manchuelle F. (2004) *Les diasporas des travailleurs soninké (1848-1960) : Migrants volontaires*, Khartala, Paris.

Ndiaye M., Robin N. (2010) Les migrations internationales en Afrique de l'Ouest : une dynamique de régionalisation renouvelée. In Gonin P., Dossier : les migrations subsahariennes, *Hommes et Migrations*, 1286-1287, 48-60.

Ouallet A. (2008) La question migratoire et les dynamiques transsahariennes à travers l'exemple malien, *Annales de géographie*, 5, 663, 82-103.

OIM (2009) Migration au Mali. Profil national 2009.

Quiminal C. (1991) *Gens d'ici, gens d'ailleurs. Migrations soninkées et transformations dans la vallée du fleuve*, Ed. Christian Bourgois, Paris.

Quiminal C. (1997) Familles immigrées entre deux espaces, in Fassin D., Maurice A., Quiminal C., (dir.), *Les lois de l'inhospitalité*, Paris, La Découverte, 67-81.

Smith S. (2018) *La ruée vers l'Europe. La jeune Afrique en route pour le Vieux Continent*, Paris, Grasset.

Sougane A. (2015) Migrations et transferts au Mali : un état des lieux, in J. Charmes, D. Konaté, J. Brunet-Jailly (éds.), *Le Mali contemporain*. Editions IRD et Editions Tombouctou, 613-642.

Timera M. (1996) *Les Soninké en France. D'une histoire à l'autre*, Karthala, Paris.